구약성서와의 만남

구약성서와의 만남

2016년 2월 25일 초판1쇄 발행
2020년 9월 5일 초판3쇄 발행

지은이 | 이사야
교정교열 | 정난진
펴낸이 | 이찬규
펴낸곳 | 북코리아
등록번호 | 제03-01240호
주소 | 13209 경기도 성남시 중원구 사기막골로 45번길 14
        우림2차 A동 1007호
전화 | 02-704-7840
팩스 | 02-704-7848
이메일 | sunhaksa@korea.com
홈페이지 | www.북코리아.kr
ISBN | 978-89-6324-469-3 (93230)

값 17,000원

구약
성서와의
만남

이사야 지음

북코리아

책 머리에

『구약성서와의 만남』은 일차적으로 필자가 몸담고 있는 대학의 성서 관련 과목과 몇몇 기독교대학에서 구약개론과 성서 통독 과목을 가르쳤던 것들을 정리한 것이다. 성서를 처음 접하던 학생들에게 강의하던 내용을 정리하면서 평신도와 학자 사이의 중간 글쓰기를 나름대로 시도했다. 구약성서의 전체적인 흐름을 설명하는 데에 역점을 두었고, 특히 인물들을 통해 나타나는 신앙을 담았다.

매 학기 새로운 학생들을 만나지만, 성서에 대해 첫 강의를 하던 그때의 떨림과 설렘은 벌써 20여 년이 지난 지금도 그대로 남아있다. '만남'이라는 것이 때론 기대와는 달리 실망으로 이어지는가 하면, 우연한 만남이 긴 정(情)으로 이어지기도 한다. 구약성서와의 만남을 갖는다는 것도 그렇다. 사실 이 만남 자체가 그다지 쉬운 일은 아니다. 시간적으로도 어림잡아 이천 년 이상, 공간적으로도 거의 지구 반대편에서, 그리고 전혀 다른 역사와 문화, 사상 탓에 이해하기 어려운 표현들이 많기 때문이다. 히브리인의 신앙으로, 히브리인의 언어로 기록된 책을 우리가 읽고 공부하고 있다. 그들의 언어와 역사, 문화 안에 담겨있는 이야기와 하나님의 가르침을 우리네 마음으로 읽고 받아들이는 것이 결코 쉬운 일이 아니기에, 이 낯선 세계에 빠져드는 일 자체가 하나님의 은혜인 것을 고백하게 된다. 그동안 클래스에서 있었던 여러 학생들과의 만남이 있었고, 또 다른 만남을 기대한다. 이 작은 책을 읽는 독자와 클래스에서 만나게 될 학생들이 이 책을 통해 구약성서를 더욱 가까이하고 그 안에 담긴 말씀들과 친숙해지기를 욕심부려 보고, 구약성서를 처음 접하는 사람이 이 만남을 통해 성서와 친밀해지기를 바라고, 이미 오랜 만남을 가져온 사람에게는 새로운 안목이 생기고 조각난 지식들(broken knowledge)이 정리될 수 있기를 또한 소망해 본다. 이 책에는 클래스에서 만난 학생들과의 질문과 대답에서 얻어진 내용들이 꽤 있다. 정직하고 진지한 질문들을 던져준 학생들에게 고마움을 전한다. 그리고 흔쾌히 책을 출간해 주신 북코리아 출판사 이찬규 사장님과 꼼꼼한 교정으로 다듬어준 편집부 직원들께 지면을 빌어 고마움을 전한다.

구약성서와의 '만남'이 오늘 우리에게 꼭 필요한가라는 질문을 새삼스스로에게 던져 본다. 대답은 '그렇다'이다. 이 질문은 구약의 말씀들이 오늘 우리와 무슨 상관이 있는가라는 질문과 같다. 그 말씀들이 21세기의 최첨단 시대에도 여전히 살아있는 말씀으로 우리에게 유효한 이유는 시공간을 초월한 하나님의 변하지 않는 가르침 때문이다. "풀은 마르고 꽃은 시드나 우리 하나님의 말씀은 영원히 서리라."(사40:8)

2016년 1월
이사야

CONTENTS

CONTENTS

I

하나님이 지으셨다

1. 창조

구약성서와 오경의 첫 번째 책으로 등장하는 **창세기**(Genesis)의 히브리어 이름은 '태초에', '근원에'(in the beginning)라는 뜻이다. 이 책은 세상 창조에 관한 일종의 신앙고백적 언어로 시작한다.

창세기의 첫 구절 "태초에 하나님이 천지를 창조하시니라"(창1:1)라는 대선언은 기독교신앙의 기둥인 창조신앙에 대한 대선언이자 하나님이 계시다는 진리에 근원을 둔다. 모든 만물이 하나님께로부터 시작되었음을 선포하는 것이다. '창조하다'라는 히브리어 동사 '바라'(barah/create)의 어원에는 아무런 재료 없이 만든다는 의미가 있다. 구약성서에 49번 나오는 동사 '바라'의 주어는 언제나 하나님이다. 특히 하나님의 창조 업적 중 생명체가 생겨날 때 쓰이며, 인간 창조에는 세 번이나 반복된다(1:27). 창세기 1장에만 '하나님'이란 단어가 30번 이상 나오는데, 이것은 우주의 만물과 모든 생명의 기초가 하나님이시라는 표현이다. 창세기 1장은 하나님의 천지 창조 사역이 6일간에 걸쳐 이루어졌다고 말하고 있다. 창세기 1장에서 말하는 하나님의 창조는 다음과 같은 순서로 정리될 수 있다.

첫째 날: 빛/어둠		넷째 날: 큰 광명/작은 광명/별들
둘째 날: 아래 물/궁창/위의 물	← 연결됨 →	다섯째 날: 물고기/새
셋째 날: 바다/땅/초목		여섯째 날: 짐승/인간
일곱째 날: 하나님의 안식		

특히 인간의 창조에 대해서는 여러 면에서 그 특별함을 강조하고 있다(창1:26-31).

> [26]하나님이 이르시되 **우리의 형상을 따라** 우리의 모양대로 우리가 사람을 만들고 그들로 바다의 물고기와 하늘의 새와 가축과 온 땅과 땅에 기는 모든 것을 다스리게 하자 하시고 [27]하나님이 자기 형상 곧 **하나님의 형상대로** 사람을 **창조하시되** 남자와 여자를 **창조하시고** [28]하나님이 그들에게 복을 주시며 하나님이 그들에게 이르시되 생육하고 번성하여 땅에 충만하라, 땅을 정복하라, 바다의 물고기와 하늘의 새와 땅에 움직이는 모든 생물을 다스리라 하시니라… [31]하나님이 지으신 그 모든 것을 보시니 보시기에 **심히 좋았더라** 저녁이 되고 아침이 되니 이는 **여섯째 날이니라**(창1:26-31)

동사 '바라'(create)가 인간의 창조에 집중적으로 세 번이나 반복해서 사용되고(창1:27, 우리말 번역에는 두 번 등장), 그리고 6일간의 창조사역 중 첫째 날부터 다섯째 날까지는 '첫째 날', '둘째 날'…로 표현하였지만, 히브리어 원문 성서를 보면 인간이 창조된 여섯째 날만은 히브리어에서 '그 여섯째 날'이라고 정관사를 붙여 표현함으로써 다른 창조 날과는 구별되는 날임을 암시하면서 그날은 하나님이 보시기에 심히 좋았다는 표현을 담고 있다(창1:31). 그리고 무엇보다도 다른 피조물의 창조 경우, '그 종류대로' 창조하고(창1:11-12,21,25) '빛이 있으라', 궁창이 있으라', '뭍이 드러나라' 식의 하나님의 일방적 의사표시인 '3인칭 사역형'(Let there be…) 형식이 사용되지만, 인간 창조의 경우에는 '하나님의 형상대로'라는 표현(Imago Dei, 창1:27)과 더불어 일방적 명령이 아닌 '의논의 형태'(우리가 사람을 만들고, 창1:26)인 1인칭 복수사역 형태(Let us…)를 사용한다. 전통적으로 이 구절은 삼위일체를 표현하는 것으로 해석되어 왔다. 그러나 현재는 천상회의 (Heavenly Council), 즉 하나님 주재하시는 회의의 모습으로 해석하는 것이 더 바람직하다. 이와 같은 천상회의 장면은 구약성서 여러 군데에서 나타나고 있다(창3:22; 11:7; 왕상22:19 이하; 시82:1; 렘23:18-22; 사6:8; 40:1; 욥1:6).

인간이 '하나님의 형상대로' 창조되었다는 말은 고대 근동 지역에서 나오는 '신의 형상'이라는 말에서 그 의미를 찾을 수 있다. 고대 근동 지역에서 신의 형상이란 한 나라를 통치하는 '왕'을 지칭하는 말로 나타난다. 시편 8편에서 하나님은 자신이 창조한 인간에게 "영화와 존귀로 관을 씌우신다"는 말씀에 이어, 인간으로 하여금 "주의 손으로 만드신 것을 다스리게 하시고, 만물을 그 발 아래 두셨다"는 말씀 또한 이런 맥락에서 해석할 수 있다.

> [3]주의 손가락으로 만드신 주의 하늘과 주께서 베풀어 두신 달과 별들을 내가 보오니 [4]사람이 무엇이기에 주께서 그를 생각하시며 인자가 무엇이기에 주께서 그를 돌보시나이까 [5]그를 하나님보다 조금 못하게 하시고 영화와 존귀로 관을 씌우셨나이다 [6]주의 손으로 만드신 것을 다스리게 하시고 만물을 그의 발 아래 두셨으니[7]곧 모든 소와 양과 들짐승이며 [8]공중의 새와 바다의 물고기와 바닷길에 다니는 것이니이다(시8:3-8)

가장 존귀한 존재로 지음받은 인간은, 남자나 여자나 서로를 돕는 배필로서 동등하게, 하나님이 창조하신 다른 모든 피조물들을 잘 관리해야 할 책임을 지니고 있다. 최근 들어 심각한 문제로 대두되고 있는 환경과 생태학적 문제 또한 모든 기독교인들이 하나님의 창조질서를 지켜나가는 차원에서 새롭게 접근해야 할 과제임에 틀림없다.

성서에는 창조에 대한 내용이 기록된 부분은 그리 많지 않다. 기독교신앙에서 창조신앙이 차지하고 있는 비중을 생각할 때, 성서가 언급하는 분량은 미미하다고 할 정도이다. 그러나 창조신앙은 구원신앙과 더불어 기독교신앙의 두 기둥 가운데 하나를 형성한다(창1:1-3:24; 시8; 19; 104; 136; 148; 욥38; 잠8:22-31; 사40:22-26; 요1:1-3; 고전8:6; 10:26; 롬11:36).

창세기에는 하나님의 창조 이야기뿐만 아니라 여러 시작들의 이야기가 담겨있다. 이 창세기는 다시 둘로 구분된다. 창세기 전반부(창1-11장)는 하나님의 세상 창조 과정을 시작으로 처음 사람인 아담과 하와의 이야기(창3장), 가인이 동생 아벨을 죽인 이야기(창4장), 노아 시대의 홍수와 방주 이야기(창6-9장) 그리고 바벨탑 이야기(창11장)를 담고 있다. 이는 비단 이스라엘만의 역사가 아닌 모든 사람의 기원과 관련된 이야기이기 때문에 성서 안의 '세계사'라 불리기도 하고, 역사 이전의 역사라는 의미에서 전역사(前歷史, Pre-History 혹은 Primeval History), 원역사(原歷史, Urgeschichte)라고 불리기도 한다.

2. 아담과 하와

하나님이 창조하신 에덴동산은 글자 그대로 부족한 것이 없는 낙원을 의미한다. 영어의 파라다이스(paradise)라는 말은 희랍어에서 '동산'이나 '공원' 또는 '정원'이라는 말이다. 그래서 희랍어로 된 성서를 보면 에덴동산을 '에덴의 파라다이스'라고 표현하고 있다. 본래 에덴동산은 이스라엘에서 고대로부터 전해오는 하나님의 거처로서의 '하나님의 동산' 전승에서 비롯되었다. 이 전승은 본문 외에도 구약성서 곳곳에서 다양하게 나타난다(창13:10; 겔31:9; 사51:3 등). 자칫 이 에덴동산을 아무것도 할 일이 없는 동양의 무릉도원 같은 곳으로 생각하기 쉬운데 그것은 잘못이다. 하나님은 사람을 에덴동산에 두시고 그것을 다스리며 지키게 하셨다(창2:15). 여기서 '다스린다'는 말은 구약 원문을 보면 '땅을 경작한다(cultivate)'는 말이다. 즉 일하면서 지내도록 되어 있다는 말이다. 이는 사람이 힘들여 일하는 것은 이미 하나님의 창조의 질서에 속하는 것임을 말해준다.

에덴동산의 첫 동산지기는 아담과 그 아내 하와이다. 히브리어로 아담이라는 말은 흙이라는 뜻으로 불린다. 아담의 여성형은 '아다마'로, 그 뜻은 대지, 땅을 뜻한다. 하나님이 창조한 넓은 땅의 한 줌 흙이 아담이라는 말이다. 성서의 맨 처음 사람은 한 줌 흙에서 시작되었다. 그리고 하나님은 그 아담에게 선악과를 먹지 말라는 금령과 함께 에덴동산으로 대변되는 세상의 관리를 맡기셨다.

> [15]여호와 하나님이 그 사람을 이끌어 에덴동산에 두사 그것을 경작하며 지키게 하시고 [16]여호와 하나님이 그 사람에게 명하여 이르시되 동산 각종 나무의 열매는 네가 임의로 먹되 [17]선악을 알게 하는 나무의 열매는 먹지 말라 네가 먹는 날에는 반드시 죽으리라(창2:15-17)

하나님이 먹지 말라고 한 동산 한가운데에 있었던 선악과가 정확히 무엇인지는 알 수 없다. 하지만 중요한 사실은 하나님께서 인간에게 에덴동산에 있는 모든 것을 허락해 주셨지만(2:16), 그 허락과 더불어 '선악과'를 따 먹지 말아야 한다는 '금지조건'을 지킬 것을 전제하고 있다. 여기서 선악과는 인간이 하나님에게 순종하느냐, 불순종하느냐를 판가름하는 시금석 역할을 하고 있다. 하나님은 그 나무 열매를 먹으면 죽으리라는 절대적 명령을 내림으로써 인간이 자신의 한계를 분명히 지켜가도록 배려하신다. 이 명령은 인간을 시험하려는 걸림돌이 아니라 인간이 지켜야 할 삶의 질서를 말한다. 그것이 아주 비싼 과일이라서 하나님만 드시고 사람은 먹어서는 안 된다는 말이 아니라, 하나님과 인간 사이에 있어야 할 사랑의 질서를 제시한 것이다. 지금 우리가 살아가는 세상 속에도 우리가 먹어서는 안 되는 많은 종류의 선악과가 있고 넘어서는 안 되는 하나님의 금령이 있다. 결국 선악과를 먹지 말라는 금령은 인간을 사랑하는 하나님의 선물인 것이다.

하나님과 사람 사이의 이 처음 질서가 뱀의 등장과 함께 깨어진다. 뱀은 사탄의 대변자, 더 나아가서 악마, 마귀와 동일시된다(요일3:8, 계12:9, 20:2 참조). 뱀은 "하나님이 너희더러 이 동산에 있는 모든 나무의 실과를 먹지 말라고 하셨다는데 그것이 정말이냐?"(창3:1) 하며, 자신의 말로 인간에게 접근하지 않고 마치 하나님의 말씀을 인용하는 것과 같은 말로 인간에게 다가왔다. 지금도 유혹은 흔히 '하나님', '하나님의 말씀' 운운하며 진리라는 너울을 쓰고 나타나기 때문에 진리와 거짓을 구별하기란 매우 어렵다. 뱀은 결코 윽박지르거나 강요하지 않고 자신이 하나님에 대해 더 많이 아는 체하면서 인간을 유혹한다. 그 유혹은 '너희가 그 열매를 먹으면 하나님처럼 될 수 있다'는 유혹이었다. 인간이 하나님처럼 될 수 있으며, 하나님과의 관계를 떠나서 스스로 자존할 수 있다는 유혹, 그것은 인간이 접할 수 있는 최대의 유혹이다. 결국 처음 인간은 창조주 하나님의 말씀에 순종하기보다는 뱀의 말에 넘어가 '선악과'를 먹었고, 또 그 책임을 회피함으로 인해 하나님과 인간 사이, 창조주와 피조물 사이에 있어야 할 바른 관계가 깨지고야 말았다. 이것이 바로 성경이 말하는 처음 인간의 타락이다.

그런데 이 이야기를 읽으면서 문득 이런 생각을 해 본다. 그까짓 선악과를 먹었다는 것이 그리도 중한 잘못이었단 말인가? 우리는 어려서부터 이보다 더 심한 잘못과 범죄를 수없이 저질러오지 않았던가? 그 열매가 얼마나 값진 것이었길래 하나님은 피조물의 정점에 서있는 맨 처음의 두 사람을 에덴동산에서 쫓아내셨단 말인가? 성경을 자세히 읽어 보면 아담의 잘못은 비단 선악과를 먹었다는 데에서 그치지 않는다.

A. 〈하나님의 질문과 남자의 대답〉 ¹¹… 내가 네게 먹지 말라 명한 그 나무 열매를 네가 먹었느냐 ¹²아담이 이르되 하나님이 주셔서 나와 함께 있게 하신 여자 그가 그 나무 열매를 내게 주므로 내가 먹었나이다

B. 〈하나님의 질문과 여자의 대답〉 ¹³여호와 하나님이 여자에게 이르시되 네가 어찌하여 이렇게 하였느냐 여자가 이르되 뱀이 나를 꾀므로 내가 먹었나이다

C. 〈뱀에 대한 징벌〉 ¹⁴여호와 하나님이 뱀에게 이르시되 네가 이렇게 하였으니 네가 모든 가축과 들의 모든 짐승보다 더욱 저주를 받아 배로 다니고 살아있는 동안 흙을 먹을지니라 …

B′〈여자에 대한 징벌〉 ¹⁶… 네가 수고하고 자식을 낳을 것이며 너는 남편을 원하고 남편은 너를 다스릴 것이니라

A′〈남자에 대한 징벌〉 ¹⁷… 땅은 너로 말미암아 저주를 받고 너는 네 평생에 수고하여야 그 소산을 먹으리라 … ¹⁹네가 흙으로 돌아갈 때까지 얼굴에 땀을 흘려야 먹을 것을 먹으리니 네가 그것에서 취함을 입었음이라 너는 흙이니 흙으로 돌아갈 것이니라 하시니라(창3:11-19)

부채꼴 모양으로 펼쳐지는 남자(A)-여자(B)-뱀(C)-여자(B′)-남자(A′)라는 구도는 구약성서에서 흔히 등장하는 문학 기법인 교차대칭구조(chiasmus)이다. 하나님과 사람 사이에 대화가 오고 가는 것은 아직 회복의 가능성이 남아있음을 암시한다(A와 B). 그러나 그 가능성을 살리지 못했을 경우, 일방적인 징벌만 남게 된다(B′와 A′). 하나님은 징벌에 앞서 아담에게 "내가 너더러 먹지 말라 명한 그 나무 실과를 네가 먹었느냐"고 물으신다(창3:11). 겁에 질린 아담은 "하나님이 나에게 주셔서 나와 함께하게 하신 여자 그가 내게 주므로" 먹었을 뿐이라고 대답한다(창3:12). 그만 모

든 잘못을 사랑하는 여자에게 돌려 버리고 만 것이다. 이번에는 여자에게 물으시는 하나님의 질문에 여자는 "뱀이 나를 꾀므로" 먹었을 뿐이라고 대답한다. 하나님이 그들의 범죄 사실을 몰라서 물으셨던 것이 아니다. 그들의 범죄의 자초지종이 궁금해서 물어보신 것이 아니다. 어린 자녀의 실수를 잘 알고 있는 부모가 자녀를 다그치는 이유는 한 가지뿐이다. 잘못했다는 고백을 듣고 싶기 때문이다. 이미 그 질문은 용서할 준비를 담고 있기 때문이다. 이미 아담과 하와의 범죄 사실을 알고 계신 하나님은 그들에게서 잘못했다는 고백을 듣고 싶어 하셨으리라. 그러나 하나님은 실망하실 수밖에 없었다. 금지된 열매를 먹었다는 것도 잘못이지만, 그보다 더 큰 잘못은 그 잘못을 알고도 회개하지 않았다는 것이다. 남자는 여자에게, 여자는 뱀에게 그 책임을 전가시키기에 급급했다. 성서의 맨 처음 이야기를 기록한 저자는 우리 모두가 범죄의 가능성을 지니고 있음을 말해 주고 있다. 동시에 잘못을 알고도 회개하지 않음은 하나님 앞에 더 큰 범죄임을 역설하는 것이다. 회개할 수 있는 기회를 잃어버린 불쌍한 이들의 모습을 보라. 남자와 여자, 그리고 그들의 후손은 서로 원수가 되고 서로를 상하게 한다(창3:15). 그런 후손을 낳기 위한 여자의 해산 고통은 더욱 심해지고 서로에게 종속 관계가 생긴다(창3:16). 수고하며 땀 흘리며 사는 인생의 끝은 가시덤불과 엉경퀴를 내는 흙으로 다시 돌아가는 것뿐이다.

우리가 회개하지 않을 때 하나님과 나, 나와 다른 사람들, 나와 자연 사이의 아름다운 관계가 깨어질 수밖에 없다. 인간이 타락했다는 것은 타락하기 이전에 인간이 갖고 있던 어떤 본성을 잃어버렸다는 것이 아니라, 하나님과의 바른 관계가 깨어졌다는 것을 의미하는 것이다. 하나님이 아닌 자기중심적인 생활을 하며 살아간다면 그것이 바로 타락한 인간의 삶인 것이다. 반대로, 구원은 하나님과 나 사이에 깨어졌던 관계가 다시 이어져서 바른 삶으로 회복하는 것을 의미한다. 즉 나 중심으로 살던 삶이, 이제는 하나님 중심으로 삶의 방향, 가치, 궁극적인 목표가 모두 바뀌는 것을 의미한다. 하나님은 지금도 지키라 하신 창조의 질서를 우리가 지키고 있는지를 물으신다. 범죄한 인간에게 하나님이 가죽옷을 지어 입히셨다는 마지막 구절은 의미심장하다. 그 이유는 비록 사람이 하나님 앞에서 범죄했을지라도 하나님은 사람을 포기하지 않으시고 여전히 은혜의 범주 안에 두신다는 상징이 되기 때문이다.

> 여호와 하나님이 아담과 그의 아내를 위하여 가죽옷을 지어 입히시니라
> (창3:20)

많은 사람들이 하나님이 창조하신 그 에덴동산이 어디에 있었을까 궁금해한다. 그러나 에덴동산이 어디 있었는지는 알 수 없다. 성서가 에덴동산의 구체적인 위치에 대해 침묵하는 이유는 우리가 살아가고 생활하는 삶의 터전이 하나님의 질서가 살아있는 에덴동산이기를 기대하고 있기 때문이다. 실낙원(失樂園, Paradise Lost) 사건이 있었다면, 복락원(復樂園, Paradise Regained)도 가능하리라. 하나님이 우리에게 주신 질서를 존중하고, 맡겨주신 일을 성실히 수행하면서 그분과의 관계를 아름답게 만들어 간다면, 분명 우리가 있는 이곳은 하나님의 창조질서가 살아 숨 쉬는 에덴동산이 될 것이다.

3. 가인과 아벨

맨 처음 사람 아담과 하와가 낳은 두 아들의 이름은 가인과 아벨이다. 그렇다면 이들은 사람의 몸에서 태어난 첫 사람들이 된다. 성경은 이들에 대해 아벨은 양 치는 자였고 가인은 농사하는 자였다고 묘사한다. 양치기와 농사일은 고대 근동 지역에서 대표되는 주된 직업이다. 이는 이 본문이 기록될 당시 사람들이 양을 치는 유목민과 농사하는 정착민 부류의 사람들이 있었음을 암시한다.

> [1]아담이 그의 아내 하와와 동침하매 하와가 임신하여 가인을 낳고 이르되 내가 여호와로 말미암아 득남하였다 하니라 [2]그가 또 가인의 아우 아벨을 낳았는데 **아벨은 양 치는 자였고 가인은 농사하는 자였더라** [3]세월이 지난 후에 가인은 땅의 소산으로 제물을 삼아 여호와께 드렸고 [4]아벨은 자기도 양의 첫 새끼와 그 기름으로 드렸더니 여호와께서 아벨과 그의 제물은 받으셨으나 [5]가인과 그의 제물은 받지 아니하신지라 가인이 몹시 분하여 안색이 변하니(창4:1-5)

세월이 지난 후, 가인과 아벨이 청년이 되었을 무렵, 이들은 여호와 께 제물을 드린다. 이른바 성경의 첫 예배의 모습이 나온다. 그런데 이상 하다. 하나님은 아벨의 제물은 열납하셨으나 가인의 제물은 열납하지 않 으셨다. 왜일까? 가만히 성경을 들여다보면 가인과 아벨의 등장 순서도 이상하다. 분명 가인이 먼저 태어나고 아벨이 나중에 태어났는데, 이들 을 소개할 때는 가인보다 아벨이 먼저 등장한다. "아벨은 양 치는 자이었 고 가인은 농사하는 자였더라"(창4:2). 이는 우연이 아니다. 이것이 우연 이 아닌 이유는 다음 구절에서 나타난다. 여호와께 제물을 드린 것도 가 인이 먼저였고 아벨은 나중이었으나, "여호와께서 아벨과 그 제물은 열 납하셨으나 가인과 그 제물은 열납하지 아니하신지라"(창4:4-5)라고 했다. 언제나 아벨에 대한 묘사가 먼저 나온다. 왜일까?

대답은 간단하다. 하나님이 아벨을 기뻐하셨기 때문이다. 하나님은 단순히 아벨의 제물만 받으신 것이 아니다. '아벨과 그 제물'을 열납하셨 다. 한정된 성경의 기록으로는 다 담을 수 없는 일상의 삶이 하나님께 바 쳐지는 제물이었다는 말이다. 반면 하나님은 가인을 기뻐하지 않으셨다. 그래서 '가인과 그 제물'을 열납하지 않으셨다. 기억하자. 우리가 하나님 께 드려야 할 것은 우리 자신이 먼저라는 것을. 내가 가진 것으로 하나님 께 드린다는 것은 참으로 귀한 일이다. 내가 가진 시간과 재물과 능력을 바친다는 것은 아무나 할 수 있는 일이 아니기에 귀한 일이다. 그러나 사 실 우리가 내가 가진 것으로 하나님께 드리는 것은 얼마 되지 않는다. 내 가 시간을 바친다면 얼마나 바칠 수 있는가? 하루 24시간 중 얼마나 주 님께 드릴 수 있는가? 길어야 팔구십 살아가는 짧은 인생으로 하나님께 드릴 수 있는 시간이 얼마나 되겠는가? 내가 가진 재물로 얼마나 하나님 을 기쁘게 할 수 있는가? 지금까지 모아 둔 모든 돈을 하나님을 위해 바친다고 한들 그것이 얼마나 될 것인가? 내가 가진 능력을 하나님께 바친다 한들 그것이 전능하신 하나님께 얼마나 보탬이 되겠는가? 그리 많지 않다. 그러나 나 자신을 하나님께 제물로 바친다는 것은 의미가 다르다. 그것은 나 자신이 하나님 앞에 먼저 죽은 제물이 된다는 것을 의미하기 때문이다. 아벨은 그렇게 하나님 앞에 먼저 바쳐진 제물이었다.

우리가 드릴 수 있는 제물은 우리 자신 다음이라는 사실을 잊지 말자. 우리가 먼저 하나님께 바쳐진다면 '그 제물'은 차후의 문제가 된다. 가인이 하나님께 바친 제물은 무엇인가? 땅의 소산이다. 그는 농사짓는 사람이었으니 당연히 곡식을 하나님께 바쳤다. 그렇다면 아벨이 바친 제물은 무엇인가? 목축하는 사람이었으니 양의 첫 새끼와 그 기름을 드렸다. 하나님이 가인의 제물을 받지 않으신 것은 육식을 좋아하셔서가 아니다. 가인이 바친 제물에는 피가 섞여있지 않아서일까? 피가 없는 제사는 온전한 제사가 될 수 없기 때문도 아니다. 실제로 구약 시대에는 하나님께 곡식을 제물로 바치는 경우가 등장한다. 예를 들면 곡식단을 흔들어 바치는 요제(Wave Offering: 출29:24; 레7:30; 민6:20)는 땅의 소산에 해당한다.

반면, 아벨이 드렸던 양의 첫 새끼와 그 기름은 후대로 가면서 이스라엘 사람들이 하나님께 드릴 수 있던 최고의 제물로 발전한다.

> 이스라엘 자손 중에 사람이나 짐승이나 무론하고 초태생은 다 거룩히 구별하여 내게 돌리라 이는 내 것이니라 하시니라(출13:2)

> 너는 우양의 처음 난 수컷은 구별하여 네 하나님 여호와께 드릴 것이니 네 소의 첫 새끼는 부리지 말고 네 양의 첫 새끼의 털은 깎지 말고(신 15:19)

³그는 또 그 화목제의 희생 중에서 여호와께 화제를 드릴지니 곧 내장에 덮인 기름과 내장에 붙은 모든 기름과 ⁴두 콩팥과 그 위의 기름 곧 허리 근방에 있는 것과 간에 덮인 꺼풀을 콩팥과 함께 취할 것이요(레3:3-4)

이 최고의 제물을 우리는 흔히 첫 열매라고 한다. 첫 열매란 단순히 시기적으로 먼저 생긴 것을 말하지 않는다. 가인과 아벨 중에 가인을 첫 열매라 부르지 않는다. 비록 나중에 태어났어도 아벨을 첫 열매라 부를 수 있는 이유는 그의 삶이 하나님 앞에 최선을 유지하였기 때문이다. 반면 가인을 첫 열매라 부를 수 없는 이유는 그가 하나님 앞에 최선을 지켜가지 못했기 때문이다.

> 가인같이 하지 말라 저는 악한 자에게 속하여 그 아우를 죽였으니 어찐 연고로 죽였느뇨 자기의 행위는 악하고 그 아우의 행위는 의로움이니라 (요일3:12)

> 믿음으로 아벨은 가인보다 더 나은 제사를 하나님께 드림으로 의로운 자라 하시는 증거를 얻었으니 하나님 그 예물에 대하여 증거하심이라 저가 죽었으나 그 믿음으로써 오히려 말하느니라(히11:4)

결국 하나님이 가인과 그 제물을 열납하지 않으신 이유는 제물 자체에 어떤 흠이 있었다기보다 평상시 가인의 삶이 하나님을 기쁘시게 하지 못했기 때문이 분명히다. 그의 삶이 온진치 못한 깃은 하나님께 예배를 드린 이후에도 마찬가지였다. 하나님이 자신의 예배를 받지 않으셨다는 것 때문에 가인은 결국 동생 아벨을 쳐 죽이고야 만다. 예배 때문에 동생을 죽이다니…. 아벨이라는 이름은 '약한 바람', '덧없음'이라는 뜻을 지닌다. 자신의 이름처럼 아벨은 형제의 손에 덧없는 죽음을 맞이한다.

동생을 죽인 가인에게 던지시는 하나님의 이 질문은 하나님이 범죄한 아담에게 '네가 어디 있느냐?'(창3:9)고 물으셨던 질문과 같다. 에덴동산에서 일어난 첫 범죄를 이미 아시는 하나님이 아담에게 물어보셨듯이, 땅에서 벌어진 처음 살인 사건을 하나님이 모르셨을리 없다. 땅에서 울부짖는 아벨의 핏소리가 하나님께 들렸기 때문이다. 하나님은 가인의 범죄를 아시면서도 물어보신다. 그것은 가인이 자신의 잘못을 인정하고 용서 구하기를 바라시는 마음 때문이다. 그러나 가인은 그러한 하나님의 마음을 철저히 외면하고야 만다. 모르는 일이라고 거짓말하고야 만다. 자신이 죽인 아우의 직업을 암시하면서 "내가 내 아우를 지키는 자니이까?" 하면서 자신의 책임을 회피한다. 아담과 하와가 책임을 회피하고 그 잘못을 타인에게 전가시켰다면, 가인은 알지 못하는 일이라며 거짓말을 하고 심지어 내가 내 아우를 지키는 자니이까 하며 화를 내기가지 한다. 사람이 죄를 짓고도 회개하지 않으면 이렇게 양심도 점차 마비되는가 보다.

결국 가인은 자신의 부모처럼 하나님의 징벌을 받고야 만다. 하나님은 땅에서 농사를 짓던 가인에게 "밭을 갈아도 땅이 다시는 그 효력을 네게 주지 아니할 것이요 너는 땅에서 피하며 유리하는 자가 되리라"고 하신다. 자신이 땀 흘리던 일터인 땅, 그 땅으로부터 멀어져야만 하는 가인은 자신의 죄벌을 지기를 무거워한다. 그러나 하나님은 두려워 떨며 떠나는 가인을 버리지 않으셨다. 비록 평상시의 삶이 악하였고, 아우를 죽였으며 급기야 하나님께 거짓을 고하던 가인이지만, 하나님은 그에게 우리가 알지 못하는 어떤 표를 주시며 그를 보호하시겠노라고 약속하신다.

4. 노아와 홍수 이야기

가인이 동생을 죽이고, 아담과 하와에게서 또 다른 아들 셋이 탄생한 이후, 창세기 기자는 사람들이 번성하였음을 기록하고 있다. 땅을 정복하고 다스리라는 아담에게 주어진 명령대로 세상은 온통 사람들로 넘쳐나기 시작했다. 그러나 어찌하랴. 그 사람들이 살아가는 모습이 하나님 앞에 악하였으니. 창세기 6장에 등장하는 인류의 모습은 온통 사람들이 악하였다는 것과 그 악한 모습을 보시는 하나님이 한탄하시는 것으로 가득하다.

> ⁵여호와께서 사람의 죄악이 세상에 관영함과 그 마음의 생각의 모든 계획이 항상 악할 뿐임을 보시고 땅 위에 사람 지으셨음을 한탄하사 마음에 근심하시고… ⁷내가 그것을 지었음을 한탄함이니라 하시고(창6:5-7)

> ¹¹때에 온 땅이 하나님 앞에 패괴하여 강포가 땅에 충만한지라 ¹²하나님이 보신즉 땅이 패괴하였으니 이는 땅에서 모든 혈육 있는 자의 행위가

패괴함이었더라 [13]하나님이 노아에게 이르시되 모든 혈육 있는 자의 강포가 땅에 가득하므로 그 끝날이 내 앞에 이르렀으니 내가 그들을 땅과 함께 멸하리라(창6:11-13)

하나님이 지으신 세상을 하나님이 한탄하고 있다. 본문을 기록하던 저자는 아마도 자신이 살던 시대의 모습을 노아 시대에 반영하고 있었을 것이다. 하나님이 한탄하실 정도로 패역한 시대의 모습은 비단 노아 시대에 국한되지 않는다. 이는 분명 지금 우리가 살고 있는 시대의 모습이다. 아니 우리가 살고 있는 시대는 노아 시대보다 더 음란하고 패괴하고 강포가 충만하다. 여중생이 화장실에서 아이를 낳아 그 낳은 화장실에 버리고, 지존파니 막가파니 하는 온갖 폭력 세력이 생겨서 산 사람을 생매장하고, 방송 매체를 통해 이런 일들이 우리에게 전해져도 이제 몇 명 죽었다는 말에는 별로 큰 동요를 일으키지도 않는다. 그리고 앞으로 다가올 시대는 이보다 더 삭막하고 영적으로 어려운 시대가 될지도 모른다는 두려움이 우리를 엄습한다.

아담과 하와, 그리고 그 아들 가인의 범죄가 개인적인 것이었다면 노아 시대의 범죄는 집단적이었다는 데에 더 큰 문제가 있다. '강포'라는 말의 히브리어는 '하마스'(hamas)다. 이는 사회적인 불의와 폭력(social violence)을 가리키는 말이다. 이제는 죄의 문제가 도저히 인간 스스로의 힘으로는 어찌할 수 없는 구조적인 것이 되어버리고 말았다. 우리가 살고 있는 시대도 노아 시대처럼 하나님이 한탄하시는 시대임에는 분명하다.

그러나 성경은 노아 시대의 이야기를 하나님의 한탄으로 끝맺지 않는다. 시대와 상황이 악한 것이 문제가 되지 않는다. 인간은 원하든 원하지 않든 환경의 지배를 받을 수밖에 없다. 문제는 아무리 악한 세대를 살아간다 하더라도 하나님의 은혜를 입을 수 있느냐 하는 것이다. 그렇게 악한 세대를 살아가면서도 노아는 의인이었고, 당세에 완전한 자였다고 했는데(창6:9), 노아가 어떻게 믿음을 지키며 하나님을 기쁘시게 하는 삶을 살 수 있었을까? 그건 노아가 하나님께 은혜를 입었기 때문이다(창6:8). 노아가 훌륭해서가 아니라 하나님이 노아에게 은혜를 베풀어 주셨기 때문이다. 우리가 하나님의 구원계획 속에 들어온 것도 우리의 행위나 도덕적인 의에 근거한 것이 아니다. 하나님께서 택하신 은혜 때문이다.

앞서 언급한 아담과 하와의 잘못과 가인의 살인 이야기에서 우리는 인간의 범죄에 상응하는 하나님의 징벌을 보았다. 하나님은 서로에게 책임을 떠넘기는 아담과 하와를 각각 징벌하신 후 둘을 에덴동산에서 추방하셨다. 또 하나님은 살인을 저지르고 그 사실을 모른 척하는 가인의 책임을 물어 그 살던 곳에서 유리하는 자가 되게 하셨다. 그러나 이 처음 태고사의 이야기들은 단순히 범죄한 사람을 하나님이 징벌하셨다는 것으로 끝맺지 않는다. 범죄하여 징벌당하는 사람임에도 불구하고 하나님은 그들에게 은혜 베풀기를 주저하지 않으신다. 추방당하는 아담과 하와에게는 가죽옷을 지어 입히시고, 가인에게는 보호표를 찍어 주셨다. 그들에게 지어 입히신 가죽옷이 무엇인지, 또 보호표는 무엇인지 우리는 알 수 없다. 성경을 기록한 저자도 이에 대해서는 아무런 설명을 하지 않고 있다. 성경 저자가 말하고 싶은 것은 가죽옷이나 보호표의 종류가 무엇인지가 아니다. 가죽옷과 보호표로 상징되는 하나님의 은혜와 사랑은 범죄하여 벌을 받는 사람에게도 여전히 유효하다는 것이다.

노아 시대의 홍수 이야기에서도 성경 저자는 사회적으로 병들고 패역한 시대를 한탄하시는 하나님이 홍수라는 도구를 통해 세상을 징벌하신다. 총체적인 부패에 따른 총체적인 징벌이다. 그러나 여기에도 하나님의 은혜는 계속된다. 그것은 노아와 그의 가족을 세상 속에서 멸망받지 않을 '남은 자'로 선택하시고 방주를 짓게 하셨다는 것이다.

> 지면의 모든 생물을 쓸어버리시니 곧 사람과 짐승과 기는 것과 공중의
> 새까지라 이들은 땅에서 쓸어버림을 당하였으되 홀로 노아와 그와 함께
> 방주에 있던 자만 남았더라(창7:23)

방주, 곧 큰 배를 뜻하는 히브리어 '테바'(tebah)의 일차적인 뜻은 상자(box)이다. 창세기가 묘사하고 있는 방주의 모습도 길이 삼백 규빗, 넓이 오십 규빗, 높이 삼십 규빗으로 이루어진 거대한 상자를 가리킨다. 출애굽기로 넘어가면 또 하나의 테바가 등장한다. 모세를 나일 강에 담아 띄워 보낸 바구니도 테바라고 한다. 이 두 테바의 공통점이 무엇일까. 그것은 그 상자 안에 담겨있는 생명을 살리는 역할을 한다는 점이다.

흔히들 이 방주를 교회의 처음 모형이라고 이야기한다. 아무리 혼탁한 세상이라 하더라도 교회는 하나님의 은혜를 입은 자들이 모여있는 곳이고, 하나님은 교회를 통해 세상의 구원역사를 계속 이어가신다는 믿음 때문이다. 그것이 방주의 사명이다. 생명을 살리는 거룩한 사역이다. 방주는 결코 무시무시한 전함이 아니다. 으리으리한 상선도 아니다. 오직 구원선이다. 이것이 교회의 가장 큰 사명이다.

창세기가 묘사하는 방주 안에 들어가 있는 사람의 수는 고작 여덟 명에 지나지 않는다. 노아와 그 아내 그리고 세 명의 아들과 세 명의 며느리가 전부이다. 이 여덟 명이 온갖 동물의 배설물을 쉴 새 없이 치워야 한다. 장마철에 통풍도 안 되는 사우나 같은 지하 삼 층에서 꼭대기까지 땀 뻘뻘 흘려가면서 고생해야 한다. 온갖 동물이 울어대는 소리에 소음

도 대단했을 것이다. 얼마나 힘들었을까. 배를 만드는 것도 고생이었지만, 그 안에서 숨 쉬는 것조차 힘들었을 것 같다. 지금의 교회도 마찬가지이다. 아무리 교회 안에서의 생활이 어렵고 힘이 들어도 교회는 하나님의 구원계획에 따라가고 있는 이 시대의 방주이다. 여전히 변하지 않는 거룩한 사명이 있다. 이 시대에 생명을 구원하는 테바라는 것이다. 이 테바는 사람의 힘으로 움직이는 배가 아니다. 처음부터 하나님이 설계하셨다. 방주의 모든 제도를 하나님이 계획하셨다. 방주로 들어가라 하신 분도 하나님, 방주의 문을 닫으신 분도 하나님, 방주가 땅에서 떠오르게 하신 분도 하나님, 떠다니게 하신 분도 하나님, 나중에 방주의 문을 여신 분도 하나님이시다. 철저하게 하나님이 이 방주의 시작과 끝을 주관하신다. 그렇다면 노아의 역할은 무엇인가? 노아는 그러한 하나님의 주권에 철저히 순복하며 명하신 말씀에 철저히 순복했다는 것이다.

> 노아가 그와 같이 하되 하나님이 자기에게 명하신대로 다 준행하였더라
> (창6:22)

방주가 아라랏 산에 머무르고 물이 걷힌 후에 드디어 방주 안에 있는 모든 이들이 다시 세상을 구경한다. 방주 밖으로 나온 노아는 하나님께 제단을 쌓는다. 노아가 '모든 정결한 짐승과 새 중에서 제물을 취하여 번제로 하나님께 제단에 드렸더니'(창8:20) 하나님께서 '그 향기를 받으시고' 다시는 사람으로 인해 땅을 저주하지 않으시기로 다짐하신다.

노아가 제단을 쌓는 이야기를 전후로 해서 하나님은 노아와 그의 가족 그리고 노아와 함께 했던 모든 혈육 있는 생물들을 다 이끌어내시며 노아에게 의미심장한 말씀을 하신다. 그것은 '생육하고 번성하여 땅에

충만하라'(창8:17; 9:1,7)는 것이다. 이 말씀이 의미심장한 이유는 바로 하나님이 처음 창조하신 사람에게 주셨던 축복(창1:28)이기 때문이다. 세상이 물로 심판받은 때에 노아는 하나님의 새 창조사역이라는 막중한 임무를 부여받은 것이다. 여기에 교회의 사명이 있다. 바로 생명을 구원하고 새로운 창조의 사명을 감당해야 한다는 것이다.

그렇다면 노아가 제단을 쌓았다는 것은 그가 방주를 지었다는 것 못지않게 중요한 의미를 지닌다. 방주의 역할이 생명을 구원하는 데에 있었다면, 노아가 쌓은 제단은 세상을 향한 하나님의 언약을 이끌어내는 역할을 한다. 하나님은 노아와 그와 함께한 아들들에게 "다시는 모든 생물을 홍수로 멸하지 아니할 것이라 땅을 멸할 홍수가 다시 있지 아니하리라"(창9:11)라고 약속하시며 그 언약을 증거로 무지개를 보여 주신다. 하나님께서 무지개를 구름 속에 두셨다는 말은 이 사건 이전에는 무지개가 세상에 없었다는 말이 아니다. 무지개는 홍수 이전에 있었을 수도, 없었을 수도 있으나, 노아의 제단 이후로 무지개는 하나님 세상 사이에 세워지는 언약의 증거로 기억된다.

5. 바벨탑

바벨탑 이야기의 무대는 시날 평원이다. 유랑하던 인간들이 시날 평원에 도착해서 그곳에서 정착생활을 하는 것으로 이야기는 시작된다. 시날이란 곳은 오늘날의 이라크 남부 지역이다. 유프라테스 강과 티그리스 강의 하류지역인 이 시날 평원은 우리가 흔히 알고 있는 메소포타미아에 해당한다. 그 뜻은 '두 강(티그리스와 유프라테스) 사이에 있는 땅'이다. 이곳은 이 두 큰 강들에 의해 홍수가 빈번히 일어났고, 강물이 넘쳐흐를 때 토사가 실려 내려와 진흙이 대단히 많은 지역이었다. 이 지역 사람들은 진흙을 불에 구워 견고한 벽돌을 만들었다.

> [3]서로 말하되 자, 벽돌을 만들어 견고히 굽자 하고 이에 벽돌로 돌을 대신하며 역청으로 진흙을 대신하고 [4]또 말하되 자, 성읍과 탑을 건설하여 그 탑 꼭대기를 하늘에 닿게 하여 우리 이름을 내고 온 지면에 흩어짐을 면하자 하였더니 [5]여호와께서 사람들이 건설하는 그 성읍과 탑을 보려고 내려오셨더라(창11:3-5)

자연적으로 돌이 많지 않은 지역에서 인간들은 돌의 대용품으로 진흙 벽돌을 만들었고, 벽돌과 벽돌 사이에는 오늘날의 아스팔트와 비슷한 재질인 역청을 발라 넣으면서 세계 최초로 도시 문명을 만들어내는 업적을 이루었다. 메소포타미아 문명은 그렇게 태동되었다.

시날 평원에 살던 사람들의 계획은 크게 네 가지이다. 첫째는 성을 쌓자는 것으로, 이것은 도시를 건설하자는 의미이다. 둘째는 그 도시의 중심에 하늘까지 닿는 높은 탑을 세우자고 한다. 이것이 바벨탑이다. 세 번째는 인간들의 이름을 내자는 것이고, 마지막 네 번째는 서로 분산하지 말고 함께 뭉치자는 것이었다. 그러면 네 가지 계획 중에 무엇이 문제가 되어 심판의 대상이 되었을까?

우리가 문명 자체를 거부하지 않는 한 시날 평원 인간들의 계획은 그 자체가 잘못된 것이라고 볼 수가 없다. 그들은 여기서 그치지 않고 하늘까지 치솟는 높은 탑을 세우자고 말한다. 진흙 벽돌을 만들고 역청을 사용하면서 기술 문명의 발전을 성취한 인간들은 도시를 형성하고 그 중앙에 높은 탑을 세우자는 것이다. 이들은 믿음으로 홍수 사건을 극복한 노아의 후손들이었으나 세상을 다시는 물로 심판하지 않으시겠다는 하나님의 약속을 믿지 못했고, 설령 세상이 다시 물로 심판받는다 하더라도 하나님처럼 높은 곳에 있으면 안전하리라고 생각했을 것이다. 그러면서 그들 스스로 하나님처럼 되었다는 착각에 빠진 것이다. 그들의 세 번째 계획인 '우리의 이름을 내자'는 것도 이제는 하나님이 없어도 살 수 있으니 하나님의 창조주 되심과 주인 되심을 거부하는 표현이다. 하나님의 주권과 권위를 거부한 시날 평원의 인간들이 그들의 기술과 권위를 총동원해서 쌓고 있는 바벨탑의 높이가 높아질수록, 사람이 신본주의에서 떠나 점차 인본주의화되어 갈수록, 하나님과 인간 사이의 관계는 오히려 멀어지기만 하는 것이다. 하나님은 그렇게 어리석은 사람들이 행하는 모습을 보시고(창11:5) 급기야는 그들로 하여금 언어를 알아듣지 못하게 하셨고, 그들을 온 지면에 흩으시고, 문명을 중단시켜 버리셨다(창11:8).

> ⁶여호와께서 이르시되 이 무리가 한 족속이요 언어도 하나이므로 이같이 시작하였으니 이 후로는 그 하고자 하는 일을 막을 수 없으리로다 ⁷자, 우리가 내려가서 거기서 그들의 언어를 혼잡하게 하여 그들이 서로 알아듣지 못하게 하자 하시고 ⁸여호와께서 거기서 그들을 온 지면에 흩으셨으므로 그들이 그 도시를 건설하기를 그쳤더라 ⁹그러므로 그 이름을 바벨이라 하니 이는 여호와께서 거기서 온 땅의 언어를 혼잡하게 하셨음이니라 여호와께서 거기서 그들을 온 지면에 흩으셨더라(창11:6-9)

사람의 지혜와 지식, 문명이 아무리 발전한다 해도 하나님을 떠난 계획은 결국 실패로 끝날 수밖에 없다. 하나님과의 관계가 단절되면 사람과 사람 사이의 관계도 깨어지고 모든 문명과 문화마저도 중단된다는 말이다. 사람이 서로의 언어를 알아듣지 못했다는 표현은 서로 다른 언어를 사용했다는 의미이기도 하거니와 사람의 마음과 마음이 진실로 교통되지 못하는 강퍅한 사회가 되었음을 암시하는 것이기도 하다. 문화와 문명이 발전된 풍요로운 공동체를 이루어가는 것도 중요하지만, 사람의 계획이나 욕심이 아닌 하나님을 중심으로 하는 공동체를 만들어가는 것은 더 중요하다.

시날 평원의 문명은 실패로 막을 내렸으나, 인간을 향하신 하나님의 은총의 역사는 이로써 끝이 나는 것이 아니다. 하나님은 아브라함을 부르시고, 그를 통해서 새로운 구원의 역사를 시작하셨다. 아브라함을 부르심으로 열리게 되는 새로운 구원의 역사는 인간 중심의 '탑 쌓기'가 아닌 하나님 중심의 '제단 쌓기'로 시작하고 있는 것이다.

지금까지 살펴본 전역사는 주로 신앙고백적인(confessional) 차원에서 기록된 말씀이기 때문에 역사적인 자료를 찾기는 거의 불가능한 시대이다. 이 전역사는 ① 인간의 범죄, ② 하나님의 징벌, ③ 하나님의 은총이라는 세 가지 주제가 주기(cycle)를 이루면서 반복되고 있는 구조를 보여 주고 있다. 먼저 창세기 3장에 나타난 인간의 타락 이야기를 보면, 인간(남자와 여자는 함께)은 하나님 말씀에 불순종하고 금지된 과일을 먹고, 책임을 회피한다(범죄). 이에 대해서 하나님은 엄중한 심판의 말씀을 하시고 인간을 에덴의 낙원에서 추방하신다(징벌). 그러나 하나님은 인간을 보호하는 가죽옷을 입혀 주신다(은총). 다음 창세기 4장에 오면, 에덴의 낙원에서 추방당한 인간들 사이에서 벌어지는 최초의 사건이 기록되어 있다. 그것은 형제가 형제를 죽인 사건이다. 가인이 동생 아벨을 죽인다(범죄). 가인은 땅으로부터 저주를 받고, 유랑자가 된다(징벌). 그러나 하나님은 가인을 보호하시는 보호표시를 찍어 주신다(은총). 창세기 6-9장의 홍수 이야기에서도 같은 구조가 발견된다. 인간들의 죄악과 부패가 세상에 가득 차게 된다(범죄). 하나님은 홍수로써 인간을 징벌하신다(징벌). 그러나 노아의 가족을 구원하시고, 그들을 통해서 인간을 새출발하게 하신다(은총). 창세기 11장의 바벨탑(Tower of Babel) 이야기에서는 인간들이 하늘까지 닿는 탑을 쌓고, 자기들의 이름을 내고자 한다. 하나님이 없는 인간 중심적인 기술문명의 모습을 보여 준다(범죄). 인간들의 계획은 실패로 끝이 나고, 인간은 온 지면에 흩어지고, 언어의 장벽으로 인간은 소외된다(징벌). 그러나 하나님은 아브라함을 부르시고, 그를 통해서 새 역사를 시작하신다(은총). 이로써 이스라엘의 역사는 시작된다. 이렇게 창세기 창조에서 바벨탑 사건까지 계속된 전역사는 끝나고 하나님이 아브라함을 부르시는, 그리고 하나님이 인간의 이름을 창대케 하리라고 약속하시는(창 12:2) 이스라엘 족장의 역사가 시작된다.

	인간의 범죄	하나님의 징벌	하나님의 은총
아담과 하와 (창3)	금지된 과일 먹음 책임 전가	에덴동산 추방 해산고통, 노동, 죽음	가죽옷(상징)
가인과 아벨 (창4)	살인 거짓말	땅으로부터의 저주 유랑자로 전락	이마에 보호표(상징)
노아와 홍수 (창6-9)	죄악과 부패	대홍수	노아 가족의 구원 무지개(상징)
바벨탑 사건 (창11)	인간의 교만	탑 쌓기 중단 온 지면에 흩어짐 언어의 혼란, 소외	아브라함을 부르심

II
이스라엘의 조상들

1. 아브라함

창세기 1-11장까지의 전역사(前歷史, Primeval history)는 아브라함(=아브람)의 등장으로 마무리되었다(창11:27-32). 아브라함으로부터 야곱까지의 이스라엘 선조들의 이야기와 야곱의 후손인 요셉과 그의 형제들의 이야기를 담는 이 창세기 후반부(창12-50장)는 이스라엘 족장들의 이야기로 구성되어 있기 때문에 흔히 족장사(族長史, Patriarchal History)라는 이름으로 불린다. 족장사를 여는 아브라함의 등장은 전역사라는 거대한 이야기의 결론에 해당하면서, 이스라엘 역사의 시작에 해당한다.

가나안 땅으로의 이주는 처음 아브라함이 시작한 것은 아니었다. 성서는 그 여정의 첫발을 내딛은 사람으로 아브라함의 아버지 데라를 소개하고 있다. 데라는 이방 땅이었던 갈대아 우르(Ur)에서 우상을 만들며 살던 사람이었다. 하나님의 축복과는 전혀 상관없이 살던 그 시대의 일개 필부(匹夫)에 지나지 않았던 사람이다. 그 아들 아브라함도 필부이기는 마찬가지이다. 그래서 하나님의 은혜이다. 하나님의 은혜는 그렇게 찾아왔다. 무슨 이유에서인지 데라는 고향 갈대아 우르를 떠나 먼 여정을 시작한다.

> 데라가 그 아들 아브람과 하란의 아들 그 손자 롯과 그 자부 아브람의
> 아내 사래를 데리고 갈대아 우르에서 떠나 가나안 땅으로 가고자 하더
> 니 하란에 이르러 거기 거하였으며(창11:31)

그 여정의 종착지는 가나안이었지만 유프라테스 강변을 따라 첫발을 내딛은 데라의 발길을 멈추게 한 곳은 하란이라는 곳이었다. 하란이 어떤 땅인가. 최초의 벼농사가 가능했다던 땅이다. 그만큼 비옥했던 곳이다. 먼 여정으로 인해 힘들었을 데라와 그 가족에게 하란이 주는 풍요로움은 그곳이 하나님이 말씀하신 목적지이길 애써 바라는 마음을 불러일으켰을 것이다. 사실은 그곳이 그 목적지가 아니라는 사실을 잘 알면서도 말이다. 기억하라. 데라의 출발은 좋았다. 자신이 살던 풍요로움을 떠나 새로운 비전을 찾아간다는 것은 쉬운 일이 아니었다. 데라는 그 쉽지 않은 일을 훌륭히 시작했다. 그러나 마무리가 성공적이지 못했다. 삶에 지쳐 그만 그 거룩한 명령에 마지막까지 성공하진 못했던 것이다. 그는 그곳에서 자신의 삶을 마치고야 만다. 데라의 역할은 그뿐이다. 하란과 가나안의 거리는 멀지 않다. 하란에서 조금만 더 여정을 계속했더라면 그는 가나안을 직접 밟아 보는 영광을 누렸을 것이다.
아브라함의 여정은 아버지 데라와 헤어지면서 시작한다. 낯선 이방 땅 하란에서! 삶의 위기는 때로 사람의 초심을 회복시켜 주는 것인가 보다. 아브라함의 두 번째 여정이 시작된다. 첫 번째 여정은 그의 아버지 데라와 함께한 여정이었고 그 여정은 실패로 끝나고야 말았다. 이제는 스스로 가족을 이끌고 잠시(!) 중단되었던 가나안으로의 여정을 계

속한다.

> ¹여호와께서 아브람에게 이르시되 너는 너의 고향과 친척과 아버지의
> 집을 떠나 내가 네게 보여 줄 땅으로 가라 ²내가 너로 큰 민족을 이루
> 고 네게 복을 주어 네 이름을 창대하게 하리니 너는 복이 될지라 ³너를
> 축복하는 자에게는 내가 복을 내리고 너를 저주하는 자에게는 내가 저
> 주하리니 땅의 모든 족속이 너로 말미암아 복을 얻을 것이라 하신지라
> ⁴이에 아브람이 여호와의 말씀을 따라갔고 롯도 그와 함께 갔으며 아브
> 람이 하란을 떠날 때에 칠십오 세였더라 ⁵아브람이 그의 아내 사래와 조
> 카 롯과 하란에서 모은 모든 소유와 얻은 사람들을 이끌고 가나안 땅으
> 로 가려고 떠나서 마침내 가나안 땅에 들어갔더라(창12:1-5)

아브라함이 하란을 떠나 가나안으로 떠난 때의 나이는 75세(창12:4)였
다. 데라가 아브라함을 낳을 때의 나이가 70세였고(창11:26) 205세에 죽은
것을 고려하면(창11:32) 아브라함은 아버지 데라가 145세였을 때 그 품을
떠났다는 계산이 나온다. 살아계신 아버지를 남겨두고 멈추었던 여정을
계속한다는 일은 고통과 용기를 수반하는 일임에 틀림이 없다. 아브라함
이 어떻게 이런 결단을 내릴 수 있었을까? 성서가 제시하는 이유는 한 가
지뿐이다. 그것은 아브라함이 '여호와의 말씀을 좇아'(창12:4) 갔다는 것이
고, 그는 '마침내' 가나안 땅에 들어갔다(창12:4). 믿음의 여정은 분명 세상
의 아픔을 딛고 일어서야만 가능한 것이리라.

하나님은 아브라함을 부르시면서, 그에게 본토(지금의 이라크 지역)와 친
척, 아버지의 집, 즉 혈연과 지연을 떠나라고 명하셨다(창12:1-2). 이 명
령이 중대한 이유는 아브라함 시대와 같은 고대 시대에는 어떤 한 사람

이 태어난 집안(가문, 혈연)과 장소(지연)는 그 사람의 신분 및 운명을 결정했기 때문이다. 오늘날은 자기가 태어난 고향에서 평생을 지내는 사람보다는 지역적으로 많은 이동을 하는 사람들이 많다. 그러나 고대 사회로 올라갈수록 대부분의 사람들은 자기가 태어난 지역에서 평생을 살았다. 한 지역과 다른 지역 간의 이동과 교류가 거의 없이 살았다. 그래서 지방 간에는 서로 말도 약간씩 다르고 습관도 달라져 지방 사투리, 지방 문화가 생겨났다. 이렇듯 고대 사회에서 혈연과 지연은 한 자연인으로서의 운명을 결정해 주는 중요한 두 요소였다.

그런데 하나님께서는 아브라함에게 그가 속한 본토와 아버지의 집을 떠나라고 말씀하신다. 아브라함에게 그의 고향과 아버지의 집은 자연인(自然人) 아브라함을 보호해 주는 인간적 보호 구역이었다. 하나님은 이제 이러한 인간적인 보호 구역으로부터 떠나라고 말씀하신다. 그리고 하나님께서 보여 주시는 새로운 땅에서 새로운 백성을 이루라고 말씀하신다. 이 말은 자연인 아브라함이 안전하게 지내고 있던 보호 영역으로부터 하나님께서 친히 인도하시고 보호해 주시는 하나님의 보호 영역으로 옮기라는 말이다. 이제는 인간이 지켜 주는 보호가 아니라, 하나님께서 친히 지켜 주시는 보호 속으로 들어가라고. 하나님이 보호해 주시는 이 새로운 땅에서 하나님께서 이루어 주실 큰 민족은 하나님을 믿는 신앙 안에서 태어나는 새로운 인생, 새로운 나를 뜻하는 것이다.

아브라함이 하란에서 가나안 땅으로 간다는 것은 대단한 결단이 필요하다. 왜냐하면 아브라함의 원래 고향인 우르(창11:28)와 이주해 머무른 곳 하란은 대단한 문명 지역이었는데 그러한 편리한 곳을 두고 문명이 낙후된 가나안 땅으로 가라는 명령은 마치 서울 사람을 전깃불도 안 들어 오는 깊은 골짜기 마을로 들어가 살라는 것과 마찬가지의 명령이었기 때문이다.

아브라함의 고향인 갈대아 지역의 우르는 유프라테스 강 하류 지역으로 그 당시 최고의 인류 문명 발달지였고, 수메르 문명의 중심지였다. 또한 아브라함의 아버지 데라와 함께 잠시 머물던 하란은 우르로부터 960km 북쪽으로 떨어진 지역에 위치했는데, 메소포타미아 북부 지역에서 최고로 발달된 최대의 상업 도시였다. 이에 비해 당시 가나안 지역은 물질문명적으로 매우 낙후된 지역이었다. 문명의 발달지 가운데 하나였던 갈대아 우르를 떠나 가나안으로 이주한 아브라함에게 하나님이 주신 약속은 후손에 대한 것뿐만이 아니다. 그 가나안 땅이 앞으로 그의 후손이 살아야 할 땅임도 약속해 주셨다(창12:7; 13:14; 15:7; 17:8).

예나 지금이나 사람이 살아갈 터전으로서의 땅의 중요성은 이루 말할 수 없다. 그런데 이 땅을 두고 예기치 않은 문제가 생겼다. 아브라함과 롯은 늘 같이 다녔다. 처음 가나안에 도착해서 먹을 것이 없어 떠돌아다니다 애굽까지 내려갔을 때만 해도 이들 사이에는 아무런 문제가 없었다. 그러나 이들의 공동 생활에 문제가 생겼다. 아브라함과 롯은 각자의 소유가 너무 많아 같이 살 수 없게 되었다. 애굽에서 나올 때 소유가 너무 많아서 함께 살기에는 땅이 너무 비좁았다. 그래서 그 밑의 하인들이 자주 싸우게 되었다(창13:5-6).

우리 사회의 병폐의 뿌리가 여기에 있다. 못살고 굶주리던 시대를 지나 조금 잘살게 되니까 예전엔 생각지도 않았던 갖가지 문제가 터져 나오기 시작한다. 그중에 가장 큰 것이 바로 물질에 대한 문제다. 거기엔 가나안 사람과 브리스 사람도 함께 있었다(창13:7). 그들도 땅이 좁아서 함께 부대끼며 살았다. 그런데 하나님을 믿는다고 하는 사람들이, 더구나 삼촌과 조카 사이에 매일 분쟁하는 것을 보고 불신자들이 얼마나 비웃었

겠는가? 이들의 싸움은 분명 세상의 조롱거리가 되었을 것이다. 땅 때문에 생긴 문제의 해결을 위해 아브라함은 조카인 롯에게 제안한다. "하나님이 내게 이 땅을 주셨는데 나누어야겠다. 네가 먼저 선택해라. 네가 먼저 선택하면 내가 나머지에서 살아가마." 쉬운 결단이었을까? 기득권을 포기한다는 것은 결코 쉬운 일이 아니다. 아브라함은 좋은 땅을 선택할 수 있는 기득권을 포기했다. 아브라함의 제안을 받아들인 롯이 떠나가는 모습을 보고 '조카라고 하나 있는 게 저 모양이니…' 하면서 서운해하지도 않았다. 그의 관심과 시선은 땅에 고정되지 않고 하늘을 바라보고 있었기 때문이다. 롯이 떠난 후, 그 고독한 현장에 하나님께서 나타나셨다. 사람이 멀리 떠나면 하나님께서 가까이 다가오심을 잊지 말라. 결코 혼자 내버려 두시지 않으셨다. 하나님은 아브라함의 행위를 다 보고 계셨다. 더구나 그 하나님께서 눈을 들어 동서남북을 바라보게 하신다. 보이는 땅을 다 주시겠다고 약속하신다. 이미 조카에게 다 주었다고 생각했는데, 하나님의 계산은 달랐다. 동서남북이 다 너의 것이라고 했는데, 동쪽은 롯이 간 곳이다. 그곳도 하나님은 다 너에게 주겠다고 하신다. 이것이 하나님의 계산이다.

아브라함에게 가나안 땅을 주시겠다는 하나님의 약속은 그 후손이었던 이삭과 야곱에게서도 반복되어 나타난다(창26:3; 28:13; 35:12). 가나안 땅을 아브라함과 그 후손에게 영원히 주시겠다는 하나님의 약속은 가슴 벅차기 그지없는 축복이었음에 틀림없다. 그러나 이 약속을 처음 받은 당사자인 아브라함은 정작 이 복의 수혜자가 되지는 못했다. 창세기 23장은 땅이 없는 아브라함의 현실과 하나님의 약속 사이의 큰 거리를 잘 보여 주고 있다. 아브라함은 하나님으로부터 땅에 대한 약속을 받았지만 사랑하는 아내 사라가 죽었을 때, 아내를 위한 매장지조차 없었다. 그래서 아브라함은 헤브론 원주민인 헷 족속(=히타이트) 중 에브론이라는 사람에게서 은 400세겔을 주고 '막벨라'라는 동굴을 구입한다. 사라를 매장한 이 막벨라 동굴 무덤은 후에 아브라함, 이삭, 리브가, 야곱, 레아 등 창세기에 등장하는 주요 인물들이 함께 묻히는 매장지가 된다. 후손에 대한 약속처럼, 땅에 대한 약속 역시 그 성취에 이르기까지는 기나긴 기다림의 시간이 필요했다. 하나님의 약속은 우리가 방법이나 원하는 시기에 맞춰 빠르게 성취되는 것만은 아니다. 때로는 마치 그 약속이 사라져버린 것처럼 오랜 세월을 필요로 하기도 하고 우리가 전혀 생각지 못했던 방법으로 성취되기도 한다.

2. 하늘의 별처럼, 바다의 모래처럼

　　믿음으로 안정된 고향을 떠나는 아브라함에게 하나님이 주신 또 다른 복의 약속은 후손에 관한 것이었다(창12:2; 13:16; 15:5; 22:17). 아브라함의 아내 사래는 원래 잉태하지 못하는 여인이므로(창11:30) 도저히 믿어지지 않은 이 하나님의 약속에 대해 아브라함은 조급해하기도 했다. 아브라함과 사래의 나이는 점점 많아지지만 하나님께서 약속해 주신 자손의 약속은 이루어지지 않았기 때문이다. 그래서 아브라함은 하나님을 향해서 거의 항변하다시피 한다. 창세기 15장을 보면 아마도 아브라함은 하나님의 약속을 기다리다가 결국 다메섹 출신의 엘리에셀이라는 사람을 양자로 정한다. 그러나 하나님은 여전히 아브라함의 후손을 약속하신다(창15:4). 하나님께서는 캄캄한 밤에 아브라함을 밖으로 데리고 나가서 밤하늘을 바라보게 하신다. 그리고 말씀하신다. "하늘을 우러러 뭇 별을 셀 수 있는가 보라. 네 자손이 이와 같으리라"(창15:5). 아브라함은 지금 한 명의 아들이 없어 하나님께 항변했다. 그러나 하나님은 밤하늘의 수많은 별들을 가리킨다. 아브라함의 현실에 비추어 볼 때 밤하늘의 별처럼 그의 후손이 많게 될 것이라는 약속은 믿기 어려운 일이었다. 그러나 아브라함은 하나님의 말씀을 믿었다. 도저히 믿을 수 없는 하나님의 약속, 하나님의 말씀을 믿은 것이다. 이것이 신앙의 본질이다. 믿음이란 아무리 믿을 수 없는 약속이라 할지라도 그 약속을 주신 약속의 주체인 하나님을 절대적으로 신뢰하는 것이다. 하나님에 대한 이 절대적인 믿음에 대해 하나님은 이를 그의 의(義)로 여기셨다. 믿음이 의로 인정받는다는 이신칭의(以信稱義) 사상은 구약이나 신약이나 한결같다.

창세기 16장은 아브라함이 가나안에 거한 지 10년 후, 즉 그의 나이 85세 때의 이야기이다. 사라가 여전히 수태를 못 하자 아브라함과 사라는 그 당시 옛날 사람들이 흔히 하던 관습에 의해 자식을 낳으려고 한다. 구약 시대에는 부인이 아이를 낳지 못하면 부인의 몸종을 통해서 아이를 낳는 관습이 있었다. 결국 아브라함은 하갈이라는 몸종을 통해 아랍인의 조상이 되는 이스마엘을 낳는다. 하나님과의 약속이 이루어지지 않는 것과 같이 보일 때 아브라함은 초조한 나머지 인간적인 편법이라도 써서 하나님의 약속을 이루어 보려고 했던 것이다. 그러나 하갈이 낳은 이스마엘은 하나님이 약속했던 약속의 자식은 아니었다.

창세기 17장은 아브라함의 나이 많음을 다시 한 번 강조하면서 시작된다. 아브라함은 이미 99세의 나이에 접어들었다. 이렇게 아브라함의 늙음을 강조하는 것은 인간적인 능력으로는 후손에 대한 희망이 있을 수 없음을 보여 주려는 데에 있다고 할 것이다. 그러나 하나님은 이 희망 없는 노인 아브람의 이름을 아브라함(=열국의 아버지)으로, 그의 아내 사래의 이름을 사라(=열국의 어머니)로 바꾸어주시기까지 하셨다(이전까지 아브라함은 아브람으로, 사라는 사래로 불렸다). 이에 대한 처음 아브라함과 사라의 반응은 웃음이었다. 그것은 하나님이 주신 말씀이기에 누리는 기쁨에 찬 웃음이 아니라 이미 모든 희망을 포기하여 기가 막혀버린 웃음이었다(창17:17; 18:12). 이들의 웃음의 의미가 무엇인지를 아시는 하나님은 "여호와께서 능치 못할 일이 있겠느냐?"(창18:14)는 말씀으로 그들이 이미 포기해 버린 아들에 대한 약속을 다시 한 번 확인시켜 주신다. 그리고 그 약속은 드디어 성취되고야 말았다.

> [1]여호와께서 그 말씀대로 사라를 권고(=돌아보다)하셨고, 여호와께서 그 말씀대로 사라에게 행하셨으므로, [2]사라가 잉태하고 하나님이 말씀한 기한에 미쳐, 늙은 아브라함에게 아들을 낳으니(창21:1-2)

이 짧은 구절 속에 '하나님의 말씀'이 세 번에 걸쳐 등장하고 있다. 하나님의 말씀, 곧 하나님의 약속이 이루어졌다는 것을 강조하는 것이다. 반면 아브라함은 '늙은' 아브라함으로 소개되고 있다. 분명히 아브라함은 그 당시 100세나 된 늙은 노인이었다. 늙은 아브라함이 인간적으로는 불가능한 상황에서, 하나님의 말씀대로 아들을 낳았다는 말이다. 창세기 12장에서 75세의 노인에게 주어진 하나님의 약속이 21장에 와서야 비로소 성취되었다. 그러나 이것으로 하나님의 약속이 온전히 성취된 것은 아니다. 하나님이 주신 약속은 아들 한 명으로 그치는 것은 아니었기 때문이다. 우리는 아브라함의 아들 이삭에게서도 후손에 대한 약속이 등장하는 것을 볼 수 있다.

네 자손을 하늘의 별과 같이 번성케 하며 이 모든 땅을 네 자손에게 주리니 네 자손을 인하여 천하 만민이 복을 얻으리라(창26:4)

그 약속의 진정한 성취는 창세기를 지난 출애굽기에서 성취된다. 출애굽기 1장 1-7절에 보면 아브라함 후손들이 이집트에서 강성한 민족이 된 것을 알 수 있고, 출애굽 할 때는 장정만 60만이 될 정도로 큰 민족을 이루었다.

워낙 뒤늦은 나이에 역사의 무대에 등장하는 아브라함은 다메섹 출신의 엘리에셀이라는 사람을 양자로 정하기도 하고(창15장), 하갈이라는 몸종을 통해 이스마엘(=아랍의 조상)이라는 아들을 낳기도 한다(창16장). 그러나 이들은 하나님이 말씀하시는 약속의 아들이 아니었고, 아브라함은 100세에 이르러서야 비로소 이삭을 낳는다(창21장). 늙은 아브라함이었기에, 인간적으로는 불가능한 상황에서, 하나님의 말씀대로 아들을 낳았다는 말이다. 그 이후에도 아브라함은 여섯 명의 아들을 더 두었으나(창25:1-2), 창세기의 이야기는 이삭에게로 이어진다. 그러나 엄밀한 의미에서 이는 수많은 후손에 대한 약속이 성취된 것은 아니었기에 후손에 대한 약속은 이삭에게서도 발견되며(창26:4 등), 그 약속의 진정한 성취는 창세기를 지나 출애굽기에서 성취된다(출1:1-7). 한편 이삭은 에서와 야곱이라는 쌍둥이를 낳았고, 우리가 알고 있는 '이스라엘'이라는 민족의 이름은 야곱의 이름이 바뀐 것으로 나타난다.

> 그가 이르되 네 이름을 다시는 야곱이라 부를 것이 아니요 이스라엘이
> 라 부를 것이니 이는 네가 하나님과 및 사람들과 겨루어 이겼음이니라
> (창32:28)

3. 이스라엘의 아들들

야곱에게는 네 명의 아내, 레아와 라헬 그리고 이 두 여인의 몸종이었던 빌하와 실바가 있었다. 야곱과 레아 사이에서 르우벤, 시므온, 레위, 유다, 잇사갈, 스불론이 태어나고, 라헬은 요셉과 베냐민을 낳았다. 그리고 라헬의 여종 빌하는 단과 납달리를 낳았고, 레아의 여종 실바는 갓과 아셀을 낳았다(창35:23-25). 이들은 후에 이스라엘이라는 민족을 구성하는 열두 지파의 조상이 된다. 이 중 야곱의 사랑을 독차지했던 요셉의 이야기는 창세기에서 가장 많은 분량을 차지한다(창37장, 39-50장). 요셉 이야기가 시작되는 창세기 37장은 유독 요셉을 편애하는 야곱과 이를 시기하는 형제들의 모습이 나타난다.

> ³요셉은 노년에 얻은 아들이므로 이스라엘이 여러 형제들보다 그를 더 사랑하므로 그를 위하여 채색 옷을 지었더니 ⁴그의 형들이 아버지가 형들보다 그를 더 사랑함을 보고 그를 미워하여 그에게 편안하게 말할 수 없었더라(창37:3-4)

야곱이 가장 사랑했던 아내 라헬은 막내아들 베냐민을 낳으면서 목숨을 잃는다. 베냐민의 처음 이름이 베노니(=내 고통의 아들)였던 것은 그의 출생 당시의 상황이 어떠했는지를 짐작하게 해 준다. 아버지 야곱의 사랑은 라헬이 낳은 요셉과 베냐민에게 집중되었고, 특히 요셉에 대한 그의 사랑은 각별했다.

편애를 받던 요셉은 더군다나 눈치 없는 철부지였던 듯하다. 요셉의 형제들이 묶은 곡식 단이 자신이 묶은 곡식 단에 절하는 꿈과 해와 달과 열한 별이 자신에게 엎드려 절하는 꿈을 꾼 요셉은 아무 생각 없이 형들에게 자신의 꿈 이야기를 한다. 누가 듣더라도 형제들이 동생인 요셉을 섬기게 되리라는 해석이 가능한 꿈이었다. 이 유명한 '꿈' 이야기로 인해 요셉이 형들의 미움을 한 몸에 받던 어느 날, 요셉에 대한 야곱의 편애는 급기야 화를 부르고 말았다. 야곱은 양 떼를 치는 아들들의 상황이 궁금하여 요셉을 보낸다. 당시 야곱과 요셉이 남아있던 장소는 헤브론이었고, 요셉의 형들은 여러 날 걸려야 도달할 수 있는 거리에 있는 세겜이라는 곳에서 양을 치는 중이었다. 그러나 요셉이 세겜에 도착했을 때 요셉은 어떤 사람으로부터 형들이 이미 그곳을 떠나 세겜에서 북쪽으로 25km나 더 떨어진 도단이라는 곳으로 장소를 옮겼다는 사실을 알게 된다. 이스라엘 땅은 북쪽으로 갈수록 땅이 비옥하다는 것을 생각하면 아마도 요셉의 형들이 더 비옥한 목초지를 찾아 옮겨 다니고 있었음을 짐작할 수 있다.

> 그 사람이 이르되 그들이 여기서 떠났느니라 내가 그들의 말을 들으니 도단으로 가자 하더라 하니라 요셉이 그의 형들의 뒤를 따라가서 도단에서 그들을 만나니라(창37:17)

형들을 만나기 위해 요셉이 걸어간 길은 결코 짧지 않았다. 그러나 아버지가 입혀 준 채색 옷을 입고 오는 동생을 보는 형들은 지금이 동생을 죽일 수 있는 좋은 기회라고 생각하고 구덩이를 파기 시작했다. 형들은 멀리서 형들을 부르며 다가온 요셉의 채색 옷을 벗기고 그를 잡아 구덩이에 던져 버렸지만, 차마 동생을 죽일 수는 없었다. 때마침 길을 지나가는 미디안 사람들이 있었고, 형들은 은 20을 받고 동생을 팔아넘긴다. 여기서 은 20이라는 값은 레위기에 나오는 사람의 서원 값과 정확히 일치한다.

> 다섯 살로부터 스무 살까지는 남자면 그 값을 이십 세겔로 하고 여자면 열 세겔로 하며(레27:5)

요셉을 팔아넘긴 형들은 요셉의 옷에 숫염소의 피를 적시고 이를 우연히 발견한 것처럼 아버지 야곱을 속인다.

> [33]아버지가 그것을 알아보고 이르되 내 아들의 옷이라 악한 짐승이 그를 잡아 먹었도다 요셉이 분명히 찢겨졌도다 하고 [34]자기 옷을 찢고 굵은 베로 허리를 묶고 오래도록 그의 아들을 위하여 애통하니 [35]그의 모든 자녀가 위로하되 그가 그 위로를 받지 아니하여 이르되 내가 슬퍼하며 스올로 내려가 아들에게 가리라 하고 그의 아버지가 그를 위하여 울었더라(창37:33-35)

야곱은 자신의 아들들에게 철저히 속아 넘어간다. 야곱이 어떤 사람이던가. 평생 누군가를 속이는 데에는 일가견이 있던 사람이었다. 형 에서를 속여 장자권을 가로채고, 아버지 이삭을 속여 장자의 축복을 한 몸에 받았던 사람이다. 외삼촌 라반을 속여 그의 모든 재산을 한 손에 거머쥐고 나온 사람이 바로 야곱이었다. 그런 야곱이 지금 속고 있다. 그것도 자신의 아들들에게 말이다.

미디안 상인에게 끌려간 요셉은 이집트 왕의 신하 친위대장 보디발의 집에서 종으로 살아가게 된다. 그곳에서 요셉은 더 이상 예전의 철부지가 아니었다. 아버지 야곱이 라반의 집에 복을 가져다 주었듯이(창 30:27), 성실한 요셉은 보디발의 집에 복덩어리와 같은 존재가 되었다. 요셉의 성실함은 이미 그의 형들을 찾아 며칠 길을 걸어갔던 모습에서도 찾아볼 수 있지 않은가. 주인 보디발의 인정을 받은 요셉은 그 집안의 모든 소유를 관장하게 된다.

> [3]그의 주인이 여호와께서 그와 함께 하심을 보며 또 여호와께서 그의 범사에 형통하게 하심을 보았더라 [4]요셉이 그의 주인에게 은혜를 입어 섬기매 그가 요셉을 가정 총무로 삼고 자기의 모든 소유를 그의 손에 위탁하니(창39:3-4)

그러나 보디발 집에서의 요셉의 행복은 잠시뿐이었다. 용모가 빼어나고 아름다웠던(창39:6) 요셉을 탐낸 보디발의 아내의 접근이 있었다. 요셉은 동침을 청하는 안주인의 유혹을 거절했지만, 그 여인의 유혹은 날마다 계속되었다.

> 여인이 날마다 요셉에게 청하였으나 요셉이 듣지 아니하여 동침하지 아니할 뿐더러 함께 있지도 아니하니라(창39:10)

많은 구약학자들은 요셉 이야기가 완전한 형태를 갖춘 시기가 솔로몬 왕 때였을 것으로 보고 있다. 솔로몬 당시 이스라엘과 이집트는 두 나라 사이에 문화적인 교류가 활발했었다. 요셉 이야기가 이 두 나라 사이를 오고 가면서 펼쳐지고 있는 것뿐만 아니라 여기 등장하는 요셉이 자신은 하나님을 경외하는 사람임을 분명히 밝히면서 이방 이집트 여인의 유혹을 단호하게 거절하는 것 등이 솔로몬 시대에 기록된 잠언의 말씀들 속에 자주 등장하는 것과 결코 무관하지 않다고 보기 때문이다(잠3:1-8; 5장; 6:20-7:27 참고).

> [20]내 아들아 어찌하여 음녀를 연모하겠으며 어찌하여 이방 계집의 가슴을 안겠느냐 [21]대저 사람의 길은 여호와의 눈 앞에 있나니 그가 그 사람의 모든 길을 평탄하게 하시느니라(잠5:20-21)

여인의 유혹을 뿌리치던 어느 날, 급기야 보디발의 아내는 요셉의 옷을 붙잡고 늘어졌고, 그 자리를 뛰쳐나가는 요셉의 옷을 움켜쥔다. 남겨진 옷이 빌미가 되어 요셉은 누명을 쓰고 왕의 죄수를 가두는 감옥에 갇히게 된다. 그 감옥은 보디발의 집 안에 있었다.

> [21]여호와께서 요셉과 함께 하시고 그에게 인자를 더하사 간수장에게 은혜를 받게 하시고 [22]간수장이 옥중 죄수를 다 요셉의 손에 맡기므로 그 제반 사무를 요셉이 처리하고 [23]간수장은 그의 손에 맡긴 것을 무엇이든지 살펴보지 아니하였으니 이는 여호와께서 요셉과 함께 하심이라 여호와께서 그를 범사에 형통하게 하셨더라(창39:21-23)

그러나 감옥에 갇힌 요셉의 일상에는 변화가 없었다. 보디발의 집에서 그랬던 것처럼, 그는 여전히 성실했고, 하나님은 요셉과 함께하시며 그의 범사를 형통케 하셨다. 하나님이 함께하시는 삶이었기에 그의 삶은 감옥 안에서도 형통하였다(창39:23).

억울하게 왕의 죄수를 가두는 감옥에서 간수장을 대신하는 삶을 살아가던 요셉은 꿈과 관련된 또 다른 사건들을 맞이한다. 첫 번째 꿈 이야기와 다른 점이 있다면, 지금부터는 자신이 꾼 꿈이 아니라 다른 사람들이 꾼 꿈을 해몽해 주었다는 점이다. 왕의 친위대장이었던 보디발의 집 안에 있는 '왕의 죄수를 가두던 감옥'에는 이집트 왕의 노여움을 사서 수감된 왕의 술 맡은 자와 떡 굽는 자가 있었다. 그들은 스스로 해몽할 수 없는 난해한 꿈을 꾸었고 요셉은 그들의 꿈을 각각 길조와 흉조로 해몽해 주었고, 각각 복직과 사형이라는 결과로 그 해몽은 신기하게 맞아 떨어졌다. 꿈의 뜻을 풀어 준 삯으로 요셉은 술 맡은 자에게 억울하게 끌려온 자신을 위해 이집트 왕에게 잘 말해 줄 것을 부탁하지만, 그는 이내 요셉을 잊고 지냈고, 그렇게 감옥 안에서의 시간은 계속 흘러가고 있었다. 그가 요셉을 다시 기억해 낸 것은 자신이 모시는 이집트 왕이 꿈을 꾼 사건 때문이었다.

그 후 2년이 지난 후 이집트 왕 또한 해몽이 어려운 꿈을 꾸었고, 술 맡은 자의 소개로 요셉은 왕의 꿈 해몽을 위해 불려갔고, 꿈의 해몽뿐 아니라 장차 이집트에 닥칠 재난에 대한 대비책까지 완벽하게 제안하는 요셉의 지혜는 왕과 그의 모든 신하들을 감복시켰다. 이 일이 계기가 되어 요셉은 왕 다음가는 총리의 지위에 오르게 된다.

종으로 팔려온 이집트 땅에서 총리의 지위에까지 오른 요셉에게 두 아들이 태어난다. 장남의 이름은 므낫세였고, 차남의 이름은 에브라임이다. 이 두 아들은 후에 이스라엘을 대표하는 열두 지파 명단에 오르게 되고, 대신 요셉의 이름과 제사장 지파의 선조였던 레위는 명단에서 빠지게 된다.

요셉이 대비하던 재난의 범주는 이집트뿐 아니라 전 근동 지역을 걸쳐 일어났다. 아버지와 형제들이 살고 있던 가나안 땅 역시 그 재난을 피해 가지는 못했다. 식량을 구하기 위해 찾아온 형들은 이집트의 총리가 자신의 동생 요셉이리라고는 상상도 하지 못했다. 일부러 통역까지 세워가면서(창42:23) 신분을 숨기는 자신에게 머리를 숙이는 형들을 보면서, 요셉은 한때 자신이 꾸었던 꿈이 현실로 이루어지고 있음을 보았다(창42:9).

요셉은 일부러 형들을 정탐꾼으로 몰아 막냇동생 베냐민을 불러오게 하고, 형들이 돌아갈 때에 베냐민의 짐 속에 자신의 은잔을 일부러 숨겨 두어 적발하곤 베냐민을 이집트에 남겨 두려 한다. 베냐민이 자신처럼 라헬의 소생이었다는 점과 자신을 팔아넘겼던 형들을 생각하면 동생 베냐민 또한 걱정되었기 때문이었는지도 모른다. 그러나 이때의 형들은 예전에 자신을 죽이려 하고 팔아넘기던 때의 형들이 아니었다.

> 아버지(=야곱)가 아이(=베냐민)의 없음을 보고 죽으리니 이같이 되면 종들이 주의 종 우리 아버지가 흰 머리로 슬퍼하며 스올로 내려가게 함이니이다(창44:31)
>
> ³³이제 주의 종(=유다)으로 그 아이를 대신하여 머물러 있어 내 주(=요셉)의 종이 되게 하시고 그 아이는 그의 형제들과 함께 올려 보내소서 ³⁴그 아이가 나와 함께 가지 아니하면 내가 어찌 내 아버지에게로 올라갈 수 있으리이까(창44:33-34)

형제들 중 유다가 차라리 자신을 죄인으로 남겨 두어 종으로 삼고 동생 베냐민은 아버지 야곱에게로 돌려보내 달라고 간청한다. 게다가 베냐민을 데려올 때에 이미 맏형 르우벤은 아버지 야곱에게 자신의 두 아들의 생명을 담보하면서까지 베냐민을 지키겠노라고 약속하기까지 했었다. 가나안 땅에서 있었던 이 일을 요셉이 알았을 리는 없다. 그러나 유다의 행동만으로도 요셉의 마음은 주체할 수 없는 감정에 휩싸이고 만다. 그 자리에서 요셉은 주위의 다른 사람들을 다 물러가게 하고 큰 소리로 울며 자신의 정체를 밝힌다.

> ⁴요셉이 형들에게 이르되 내게로 가까이 오소서 그들이 가까이 가니 이르되 나는 당신들의 아우 요셉이니 당신들이 애굽에 판 자라 ⁵당신들이 나를 이곳에 팔았다고 해서 근심하지 마소서 한탄하지 마소서 하나님이 생명을 구원하시려고 나를 당신들보다 먼저 보내셨나이다(창45:4-5)

형들이 이집트에 '판 자'라는 표현은 요셉의 정체를 밝히는 결정적인 증거가 된다. 이는 요셉과 형들만이 알고 있었던 비밀이었기 때문이다. 그러면서 동시에 요셉은 지금까지 일어난 모든 일이 가족의 생명을 구원하시기 위한 하나님의 계획이었음을 상기시킨다.

그리고 이 일은 비단 요셉과 형제들의 기쁨으로만 그치지는 않았다. 요셉의 형들이 왔다는 소식은 이집트 왕과 모든 신하들의 기쁨으로까지 이어졌다(창45:16). 이집트 왕은 요셉의 모든 가족이 이집트로 와서 함께 살 것을 제안한다. 그리고 자신이 타는 수레를 보내어 야곱을 데려오게 한다. 요셉이 살아있다는 소식이 야곱으로서는 꿈만 같은 일이었을 것이다. 그 소식을 접하고 어리둥절해하던 야곱은 왕이 타는 수레를 보고야 그 말을 믿는다.

> ²⁶...야곱이 그들의 말을 믿지 못하여 어리둥절하더니 ²⁷그들이 또 요셉
> 이 자기들에게 부탁한 모든 말로 그에게 말하매 그들의 아버지 야곱은
> 요셉이 자기를 태우려고 보낸 수레를 보고서야 기운이 소생한지라(창
> 45:26-27)

아버지 야곱이 죽을 무렵에 요셉도 죽음을 맞이한 것 같다. 이스라
엘의 선조들 이야기를 마무리하는 창세기의 마지막 두 장(49-50장)은 두
사람의 죽음을 묘사하고 있다. 바로 야곱과 그가 가장 사랑했던 아들 요
셉의 죽음이다. 야곱 못지않게 요셉 역시 파란만장한 삶을 살아간 신앙
의 선조 중 하나이다. 창세기는 이들에 의해 해피엔딩으로 마무리된다.

이스라엘의 선조들 이야기를 마무리하는 창세기의 마지막 두 장(창
49-50장)은 야곱과 요셉의 죽음을 묘사하면서 해피엔딩으로 마무리된다.
야곱의 열두 아들은 후에 이스라엘을 대표하는 각 지파의 조상이 되는
데, 요셉지파라는 이름은 역사 속에서 사라지고 대신 그의 두 아들 에브
라임과 므낫세가 그 자리를 대신한다.

III

내 백성을 보내라

1. 부름받는 모세

성경에는 400여 년의 긴 공백을 지닌 부분이 두 군데 있다. 그중 하나는 구약성경의 마지막인 말라기와 신약성경의 첫 책인 마태복음 사이이다. 이 두 책 사이의 시대를 '신구약중간기'라고 부른다. 말라기의 시대적 배경은 주전 400년경의 페르샤 시대이다. 마태복음은 예수님의 탄생 이야기를 담고 있다. 시대적인 배경이 로마 시대이다. 이 두 책 사이에 헬라 제국 시대가 숨겨져 있는 것이다. 구약성경에서는 주로 히브리인이라고 불리던 이름이 신약성경에서는 유대인으로 불리고, 구약성경에서는 등장하지 않는 사두개인, 바리새인, 헤롯 왕국 등이 갑자기 신약성경에서 등장하는 것도 바로 이 시간적 공백 때문이다. 또 한 군데는 창세기와 출애굽기 사이이다. 창세기의 종결 부분은 야곱과 그의 아들들이 애굽으로 이민을 가서 그곳에서 총리가 된 요셉과 만나게 된 이야기로 끝이 난다. 그런데 창세기가 끝나고 **출애굽기**(Exodus)는 이스라엘 사람들이 애굽에서 그 수가 크게 번성하고 늘어났다는 이야기로 시작한다. 일찍이 아브라함에게 주셨던 후손에 대한 약속이 계속해서 실현되었음을 말해 주는 것이다.

불행하게도 이스라엘 사람들은 애굽 사람들의 종노릇을 하게 된다. 이집트의 왕은 많은 이스라엘 사람들을 대건축 사업에 강제 노동자로 부리게 된 것이다. 이스라엘 자손이 애굽에서 하나님의 크신 은혜를 받아 크게 번성하지만 그것이 세상에서 화근이 되어 노예로 전락하는 장면을 보여 준다.

> [11]감독들을 그들 위에 세우고 그들에게 무거운 짐을 지워 괴롭게 하여 그들에게 바로를 위하여 국고성 비돔과 라암셋을 건축하게 하니라 [12]그러나 학대를 받을수록 더욱 번성하여 퍼져나가니 애굽 사람이 이스라엘 자손으로 말미암아 근심하여 [13]이스라엘 자손에게 일을 엄하게 시켜 [14]어려운 노동으로 그들의 생활을 괴롭게 하니 곧 흙 이기기와 벽돌 굽기와 농사의 여러 가지 일이라 그 시키는 일이 다 엄하였더라(출1:11-14)

창세기의 해피엔딩이 출애굽기로 이어질 때에는 비참한 현실로 뒤바뀐 것이다. 그 이유를 출애굽기 기자는 다음과 같이 짤막하게 기록하고 있다.

> 요셉을 알지 못하는 새 왕이 일어나 애굽을 다스리더니(출1:8)

새로운 왕이 요셉을 알지 못했다니, 무슨 말일까? 이집트의 왕조가 바뀌었다는 말이다. 요셉과 같이하던 애굽의 왕조였던 힉소스(Hyksos) 왕조가 무너지고 애굽에 새로운 왕조가 형성되었다는 말이다. 정치와 세계사적으로 보면 단순히 왕조가 바뀐 것이지만, 이스라엘은 고센 땅에서

도시를 건설하는 노예로 전락하게 되고, 고통 가운데서 이스라엘 사람들은 하나님께 부르짖었고, 그 백성을 하나님이 인도하셨다는 데에서 영적인 의미를 찾아야 한다. 왕조가 바뀌었으니 예전의 총리 집안이 더 이상 충신 가문으로서의 대접을 받을 수 없었다는 말이다. 새로운 왕조가 형성된 역사를 성경은 신학적·신앙적으로 표현하고 있는 것이다.

그러나 아무리 환경이 돌변한다 해도 변하지 않는 것이 있다. 그건 시대를 초월하시는 하나님의 약속이다. 이미 창세기 15장에서 노예 생활 400년에 대한 언급이 있었고 4대가 지난 후에 가나안 땅에 돌아온다는 약속을 주셨다. 그리고 그 약속은 출애굽기 12장에 가서 비로소 성취된 것으로 나타난다.

> [13]여호와께서 아브람에게 이르시되 너는 반드시 알라 네 자손이 이방에서 객이 되어 그들을 섬기겠고 그들은 사백 년 동안 네 자손을 괴롭히리니 [14]그들이 섬기는 나라를 내가 징벌할지며 그 후에 네 자손이 큰 재물을 이끌고 나오리라… [16]네 자손은 사대 만에 이 땅으로 돌아오리니…(창 15:13-16)

> [40]이스라엘 자손이 애굽에 거주한지 사백삼십 년이라 [41]사백삼십 년이 끝나는 그날에 여호와의 군대가 다 애굽 땅에서 나왔은즉(출12:40-41)

하나님이 아브라함에게 주신 몇 가지 약속이 있다. 자손에 대한 약속을 주셨고, 땅에 대한 약속을 주셨고, 모든 민족이 복을 받게 되리라는 약속까지 주셨다. 그런데 오래 걸렸다. 이미 언급한 것처럼 아브라함이 100세가 되어서야 이삭을 주셨고, 사랑하는 아내 사라가 죽었을 때 매장

할 땅 한 평이 없어서 헷 족속에게서 땅을 사야만 했고, 여호수아 시대에 들어서야 비로소 땅에 대한 약속이 실현되었다. 모든 민족이 복을 얻으리라는 약속은 신약 시대 예수님의 오심으로 실현되었다. 무지하게 오래 걸린 약속의 실현이다. 비록 더딜지라도 기다릴 줄 알아야 한다. 하나님은 반드시 당신의 약속을 실현시켜 주시는 분이다.

모세의 출생 이야기는 드라마틱하다. 당시는 히브리 사람을 향한 강압과 학정이 극에 달하던 때였고, 하나님을 모르는 애굽 왕이 새로 태어나는 히브리 민족의 아들들을 다 죽이라는 지엄한 명령이 있던 때였다. 그러나 하나님의 섭리는 여전히 히브리 민족의 번영과 창성을 이끌고 계셨다. 그러던 중 한 레위인 가정에서 모세가 태어난다. 어머니 요게벳은 애굽의 살인 정책을 피해 아들을 3개월간 길러 보지만 더 이상 숨길 수 없게 되어 아이를 갈대 상자(=테바)에 넣어 나일 강물에 떠내려 보낸다.

갈대 상자에 담긴 모세는 마침 목욕하기 위해 강에 나온 바로의 딸에 의해 발견된다. 다른 사람도 아닌 히브리 남자아이를 모조리 죽이라고 명령한 바로 그 바로의 딸이다. 긴장된 순간이다. 이대로 죽임을 당할 것인지, 아니면 구함을 받아서 생명을 건질 것인지 아이의 삶과 죽음이 판가름되는 순간이다. 공주는 즉시 이 아기가 히브리인의 아기라는 점을 알아본다(6절). 그만큼 바로의 명령은 철저하게 시행되고 있었던 것이다. 바로의 딸은 모세를 살려야겠다는 판단을 내린다. 그 장면을 묵묵히 지켜보던 또 다른 여인이 있었다. 바로 모세의 누이였던 미리암이다. 미리암은 바로의 딸에게 아이를 위한 유모를 불러올 것을 추천하고 바로의 딸은 이를 허락한다. 미리암이 아이를 위해 데려온 유모는 자신의 어머니, 즉 모세의 친모였던 요게벳이다. 죽이라는 명령을 내린 바로의 딸이 그 어명을 어기고 아이의 생명을 구하고 나아가 모세가 그 죽음의 세력의 소굴인 궁중에 들어감은 얼마나 놀라운 섭리인가. 더욱이 모세의 어머니가 직접 그 아이를 돌보고 키움은 얼마나 완벽한 섭리인가?

모세의 성장 과정이 성경에는 밝혀져 있지 않지만, 아마도 이집트 공주의 양자가 되어서 왕실 후손이나 고위층 자제들과 같이 정규적인 이집트 교육을 받았을 것이다. 그러나 어머니 요게벳의 양육은 모세를 히브리인으로 길러냈음에 틀림없다. 모세는 궁중에서 갖가지 지식과 기능을 익혔지만, 동시에 그의 마음속에는 '나는 히브리인이다'라는 자기 정체성에 대한 인식과 믿음이 굳게 자리 잡고 있었다. 이는 다음의 사건에서 잘 드러난다. 어느 날 어른이 된 모세는 밖에 나갔다가 자신의 형제들인 히브리 사람들이 강제 노동으로 고생하는 것을 보게 되고, 때마침 이집트인 하나가 히브리인을 때리는 것도 보게 되었다.

> ¹¹모세가 장성한 후에 한번은 자기 형제들에게 나가서 그들이 고되게 노동하는 것을 보더니 어떤 애굽 사람이 한 히브리 사람 곧 자기 형제를 치는 것을 본지라 ¹²좌우를 살펴 사람이 없음을 보고 그 애굽 사람을 쳐죽여 모래 속에 감추니라(출2:11-12)

본문이 히브리인에 대해 모세의 '형제'라고 말하고 있음을 주목할 필요가 있다. 그는 애굽의 왕궁에서 자랐으나 분명 히브리인의 정체성을 지니고 있었다. 그러나 이 일로 인해 꼼짝없이 수배자가 된 모세는 바로의 낯을 피하여 그의 영향력이 미치지 않는 미디안 땅으로 달아난다. 조금 전까지만 해도 이집트의 왕자였던 사람이 이제는 아무런 법의 보호도 받지 못하는 히브리인의 신세가 되고 만 것이다.

그러던 중에도 애굽인의 학대 밑에서 신음하던 이스라엘의 고통은 계속되었고 이제 하나님은 출애굽의 역사를 시작하셨다. 그것은 미디안에서 이드로의 양 떼를 치던 모세를 찾아오시는 것으로 시작되었다. 모세의 나이 80 무렵이 되었을 때에 모세는 여느 날처럼 양 떼를 이끌고 다니면서 꼴을 먹이다가 미디안 광야 서쪽에 있는 호렙이라는 산(=시내 산)에 이르렀을 때, 이스라엘의 지도자로 부름을 받는다.

이제부터 모세는 철저하게 하나님의 종으로 살아가라는 의미인 것이다. 그러나 그때 모세는 노령이었다. 80세의 나이는 아무것도 할 수 없는 나이다. 젊었을 때의 열정은 사라져 버리고 애굽에서 고통받고 있는 형제들하고는 멀리 떨어져서 더 이상 아무런 도움도 줄 수 없는 그런 무력감이 온 삶을 휩싸고 있을 때였다. 삶의 여정에서 공허함이 가득 차고 빈손을 내려뜨리고 어찌할 수 없이 하늘만 쳐다보고 있을 때 놀랍게도 하나님께서는 모세를 찾아오셨다. 조금만 더 젊었을 때, 아직 혈기가 왕성하고, 뭔가 하나님의 일을 하고자 하는 의기가 충천했을 때 그를 부르셨다면 얼마나 좋았을까? 그러나 하나님의 생각은 달랐다. 모세에게 더 이상 자신감이라는 항목이 존재하지 않을 때에 그를 부르셨다. 왜일까? 하나님이 계획하시는 그 위대한 사역은 사람의 능력으로나 의지에 의해서 이루어질 수 있는 일이 아니었기 때문이다. 마치 먼 옛날 아브라함과 사라가 아이를 낳을 수 있는 가능성을 다 상실했을 때에 이삭을 허락하셨던 것과 마찬가지이다. 일찌감치 아들을 허락하셨다면 그것은 하나님의 능력이 아닌 한 인간의 승리로 끝나버릴 일이었기 때문이었으리라.

애굽의 학정 아래 시달리고 있던 이스라엘 족속의 구원을 위한 하나님의 계획은 이미 시작되었다. 그러나 그 일은 처음부터 장벽에 막히게 된다. 그 장벽은 다름 아닌 모세 자신이었다. 자신을 들어 쓰시려는 하나님의 계획이 모세 자신으로서는 반가운 일이 아니었다. 비록 오랜 세월이 지나긴 했어도 애굽은 자신을 버린 땅이었고, 또한 자신이 버리고 온 땅이었다. 그곳을 다스리고 있는 애굽인들은 자신의 생명을 찾으려 하던 이들이었고, 그곳에서 학대받는 히브리 민족은 자신을 거부한 민족이었던 것이다. 결국 모세는 하나님의 부르심을 다섯 번이나 변명하며 거절하고야 만다.

> 〈변명 하나〉 모세가 하나님께 아뢰되 **내가 누구이기에** 바로에게 가며 이스라엘 자손을 애굽에서 인도하여 내리이까(출3:11)

모세는 지금 자신이 무능하다는 것을 누구보다도 잘 알고 있다. 자기로서는 그렇게 거룩하고 어려운 일을 감당하기에는 부족하다고 생각했다. 그러나 하나님은 그런 모세에게 이 거룩한 사역을 이끌어 갈 힘이 모세에게 있는 것이 아니라 하나님에게 있음을 확인시키신다. "내가 정녕 너와 함께 있으리라"는 하나님의 짧은 대답은 이미 충분한 해답이었다(출3:12). 하나님의 일은 하나님이 하심을 잊지 말자. 하나님이 우리와 함께하신다면 우리가 누구이건 그것은 아무런 문제가 되지 않는다. 그 하나님께서는 지금 모세와 함께하실 것임을 약속하신다.

> 〈변명 둘〉 모세가 하나님께 아뢰되 내가 이스라엘 자손에게 가서 이르기를 너희의 조상의 하나님이 나를 너희에게 보내셨다 하면 그들이 내게 묻기를 그의 이름이 무엇이냐 하리니 **내가 무엇이라고 그들에게 말하리이까**(출3:13)

모세의 두 번째 변명에는 하나님에 대한 확신의 부재를 드러낸다.

확신의 부재에 대한 하나님의 응답은 하나님의 자기소개로 나타난다. 자신을 스스로 있는 자로 소개하시는 하나님은 또한 너희 조상의 하나님, 곧 아브라함의 하나님, 이삭의 하나님, 야곱의 하나님 여호와이심을 알려 주신다. 이스라엘 족속이라면 누구나 다 알고 있는 그 하나님이 이 거룩한 역사를 이루실 주관자이심을 알려 주신다.

〈변명 셋〉 모세가 대답하여 이르되 그러나 그들이 나를 믿지 아니하며 내 말을 듣지 아니하고 이르기를 하나님이 네게 나타나지 아니하셨다 하리이다(출4:1)

모세의 두려움은 이스라엘 족속이 하나님을 믿지 않는 것이 아니라, 그들이 믿는 하나님이 자신을 보냈다는 사실을 믿지 않으리라는 데에 있었다. 일찍이 자신을 밀고하고 배신을 했던 족속이 자신을 믿어 주리라고는 생각할 수 없었던 것이다. 애굽의 왕과 그 백성들도 문제였지만 더 큰 문제는 이스라엘 사람들이었다. 그들이 자신을 하나님의 사명 받은 자로 인정하고, 자신이 받은 말씀을 하나님의 계시로 믿어 줄 것인지 확신이 안 서기 때문에 이를 구실로 사명을 회피하고자 한다. 출애굽 같은 근본적인 변화를 일으키려면, 백성이 지도자(leader)를 믿고 따라 주어야 지도자도 그들을 고무시키며 승리로 나아갈 수 있는데, 과거를 생각하면 자신이 없었던 것이다. 젊은 시절, 자기를 배척하던 이스라엘 사람들이 아니던가? 그 쓰디쓴 경험을 생각하면 우려를 지을 수가 없었다. 이에 하나님은 모세가 잡고 있는 지팡이를 뱀으로 만들었다가 다시 지팡이로 만드는 이적과 모세의 손에 문둥병을 일으켰다가 다시 치유하는 이적으로 답하신다.

〈변명 넷〉모세가 여호와께 아뢰되 오 주여 **나는 본래 말을 잘 하지 못하는 자니이다** 주께서 주의 종에게 명령하신 후에도 역시 그러하니 나는 입이 뻣뻣하고 혀가 둔한 자니이다(출4:10)

모세의 네 번째 변명은 자신의 부족한 구변을 구실로 한다. 사실 이것은 가장 치명적인 모세의 약점이기도 했다. 젊은 시절, 싸움에는 능했을지 모르나 조리 있게 말할 줄 모르는 자신이었다. 말을 잘 못 하는 사람은 주먹부터 나간다고 했던가. 말주변이 부족한 다혈질 청년 모세는 결국 사람을 죽인 적이 있다. 탈무드에는 이런 모세를 가리켜 '말더듬이 모세'라고 말하기도 한다. 이스라엘 자손을 설득하고 바로와 대결하려면 유창한 말솜씨가 필요한데, 자기한테는 그 능력이 없다는 것이다. 그러나 말을 잘한다고 하나님이 쓰시는 것이 아니다. 하나님께서 우리를 사용하시는 것은 우리가 지닌 재간 때문이 아니다. 하나님은 사람의 입을 지으신 이도, 사람으로 하여금 벙어리나 귀머거리나 소경이 되게 하신 이도 바로 하나님이심을 확인시키시며, "이제 가라 내가 네 입과 함께 있어서 할 말을 가르치리라(12절)"라고 약속하신다.

〈변명 다섯〉모세가 이르되 오 주여 **보낼 만한 자를 보내소서**(출4:13)

모세의 마지막 변명은 짤막하면서도 단호하다. '보낼 만한 사람'을 보내라는 이 마지막 변명에는 하나님의 말씀에 대한 분명한 거절이 담겨 있다. 이러한 모세의 태도에 대해 결국 하나님은 노를 발하시고야 만다(14절). 다섯 번이나 감히(?) 하나님의 명령에 변명과 거절로 일관하는 모세의 모습은 맡겨 주신 그 사명이 모세에게 얼마나 두렵고 떨리는 일이었는지를 가늠하게 한다. 말씀 앞에 두려워 떨고 있는 한 지도자의 모습, 하나님은 이제 그를 성경 역사상 가장 위대한 지도자로 세우시게 된다. 본디 하나님 말씀을 대신 전하는 자를 예언자라고 한다. 예언자의 말은 타고난 재주가 아니라 진리의 원천이신 하나님의 계시에서 나온다. 하나님이 그 말씀을 맡기셨다는 것은 하나님이 함께하신다는 또 다른 증거이기도 하다.

다섯 번이나 변명하는 모세에게 하나님은 노하셨고, 결국 모세는 하나님의 강권에 의해 출애굽의 지도자로 나서게 된다. 그런데 하나님이 모세를 지도자로 부르시는 이 단락의 마지막 장면에서는 흥미로운 표현 하나가 등장한다. '하나님의 지팡이'라는 말이 그것이다.

> 모세가 그의 아내와 아들들을 나귀에 태우고 애굽으로 돌아가는데 모세가 **하나님의 지팡이**를 손에 잡았더라(출4:20)

이 지팡이는 지금까지 모세가 사용하던 지팡이였다. 떨기나무처럼 별볼품없는 막대기에 불과했던 지팡이였으나, 이스라엘 백성을 인도해 내라는 하나님의 거룩한 프로젝트에 참여하는 그 순간부터 성경은 이 지팡이를 모세의 지팡이가 아니라 하나님의 지팡이로 부르기 시작한다. 이 지팡이는 마치 모세 자신의 모습과도 같다. 그리고 바로 우리들의 모습이기도 하다. 우리는 도우시는 하나님의 은혜가 없이는 살 수 없는 존재들이다. 우리가 비록 아무것도 아닌, 보잘것없는 존재이지만, 더 이상 내 뜻대로 살지 않고 하나님의 뜻에 맡겨진 삶을 살아갈 때 우리의 정체성은 새로워진다. 마른 막대기에 불과한 내 모습일지라도 하나님이 도우시면 그 보잘것없는 마른 막대기는 세상에서 가장 강력한 역사를 이루는 도구가 된다.

2. 예배공동체

출애굽 사건은 해방의 모델임에 틀림없다. 그러나 출애굽 사건은 단순히 이스라엘의 해방을 의미하는 정치적 사건만이 아니다. 그것은 430년 동안 노예로 살았던 하나님의 백성의 육체적·노예적 해방만이 아닌, 다시 하나님께 예배하는 공동체로 돌아옴을 뜻했다. 이는 출애굽기 전반부에 나오는 말씀에서 잘 드러난다.

> 하나님이 이르시되 내가 반드시 너와 함께 있으리라 네가 그 백성을 애굽에서 인도하여 낸 후에 너희가 이 산에서 하나님을 섬기리니 이것이 내가 너를 보낸 증거니라(출3:12)

> 히브리 사람의 하나님 여호와께서 나를 왕에게 보내어 이르시되 내 백성을 보내라 그러면 그들이 광야에서 나를 섬길 것이니라 하였으나 이제까지 네가 듣지 아니하도다(출7:16)

여호와께서 모세에게 이르시되 바로에게 들어가서 그에게 이르라 히브리사람의 하나님 여호와께서 말씀하시기를 내 백성을 보내라 그들이 나를 섬길 것이니라(출9:1≒9:13; 10:3)

출애굽 사건은 단순히 약속의 땅의 성취, 억압으로부터의 해방만이 있는 것이 아니라 예배와 밀접히 관계된다. 즉 출애굽은 하나님을 예배하기 위한 목적, 하나님께 올바른 예배를 하기 위한 목적이 있다는 것이다. 그래서 여호수아 24장에 보면 땅에 대한 약속이 모두 실현된 후 '세겜'에서 예배드리는 장면을 볼 수 있다. 더 나아가 출애굽은 이스라엘의 민족적·혈연적 공동체를 벗어나 예배를 위한 '예배공동체'(community of worship)가 형성되는 계기임을 알 수 있다. 출애굽기 12장 38절에 보면 '중다한 잡족'(erev 에레브: 섞인 무리, 이스라엘인이 아닌 사람)이라는 말이 나오는데 이들은 이스라엘 백성과 같이 일하던 노예들로 출애굽할 때 같이 출애굽한 자들이다(느13:3 참조). 이들도 출애굽하면서 이스라엘 민족에게 같이 형성이 되었고 이제 이스라엘 민족은 혈연 공동체가 아닌 중다한 잡족도 예배에 참석하는 예배공동체를 형성한 것이다. 출애굽기 5장 역시 하나님께 예배하기 위해 애굽을 떠나야 한다는 모세의 주장으로 시작한다.

¹그 후에 모세와 아론이 바로에게 가서 이르되 이스라엘의 하나님 여호와께서 이렇게 말씀하시기를 내 백성을 보내라 그러면 그들이 광야에서 내 앞에 절기를 지킬 것이니라 하셨나이다 ²바로가 이르되 여호와가 누구이기에 내가 그의 목소리를 듣고 이스라엘을 보내겠느냐 나는 여호와를 알지 못하니 이스라엘을 보내지 아니하리라(출5:1-2)

모세의 처음 사명은 철저한 실패로 끝난다. 이스라엘 백성을 내보내 달라는 모세와 아론의 청은 바로의 격노를 불러일으켰고, 이스라엘이 감당해야 할 노역은 이 일 때문에 오히려 늘어났다(출5:4-9). 설상가상으로 이스라엘 백성은 더 이상 모세를 따르지 않았다. 믿고 경배하던 종전의 태도와는(출4:31) 달리 믿기는커녕 모세의 말을 들으려고도 하지 않았다. 모세는 실의에 빠지고 만다(출5:22-23).

모세와 바로 사이에서 일어난 긴장은 급기야 유명한 열 가지 재앙 이야기로 이어진다. 출애굽 사건 이전에 있었던 애굽 전역에 걸친 열 가지 재앙은 다음과 같다.

① 모든 물이 변하여 피로 변하는 사건(출7:14-25). 이 사건은 생명을 위협하는 '재앙'이라기보다는 강력한 마술이라는 의미가 더 강한 듯하다. 애굽의 마술사들도 물을 피로 변하게 하곤 했다.

② 개구리(출8:1-15). 애굽에서 개구리는 다산의 능력을 지닌 존재로 여겨졌다. 그래서 '헤케트'라는 개구리 모양의 신을 숭배하기도 했다. 그 개구리들이 생활 영역 곳곳에서 구역질 나는 존재로 등장하고 급기야 죽어 악취를 풍기고야 만다.

③ 이(출8:16-18). 애굽 땅의 모든 티끌이 이가 되어 사람과 생축에게 오른다.

④ 파리(출8:20-23). 이 네 번째 재앙부터 하나님은 이스라엘 백성이 거하는 고센 땅에는 재앙을 내리지 않으신다.

⑤ 생축의 악질(출9:1-7). 네 번째까지의 재앙이 생활에 불편을 주는 정도에 그쳤던 데에 반해 다섯 번째 재앙부터는 애굽인의 가축의 생명이 죽는 일로 확장된다.

⑥ 독종(출9:9-12). 사람과 짐승의 몸에 생기는 독종이 발해진다. 이 여섯 번째 재앙부터 '여호와께서 바로의 마음을 완악하게' 하셨다는 독특한 표현이 등장하기 시작한다.

⑦ 우박(출9:13-35). 번개와 천둥을 동반하는 우박은 하나님이 자기 백성의 적을 치시는 전형적인 표현이기도 하다(시18:12- 13; 사30:30; 수10:11 참조).

⑧ 메뚜기(출10:1-20). 메뚜기 떼의 습격은 구약성경에 나타나는 하나님의 철저한 징벌 방법 중 하나이다(욜1장 참조).

⑨ 흑암(출10:21-29). 단순한 밤이 지속되는 것이 아닌 '더듬을 만한 흑암'(출10:21)이라는 표현은 하나님의 심판의 날을 상기시키는 표현이다. 구약성경에서 빛이 생명 자체를 상징한다면 이와 같은 흑암은 뒤이어지는 재앙인 죽음을 상기시킨다.

⑩ 처음 난 것들을 죽이심(출11:1-12:30). 이 열 번째 사건으로 애굽의 모든 신들이 하나님 앞에서 무력하다는 것이 입증된다. 이 재앙 이후 바로는 아무런 조건 없이 이스라엘 모든 족속의 출애굽을 허락하고야 만다.

열 가지 재앙이 진행되는 도중 그 당당하던 바로의 태도에는 많은 변화가 생긴다. 여호와를 알지 못한다던 바로가 재앙을 그치게 해달라거나 자신을 위해 기도해달라고 부탁하기도 한다. 또한 출애굽 사건의 목적인 예배하는 공동체를 둘러싼 여러 차례의 회유가 나타난다.

〈회유 하나〉 바로가 모세와 아론을 불러 이르되 너희는 가서 이 땅에서 너희 하나님께 제사를 드리라(출8:25)

네 번째 재앙인 파리 사건 이후 바로는 첫 번째 타협을 시도한다. 이스라엘 자손으로 하여금 하나님을 섬기도록 하였다. 그러나 애굽을 벗어나는 것에는 반대하였다. 다시 말하면 "이곳 애굽에서도 너희 하나님을 섬길 수 있지 않으냐? 꼭 해야겠다면 하나님을 섬겨라. 하지만 이곳에 우리와 함께 있자"라는 타협이다. 이것은 하나님을 위해 살기로 작정한 사람에게 생기는 세상에서의 첫 타협이라고 할 수 있다. 우리가 죄와 세상을 떠나지 않으면서도 하나님을 섬기며 살아갈 수 있다는 달콤한 유혹이다.

> 〈회유 둘〉 바로가 이르되 내가 너희를 보내리니 너희가 너희의 하나님 여호와께 광야에서 제사를 드릴 것이나 **너무 멀리 가지는 말라** 그런즉 너희는 나를 위하여 기도하라(출8:28)

첫 번째 회유를 거절한 모세와 아론에게 바로는 곧바로 두 번째 타협을 제시한다. 너무 멀리 가지 말라는 것은 애굽의 국경 근처에 머물러 있으라는 것이다. 언제라도 돌아올 수 있는 거리를 말한다.

> 〈회유 셋〉 [10]바로가 그들에게 이르되 내가 너희와 너희의 어린 아이들을 보내면 여호와가 너희와 함께 함과 같으니라 그것이 너희에게는 나쁜 것이니라 [11]그렇게 하지 말고 **너희 장정만 가서 여호와를 섬기라** 이것이 너희가 구하는 바니라 이에 그들이 바로 앞에서 쫓겨나니라(출10:10-11)

너희 장정만 가서 여호와를 섬기라는 말은 여자와 아이들은 남겨두라는 말이다. 애굽에서 멀리 떨어진 광야에서 하나님께 경배하는 것은 어른들에게만 적당한 일이라고 회유한다. 우리가 살고 있는 오늘날도 이런 유혹이 얼마든지 있다. 하나님께 헌신하는 생활은 노인들에게나 적절한 일이지 젊은이들이 세상에 남아있는 것쯤은 이해해야 한다는 잘못된 생각이 만연되어있다.

〈회유 넷〉 바로가 모세를 불러서 이르되 너희는 가서 여호와를 섬기되 **너희의 양과 소는 머물러 두고 너희 어린 것들은 너희와 함께 갈지니라** (출10:24)

양과 소를 남겨두고 떠나라는 말에는 애굽인들이 신성하게 여기는 수소와 숫양을 제물로 삼아서는 안 된다는 의미로 해석할 수도 있다. 그러나 모세는 한 치의 양보도 하지 않았다. 우리는 우리가 소유한 모든 것을 가지고 가서 주 여호와 하나님께 희생제물을 드리겠다는 것이다. 결국 바로의 회유는 철저한 실패로 끝나고 말았다. 타협과 회유가 결렬된 이 두 사람은 서로 다시는 얼굴을 보지 않겠다는 결단으로 이어진다(출 10:28-29). 우리 신앙생활의 여정 중에도 이와 같은 유혹과 타협은 늘 있어 왔고 앞으로도 그럴 것이다. 세상은 언제나 하나님의 말씀에 대한 회의와 의심으로 타협안을 제시해 온다. 그러나 잊지 말자. 신앙이란 처음부터 세상과 타협하기 위한 것이 아니다. 오히려 그 세상을 변화시키기 위한 하나님의 은혜인 것이다.

출애굽기 12장에서 우리는 하나님의 백성들이 애굽에서 보낸 마지막 밤을 맞이한다. 죽음의 천사가 애굽 전역을 지나가면서 애굽의 모든 처음 난 것은 다 죽었다. 그러나 흠 없고 1년 된 수컷 양이나 염소의 피를 집 좌우 문설주와 인방에 바른 모든 이스라엘 사람의 집에는 그 죽음의 재앙이 피해갔다. 유월절(Passover)이라는 이름은 '넘어가다'를 뜻하는 히브리어 낱말에서 유래된 것이다. 마지막 재앙을 몰고 온 죽음의 사자가 이스라엘 백성이 발라 둔 문설주와 인방의 피를 보고 그냥 넘어갔기 때문에 붙여진 이름이다. 이 사건에서 이스라엘 백성을 죽음에서 구한 것은 어린양의 피였다. 전통적으로 이 어린양의 피는 그리스도의 대속의 피를 상징한다고 해석해 왔다.

드디어 이스라엘 백성은 애굽을 떠나 가나안으로의 긴 여정을 시작한다. 야곱의 가족과 친척들이 애굽에 내려와 산 지 430년 만에 그들의 후손들이 다시 가나안으로 돌아가는 위대한 역사가 시작되었다. 이 출애굽 공동체에는 야곱의 후손뿐 아니라 다른 민족들이 포함되어 있었고, 애굽 왕이 내어주지 않으려 했던 양과 소를 비롯한 가축들이 있었다.

> [37]이스라엘 자손이 라암셋을 떠나서 숙곳에 이르니 유아 외에 보행하는 장정이 육십만 가량이요 [38]수많은 잡족과 양과 소와 심히 많은 가축이 그들과 함께 하였으며 [39]그들이 애굽으로부터 가지고 나온 발교되지 못한 반죽으로 무교병을 구웠으니 이는 그들이 애굽에서 쫓겨나므로 지체할 수 없었음이며 아무 양식도 준비하지 못하였음이었더라 [40]이스라엘 자손이 애굽에 거주한 지 사백삼십 년이라(출12:37-40)

애굽에서 가나안까지 가는 가장 가까운 길은 지중해 연안을 따라 가는 길이다. 이 지중해 연안에는 이미 주전 2000년경부터 사람의 통행이 빈번했기에 잘 닦여진 길이 있었다. 그 길이 바로 블레셋 사람의 땅의 길 (the way of the land of Palestine)이다.

¹⁷바로가 백성을 보낸 후에 블레셋 사람의 땅의 길은 가까울지라도 하나님이 그들을 그 길로 인도하지 아니하셨으니 이는 하나님이 말씀하시기를 이 백성이 전쟁을 하게 되면 마음을 돌이켜 애굽으로 돌아갈까 하셨음이라 ¹⁸그러므로 하나님이 홍해의 광야 길로 돌려 백성을 인도하시매…(출13:17-18)

창세기에 등장하는 아브라함은 일찍이 가나안에 처음 도착했을 때 애굽으로 잠시 내려갔다가 다시 올라온 적이 있다. 또한 애굽으로 팔려간 요셉이나 양식을 구하기 위해 애굽으로 내려갔던 요셉의 형들이 이용했던 길, 그리고 아들을 만나기 위해 애굽으로 내려가던 야곱이 이용했던 길도 아마 이 블레셋 사람의 땅의 길이 아니었을까 추정해 보게 된다. 그러나 하나님은 출애굽하는 이스라엘 백성을 그 길로 인도하지 않으셨다. 가장 빠르고 편한 길이 블레셋 사람의 땅의 길이었지만 하나님은 이스라엘 백성을 그 길로 인도하지 않고 홍해의 광야 길로 돌려 인도하셨다. 그 이유는 전쟁을 만나지 않도록 하기 위함이었다. 지중해 연안의 큰 길에는 애굽의 변경 수비대가 자리 잡고 있었기 때문에 그 길을 이용한다면 훈련된 정예 군대를 만나 전쟁을 치르게 될 것은 당연한 일이었다. 실제로 1970년 이스라엘 여성 고고학자 도단(T. Dothan)은 지중해 연안의 가자 지구에 대규모 애굽 수비대가 자리 잡고 있었음을 고고학적으로 발굴해 내기도 했다.

하나님이 우리를 언제나 좋은 길로 인도하시지만 언제나 우리가 바라는 빠르고 편한 길로만 인도하시는 것은 아니다. 하나님께서 우리가 원하는 길로만 이끄신다면 어쩌면 우리네 역사는 일찌감치 사라져 버리고 말았을 것이다. 하나님은 언제나 하나님의 생각대로 가장 좋은 길로 우리를 인도해 주신다는 것이 새삼 또 다른 감사의 조건으로 다가온다.

출애굽기 14장은 출애굽 사건의 절정이라 할 수 있는데 그것은 바로 홍해를 건너는 사건이다. 이스라엘 백성들이 이집트에서 벗어난 해방의 기쁨을 맛보기도 전에 앞에는 큰 바다가 놓여 있고 뒤에는 성난 이집트의 군사가 쫓아오고 있는 진퇴양난의 상황에 놓이게 된다. 더 나아가 백성들은 모세에게 애굽에 매장지가 없어 이곳까지 끌고 왔느냐고 원망한다. 그러나 이러한 위급한 상황에서 하나님은 이스라엘 사람들에게 앞으로 나갈 길을 열어 주셨다. 앞을 가로막고 있던 바다가 둘로 갈라진 것이다.

> 모세가 바다 위로 손을 내밀매 여호와께서 큰 동풍이 밤새도록 바닷물을 물러가게 하시니 물이 갈라져 바다가 마른 땅이 된지라(출14:21)

이것은 틀림없는 기적의 사건이었다. 인간적으로 볼 때 도저히 불가능한 일이었다. 그러나 하나님은 그의 능력으로 앞으로 나갈 길을 환히 열어 주셨다. 이것이 바로 구약성서가 보여 주는 하나님의 모습이다. 우리 인간들에게는 절망적인 또는 불가능해 보이는 상황에서까지도 하나님은 사랑하는 자녀들을 새로운 미래로 이끌어 주시는 하나님이시다. 이제 갈라진 바다를 무사히 건넌 이스라엘 사람들은 감격스러운 기쁨 가운데 하나님께 감사의 노래를 불렀다(출15:1-18). 그리고 그들은 출애굽한 지 석 달 만에 시내 산에 도착하게 된다.

> ¹이스라엘 자손이 애굽 땅을 떠난 지 3개월이 되던 날 그들이 시내 광야에 이르니라 ²그들이 르비딤을 떠나 시내 광야에 이르러 그 광야에 장막을 치되 이스라엘이 거기 산 앞에 장막을 치니라(출19:1-2)

이곳에서 하나님은 이스라엘과 계약을 맺으신다. 그것은 이스라엘이 하나님의 백성이 된다고 하는 세약이다. 하나님은 이스라엘의 하나님이 되시겠다고 하는 약속이다. 하나님께서 이스라엘과 맺은 계약이 시내산에서 이루어졌기 때문에 흔히 이것을 시내 산 계약이라고 부르고 있다. 시내 산 계약의 정신이 잘 나타나 있는 말씀이 출애굽기 19장에 기록되어 있다. 하나님은 이스라엘 백성들은 향해 말씀하신다.

> [5]…너희가 내 말을 잘 듣고, 내 언약을 지키면, 너희는 열국 중에서(=많은
> 나라들 가운데서) 내 소유가 되겠고 [6]너희가 내게 대하여 제사장 나라가 되
> 고 거룩한 백성이 되리라…(출19:5-6)

이스라엘 백성이 하나님께서 주시는 말씀을 잘 듣고 순종하고, 하나님만을 섬기면, 그렇다면 이스라엘이 하나님의 소유가 되겠다는 말씀이다. 이스라엘이 하나님의 소유가 된다는 말씀은 곧 하나님의 백성이 된다는 말이다. 그리고 제사장 나라가 된다는 것은 곧 거룩한 백성이 된다는 것이다. 여기서 중요한 말씀이 몇 가지 있는데 그것은 이스라엘이 하나님 말씀(=토라)에 순종하고 살아나갈 때는 하나님의 백성이 되고 거룩한 백성이 될 수 있다는 것이다.

이렇게 시내 산 계약은 하나님과의 계약의 관계를 쌍무적(雙務的)인 계약의 관계로 체결하였다. 즉 하나님은 이스라엘의 하나님(God of Israel)이 되시고, 이스라엘은 하나님의 백성(People of God)이라고 하는 쌍방의 의식적인 약속이다. 이런 쌍무적인 계약에는 계약 조건이 있기 마련이다. 시내 산 계약의 특징은 바로 이 계약 조건에 있다. 그 조건이란 이스라엘이 하나님의 백성이 되기 위하여서는 하나님의 백성답게 살아야 한다는 것이

다. 이스라엘이 하나님의 백성다운 삶을 산다는 조건 밑에서, 하나님과 이스라엘 사이의 특별한 계약은 성립된다. 이런 면에서 시내 산 계약은 '조건적인 계약'(conditional covenant)이다.

그러면 이스라엘이 어떻게 살아가는 것이 하나님의 백성다운 삶을 살아가는 것인가? 이것은 시내 산 계약에서 중심적인 문제이다. 하나님께서 이스라엘에게 거룩한 백성으로 살아갈 길을 보여 주신 '가르침'(Teaching), 이것이 곧 '토라'(Torah)이다. 이스라엘이 하나님의 '가르침'에 따라 살아갈 때 그들은 하나님의 백성다운 삶을 사는 것이다. 토라는 넓은 의미에서 이스라엘에게 주신 '하나님의 말씀', '하나님의 명령'이라고 통틀어 말할 수 있다. 이 토라의 준수가 하나님의 백성이 될 수 있는 조건이다.

하나님께서 이스라엘에게 주신 율법은 이스라엘이 시내 산 주변에 체류하고 있을 때에 주신 것이다. 시내 산에서 이스라엘 사람들은 약 11개월 정도의 기간을 보내고 다시 가나안 땅으로의 여정을 계속한다.

> [11]둘째 해 둘째 달 스무날에 구름이 증거의 성막에서 떠오르매 [12]이스라엘 자손이 시내 광야에서 출발하여 자기 길을 가더니 바란 광야에 구름이 머무니라(민10:11-12)

시내 산 체류 기간이 비록 짧지만 이 기록은 출애굽기 19장부터 시작해서 민수기 10장 10절에까지 기록되어 있다. 오경의 절반에 해당하는 많은 내용이 바로 이 시내 산 단락을 구성하고 있다. 우리가 잘 아는 대로 이스라엘 사람들은 40년간 광야 생활을 했다. 이 긴 40년 동안의 광야 생활 기간 중 시내 산에서 체류한 기간은 열 달 동안, 즉 1년 남짓한 비교적 짧은 기간이었다. 그럼에도 불구하고 시내 산에서 보낸 기간은 이스라엘 역사에서 볼 때 매우 중요하다. 그 이유는 이 시내 산에서 하나님께서는 이스라엘 백성들이 하나님의 백성으로, 거룩한 백성답게 살아갈 길을 가르쳐 주셨기 때문이다.

출애굽기의 후반부(출25-31장)에는 이동식 성소로서의 성막 건립에 대한 이야기를 담고 있다. 성막은 출애굽한 이스라엘이 광야 생활 중 하나님과의 만남을 가능케 한 장소였다. 그 만남이 이루어지기까지 수많은 규례와 법도를 따라 제사를 드리는 과정이 필요하였고, 광야를 지나는 중에 언제라도 이동 가능할 수 있도록 제작된 것이다. 이 성막은 그 건축 계획에서부터 하나님의 주도하에 이루어졌으며, 하나님이 이스라엘 백성 중에 거하심, 즉 이스라엘의 삶의 한복판에서 자기 백성과 거주지를 같이하시며 백성의 시간과 공간 안에서 항상 그들과 함께하심을 말해 주고 있다.

출애굽기 32장은 이스라엘을 위해 목숨을 내놓는 중재자로서의 모세의 모습을 담고 있다. 하나님 대신 황금송아지를 숭배한 이스라엘이 하나님의 저주를 받을 수밖에 없게 되었을 때, 모세는 그들을 위해 자신의 생명을 담보로 하는 기도를 드린다.

> 이제 그들의 죄를 사하시옵소서 그렇지 않사오면 원컨대 주의 기록하신
> 책에서 내 이름을 지워버려 주옵소서(출32:32)

사람이 하나님의 사람이 되면 이렇게도 변할 수 있는가 보다. 일찍이 그는 애굽 사람을 죽이고, 보복될 죽음이 두려워서 애굽을 도망쳐 나왔던 사람이 아니던가? 예언자의 직분을 감당하던 40년 기간이 모세를

새로운 모습으로 바꾸어놓았다. 다시 말하건대 '출애굽'이라는 역사의 현장이 일개 졸부였던 모세를 민족의 영도자로 바꾸어놓았다. 죽음이 두려워 떨며 도망쳤던 모세가 이제 자기 잘못도 아닌 남의 잘못을 두고 하나님께 용서를 빈다. 동족이 받을 징벌을 대신 받는 지도자의 속량적 고난을 위해 빈다. 그건 지도자가 보여줄 수 있던 최고의 중재기도였다.

3. 십계명

출애굽 공동체가 시내 산에 도착했을 때에 이곳에서는 많은 일들이 벌어지다. 무엇보다도 먼저 이 시내 산에서 하나님은 모세를 통하여 이스라엘 사람들에게 십계명(The Ten Commandments)을 주셨다. 십계명은 이스라엘 사람들이 하나님의 백성답게 살아야 될 조건들을 열 마디로 요약한 것이다.

〈서문〉 [1]하나님이 이 모든 말씀으로 말씀하여 이르시되 [2]나는 너를 애굽 땅, 종 되었던 집에서 인도하여 낸 네 하나님 여호와니라

〈1계명〉 [3]너는 나 외에는 다른 신들을 네게 두지 말라

〈2계명〉 [4]너를 위하여 새긴 우상을 만들지 말고 또 위로 하늘에 있는 것이나 아래로 땅에 있는 것이나 땅 아래 물 속에 있는 것의 어떤 형상도 만들지 말며 [5]그것들에게 절하지 말며 그것들을 섬기지 말라 나 네 하나님 여호와는 질투하는 하나님인즉 나를 미워하는 자의 죄를 갚되 아버지로부터 아들에게로 삼사 대까지

이르게 하거니와 ⁶나를 사랑하고 내 계명을 지키는 자에게는 천 대까지 은혜를 베푸느니라

〈3계명〉 ⁷너는 네 하나님 여호와의 이름을 망령되게 부르지 말라 여호와는 그의 이름을 망령되게 부르는 자를 죄 없다 하지 아니하리라

〈4계명〉 ⁸안식일을 기억하여 거룩하게 지키라 ⁹엿새 동안은 힘써 네 모든 일을 행할 것이나 ¹⁰일곱째 날은 네 하나님 여호와의 안식일인즉 너나 네 아들이나 네 딸이나 네 남종이나 네 여종이나 네 가축이나 네 문 안에 머무는 객이라도 아무 일도 하지 말라 ¹¹이는 엿새 동안에 나 여호와가 하늘과 땅과 바다와 그 가운데 모든 것을 만들고 일곱째 날에 쉬었음이라 그러므로 나 여호와가 안식일을 복되게 하여 그 날을 거룩하게 하였느니라

〈5계명〉 ¹⁴네 부모를 공경하라 그리하면 네 하나님 여호와가 네게 준 땅에서 네 생명이 길리라

〈6계명〉 ¹³살인하지 말라

〈7계명〉 ¹⁴간음하지 말라

〈8계명〉 ¹⁵도둑질하지 말라

〈9계명〉 ¹⁶네 이웃에 대하여 거짓 증거하지 말라

〈10계명〉 ¹⁷네 이웃의 집을 탐내지 말라 네 이웃의 아내나 그의 남종이나 그의 여종이나 그의 소나 그의 나귀나 무릇 네 이웃의 소유를 탐내지 말라(출20:1-17)

이 십계명에 대해서는 몇 가지 알아두어야 할 특징들이 있다. 첫째는 구약성서 안에 십계명은 두 번 등장한다는 것이다. 첫 번째 십계명이

출애굽한 이스라엘 백성들을 위해 모세가 시내 산에서 받은 것이었다면, 두 번째 십계명(신5:6-21)은 가나안 땅에 들어가기 전 모압 평지에서 모세가 다시 한 번 이스라엘 백성에게 전해 준 것이다. 이들은 출애굽을 경험한 사람들이 아니었다. 애굽에서의 열 가지 재앙을 겪어 보지도 않았고, 홍해를 건너는 기적을 경험하지도 않았다. 광야에서 태어난 세대였기 때문이다. 심지어 시내 산에서의 십계명 수여와 금송아지 숭배 사건과도 연관이 없었다. 출애굽 세대인 부모들을 통해 그 모든 일들을 전해 들은 '광야 세대'였던 것이다. 출애굽기의 십계명이 출애굽 세대를 위한 것이었다면, 신명기의 십계명은 이 광야 세대를 위한 것이었다.

둘째는 두 개의 십계명 중 일부가 서로 다르다는 것이다. 서로 다른 십계명은 네 번째와 열 번째 계명이다. 위에 언급한 출애굽기의 십계명과 신명기의 십계명에서 이 계명들이 어떻게 다른지 살펴보자.

[12]네 하나님 여호와가 네게 명령한 대로 안식일을 지켜 거룩하게 하라 [13]엿새 동안은 힘써 네 모든 일을 행할 것이나 [14]일곱째 날은 네 하나님 여호와의 안식일인즉 너나 네 아들이나 네 딸이나 네 남종이나 네 여종이나 네 소나 네 나귀나 네 모든 가축이나 네 문 안에 유하는 객이라도 아무 일도 하지 못하게 하고 네 남종이나 네 여종에게 너같이 안식하게 할지니라 [15]너는 기억하라 네가 애굽 땅에서 종이 되었더니 네 하나님 여호와가 강한 손과 편 팔로 거기서 너를 인도하여 내었나니 그러므로 네 하나님 여호와가 네게 명령하여 안식일을 지키라 하느니라(신5:12-15)

네 이웃의 아내를 탐내지 말지니라 네 이웃의 집이나 그의 밭이나 그의 남종이나 그의 여종이나 그의 소나 그의 나귀나 네 이웃의 모든 소유를

탐내지 말지니라(신5:21)

제4계명에서는 안식일을 지켜야 하는 이유가 출애굽기에서는 하나님이 창조사역을 하신 후 쉬셨기 때문이라고 말하는 반면(창조신앙), 신명기에서는 애굽에서 종살이하던 백성을 인도하셨기 때문이라고 말한다(구속신앙). 창조신앙과 구속신앙은 기독교신앙의 두 기둥이라고 할 수 있다. 하나님이 이스라엘을 선택하시고 그 선택한 이스라엘에게 은총을 베푸시고 구원하신 것이 구약성서를 일관하고 있는 신앙이라면, 창조신앙은 이 구속신앙의 근거 위에 그 역사의 과정을 주관하고 계신 이가 창조주이신 그분임을 말하고 있는 것이다. 또한 제10계명에서는 탐내지 말아야 할 대상으로 출애굽기와 신명기는 각각 '네 이웃의 집'과 '네 이웃의 아내'를 먼저 말하고 있다. 출애굽기에서 아내는 집에 속한 재산 목록 중 첫 번째에 해당하는 반면, 신명기에서 아내는 집을 포함한 모든 재산을 관리하는 인격체로 나타나고 있는 것이다. 이처럼 두 개의 십계명이 서로 다르게 나타나는 것은 구약성서 안에서 십계명도 발전의 과정을 겪었다는 사실을 보여 주고 있다.

셋째는 두 개의 십계명 모두 서언(序言)을 가지고 있다는 것이다(출 20:1-2; 신5:6). 이 서언은 "나는 너를 애굽 땅 종 되었던 집에서 인도해 낸 네 하나님 여호와니라"라는 동일한 문구이다. 십계명을 구약 시대의 헌법에 비유한다면, 이 서언은 헌법의 전문에 해당하는데, 하나님과 이스라엘의 관계를 설명해 준다. 하나님만이 이스라엘의 참신이심을 말해 주고 있는 것이다.

넷째는 십계명을 사용하는 종단들마다 사용하는 십계명이 조금씩 차이가 난다는 것이다. 우선 유대교에서는 개신교에서 사용하는 십계명의 서언을 제1계명으로 사용하고, 1, 2계명을 합쳐서 제2계명으로 사용한다. 가톨릭에서 사용하는 십계명에서는 개신교의 1, 2계명을 제1계명으로 사용하고, '탐내지 말라'는 계명이 두 번 등장한다. 즉 '네 이웃의 집을 탐내지 말라'는 것이 제9계명이고, '네 이웃의 아내를 탐내지 말라'는 것이 제10계명이다.

이 십계명이 "우리가 사는 시대에도 여전히 유효할까?"라는 질문을 조심스레 던져 본다. 대답은 "그렇다"이다. 첨단 테크놀로지 시대를 살아가는 우리에게 구약성서에 나타나는 하나님의 법은 과연 낡고 진부한 것으로 돌릴 수 있을까? 아니다. 구약성서에 나타난 법, 하나님의 법은 결코 고정된 법전이 아니다. 이 시대에 하나님의 법은 영적 이스라엘 백성인 우리와의 계약 관계에서 이해되어야 한다. 그 법은 비단 그 법이 주어지던 시대를 위한 것만이 아니었기 때문이다. 신명기에서 모세는 백성들에게 십계명과 법전을 가르치기에 앞서 다음과 같이 말한다.

> ²우리 하나님 여호와께서 호렙 산에서 우리와 언약을 세우셨나니 ³이 언약은 여호와께서 우리 주상들과 세우신 것이 아니요 오늘 여기 살아있는 우리 곧 우리와 세우신 것이라(신5:2-3)

호렙 산에서 주어진 하나님의 가르침이 모압 광야를 지나 가나안 땅에 들어가는 이스라엘을 위한 가르침이었다는 말이다. '율법의 동시대성(同時代性)'이다. 이 동시대성은 하나님이 주신 가르침인 구약의 법을 읽어가는 우리에게도 여전히 적용된다. 구약에 나타나는 모든 가르침이 성경 안에 있다 하여 지금 이 시대를 살아가는 우리에게 축자적으로 다 적용시킨다는 것은 분명 어려운 일이고, 또 바람직한 것도 아니다. 시대와 상황에 따라서 그 적용은 달라질 수 있다. 그러나 변하지 않는 것은 구약성서에 나타나는 하나님의 법 정신이다. 많은 사람들이 십계명을 둘로 축약해 보기도 한다. 하나는 마음과 성품과 힘을 다하여 주 하나님을 사랑하라는 것이고, 다른 하나는 네 이웃을 네 몸처럼 사랑하라는 것이다. 결국 토라의 근본 의미, 하나님의 법 정신은 사람에 대한 하나님의 사랑에서 시작되어 하나님과 사람에 대한 우리의 사랑에 있다고 할 것이다. 그래서 예수님도 율법의 완성으로 사랑이라고 하지 않으셨는가. 구약 시대에 전해진 하나님의 법이 신약 시대와 지금 우리가 살아가는 이 시대에 동시대성으로 적용되는 이유는 그 가르침을 주신 하나님이 변함없이 신실하신 것처럼 그 가르침 속에 흐르고 있는 근본 정신인 사랑이 그 당시나 지금이나 여전히 변함없기 때문이다.

4. 광야에서

레위기

레위기(Leviticus)는 구약성서에 나타나는 이스라엘의 종교적 특성을 가장 잘 보여 주는 책이다. 이스라엘의 열두 지파 중 하나이자 이스라엘 역사에서 제사장 지파로 자리를 잡은 레위의 이름을 따서 지은 이름이다. 출애굽기의 마지막 부분이 성막 건립에 대한 규정들을 담고 있다면, 레위기는 그 성막에서 이스라엘이 어떤 제사를 드려야 하는지, 그리고 그 성막을 중심으로 어떤 삶을 살아야 하는지를 알려 준다고 할 수 있다. 흔히들 레위기는 읽기 지루하고 주로 제사장을 향한 말씀으로 생각하기 쉬우나, 사실은 전체 이스라엘 백성들의 구체적인 종교적 삶에 대해 자세히 다루고 있다. 레위기 안에서 특히 성결법전(Holiness Code)으로 불리는 레위기 19-26장은 이스라엘이 거룩한 백성으로 살아가야 할 이유와 방법을 제시하고 있다.

너는 이스라엘 자손의 온 회중에게 말하여 이르라 너희는 거룩하라 이
는 나 여호와 너희 하나님이 거룩함이니라(레19:2)

레위기에서 말하는 종교적 삶에 대한 규정들은 지금도 이스라엘 사
람들에게 지대한 영향력을 끼치고 있다. 예를 들어, 이스라엘의 식사법
을 코셔(Kosher)라고 하는데, 동물의 경우엔 정한 동물과 부정한 동물을 구
분하여 굽이 갈라져 쪽발이 되고 새김질을 하는 것만 먹을 수 있고, 물고
기의 경우는 지느러미와 비늘이 있는 것만 먹을 수 있다. 그래서 돼지고
기는 유대인들이 절대적으로 금기시하는 동물이고 새우나 굴 종류 또한
음식의 범주에 들 수가 없다. 유대인들이 외국 사람들에게 식기를 빌려
주지 않는 것은 바로 이와 같은 부정한 음식들을 담을 수 있기 때문이다.
또한 코셔 법에 따르면 피를 먹어서도 안 되고, 반드시 죽은 고기를 먹어
야 하되 짐승에게 가능한 고통을 주지 않도록 빨리 죽여야 하고 그 피는
전부 땅에 쏟아 버려야 한다. 이와 같은 규정들은 레위기 11장과 17장 등
의 음식규례에서 생겨난 것들이다.

레위기는 번제, 소제, 화목제, 속건제, 속죄제 등 구약성서의 각종
제사와 유월절, 맥추절, 초막절, 안식년, 희년 등의 절기와 축제들을 위
한 종교적 의식과 규정들을 담고 있다.

5대 제사

번제(올라, burnt offering)는 구약성서의 여러 제사 중에서 가장 대표적인
제사라고 할 수 있다. 제물 전체를 모두 하나님께 불태워드리는 화제의

일종이다. 번제의 종류는 그 바치는 제물에 따라 소(레1:3), 양이나 염소(레1:10)의 수컷 혹은 새(레1:14)로 구분된다. 수컷을 제물로 드리는 이유는 가장 좋은 것을 드린다는 의미가 있다. 그러나 사실 가난한 가정에서는 수컷을 드리기 어려운 면이 있다. 암컷은 새끼를 낳을 수 있고 우유를 줄수 있어 일반 가정의 경제에 훨씬 도움을 줄 수 있는 동물이다. 따라서 가난한 가정에서는 암염소나 암양들이 많고 숫양이나 숫염소는 종자 가축으로 구비할 따름이다. 부유한 가정에서는 수컷을 여러 마리 기를 수 있으나 가난한 사람에게 수컷을 드리라는 규정은 경제적으로 큰 부담을 요구한다. 따라서 소나 양, 염소를 수컷으로 드리는 사람들은 비교적 경제적으로 여유가 있는 사람들이었다. 가난한 자들은 새(비둘기)를 바칠 수 있었다. 새의 경우는 그 특징이 암수의 구분이 불가능하다는 것과 제물의 크기가 워낙 작다는 데에 있다. 그래서 조금이라도 더 크게 보이기 위해 그 몸이 완전히 찢어지지 않을 정도로 찢어서 바쳤다. 신약성서에서 예수가 탄생한 후 요셉과 마리아는 산모의 정결예식(레12:1-8 참조)을 행하고 맏아들을 하나님께 드리기 위해(출13:1-2, 14-15 참조) 예루살렘에 올라간 일이 있다. 이때 그들이 비둘기 새끼로 제사를 드린 것은 그 가정이 가난했음을 일러 준다.

> [22]모세의 법대로 정결예식의 날이 차매 아기를 데리고 예루살렘에 올라
> 가니 [23]이는 주의 율법에 쓴 바 첫 태에 처음 난 남자마다 주의 거룩한
> 자라 하리라 한 대로 아기를 주께 드리고 [24]또 주의 율법에 말씀하신 대
> 로 산비둘기 한 쌍이나 혹은 여러 집비둘기 둘로 제사하려 함이었더라
> (눅2:22-24)

노아가 모든 정결한 짐승과 새 중에서 제물을 취해 번제를 드린 것은 구약에서 처음 등장하는 번제이다(창8:20). 또한 창세기 22장에서 아브라함이 이삭을 번제로 드리려 한 일은 아브라함의 전적인 헌신과 포기를 의미하고 있다(출24:5; 신27:6; 왕상18:38-39; 삼상15:22 참고). 여기서 아브라함이 이에 번제 나무를 취한 것과 불과 칼을 취한 것(창22:6), 이삭이 아브라함에게 불과 나무는 있는데 번제할 어린양이 어디 있냐고 물었던 점(창22:7), 후에 숫양을 가져다가 아들을 대신하여 번제를 드린 점(창22:13) 등은 전형적인 번제의 모습을 잘 보여 주고 있다.

번제에서는 화목제(레3:2), 속죄제(레4:4)와 마찬가지로 죄의 전가(transfer)를 의미하는 안수를 하는데, 이때 안수는 제물을 가지고 온 사람이 직접 한다. 번제와 화목제에서 안수하는 것은 죄와 관련이 없기도 한다. 이때 동물은 사람을 대신한다(substitute)는 의미를 갖는데, 사람이 자신의 몸을 감사, 서원제로 드리는 대신 동물을 드리는 것이다.

이 번제의 특징은 밖에 버려질 더러운 부분(=가죽)을 제외하고는 드려진 제물 전체가 다 화제로 태워진다는 것이다. 제사장은 번제단의 불을 꺼뜨리지 않아야 한다(레6:8-13). 이 목적을 위해 화목제를 드릴 때에 나오는 기름까지 번제단에 사용되었다. 구약성서의 가장 대표적인 제사라고 할 수 있는 번제가 제사장 단독으로 드리는 것이 아니라 제물을 가져온 백성과 함께 그 일을 분담했다는 것은 의미가 크다. 오늘날의 예배가 목회자 위주로 이루어지기보다는 많은 부분에서 평신도의 참여가 더 적극적으로 수용되어야 할 필요가 있는 것이다.

소제(민하, cereal offering)는 제사 중에서 유일하게 동물의 희생, 즉 피와 관계없이 곡식을 제물로 드리는 제사이다. 단독적으로 드리지 않고 다른 제사에 동반되었으므로 그 의미를 파악하기기 쉽지 않다(민15:1-16; 대상29:14

참조). 구약성서에서 처음 등장하는 소제는 가인이 바친 제사이다(창4:3).

화목제(제바흐 셸라밈, peace offering)는 하나님과 사람 사이의 관계의 평안(shalom)이라는 의미를 지닌다. 즉 하나님과 사람에게 각각 제 몫이 할당되는 식사를 통해서 하나님과 사람의 교제가 이루어지거나 회복된다. 이 화목제의 특징은 공동식사에 있다. 번제의 경우는 다 태우기 때문에 아무것도 남지 않는다. 소제와 속죄제의 경우도 일부만 태워지고 나머지는 제사장이나 아론의 자손들이 먹는다. 그러나 화목제는 제물의 기름은 태워서 하나님께 드리는 반면, 가슴과 뒷다리는 제사장에게 주고(레7:30-33) 나머지는 백성이 먹는다. 그러나 아무 장소에서나 먹을 수 있는 것이 아니라 정해진 장소에서 식사해야 한다(신12:6-7, 11-12, 15-19, 26; 삼상1:3-4 참조). 공동식사라는 측면에서 볼 때 구약의 여러 제사 중에서 사람들이 가장 좋아했을 경우로 추정되고, 초대교회의 공동식사와 공동소유는 화목제의 적극적인 측면이 적용된 것이다.

사무엘상에 나타나는 한나의 서원기도는 구약에 나타나는 화목제의 모습을 그려볼 수 있게 한다. 한나의 모습은 흡사 이스라엘 민족 역사의 시작에 나타나는 사래의 모습과 비슷하게 나타난다. "임신하지 못하므로 자식이 없었던"(창11:30) 사래가 자신의 몸종 하갈을 아브라함의 첩으로 준 이후 하갈이 잉태하자 하갈로부터 멸시를 받았던 것처럼(창16:4), 무자한 한나는 자식이 있던 브닌나로부터 식음을 전폐할 정도의 고통을 당한다(삼상1:7). 한나가 무엇을 먹지 않았다는 말인가? 단순히 식사를 못했다는 말이 아니다. 엘가나가 실로에서 드렸던 제사는 화목제였다. 화목제는 번제와는 달리 제사를 마친 후에 제사에 참여한 사람들이 즐겁게 제물의 분깃을 나누어 먹는 잔치이다. 매년 한 차례씩 실로에 있는 여호와의 집에서 벌어지는 그 잔치에 한나는 참여하지 못하고 자리에서 일어난다. 그러나 서원기도를 마친 후 신명기사가는 한나의 모습이 예전과 같지 않음을 보도한다.

> 당신의 여종이 당신께 은혜입기를 원하나이다 하고 가서 먹고 얼굴에
> 다시는 근심 빛이 없더라(삼상1:18)

한나가 무엇을 먹었다는 말인가? 화목제의 제물을 먹었다는 말이다. 기쁨의 잔치에 참여할 수 있었다는 말이다. 하나님께 기도하고 제사장 엘리의 축복을 받은 한나는 이제 그 기쁨의 잔치에 당당히 참여할 수 있었다. 하나님은 한나를 생각해 주셨고(삼상1:19), 한나는 이내 임신하여 사무엘을 낳는다. 이후에도 하나님은 한나를 돌아보셨고 세 아들과 두 딸을 더 낳게 하셨다(삼상2:21).

속죄제(하타아트, purification/sin offering)는 속죄와 관련해서 가장 중심적인 제사이다. 근본적으로 죄 자체를 처리함으로써 이스라엘에서 죄를 정결케 하는 역할을 한다. 화목제가 죄로 인해 갈라졌던 관계를 회복하고, 속건제가 죄의 결과로 남아있는 부채를 해결한다면, 속죄제는 죄 자체를 해결하는 데 그 목적이 있다. 속죄제는 고의 없이 순전히 실수로 저지른 죄를 속하게 한다. 자기도 모르게 저지른 잘못이라도 나쁜 결과를 초래하는데, 이를 제사를 통해 막아야 한다. 그런 잘못도 하나님에 대한 관계에 장애를 일으키고(시119:21, 67, 118), 사람의 공동체를 파괴할 수 있다.

이러한 속죄제는 아론 때부터 지켜져 왔다. 레위기에 나타나는 속죄제가 죄를 속하기 위해 드리는 것인 반면, 출애굽기 29장 10-14절에서는 임직할 제사장이 범할 수 있는 범죄들을 미리 생각하여 일반적으로 드리는 것으로 나타나고 있다.

¹⁰너는 수송아지를 회막 앞으로 끌어오고 아론과 그의 아들들은 그 송아지 머리에 안수할지며 ¹¹너는 회막 문 여호와 앞에서 그 송아지를 잡고 ¹²그 피를 네 손가락으로 제단 뿔들에 바르고 그 피 전부를 제단 밑에 쏟을지며 ¹³내장에 덮인 모든 기름과 간 위에 있는 꺼풀과 두 콩팥과 그 위의 기름을 가져다가 제단 위에 불사르고 ¹⁴그 수소의 고기와 가죽과 똥을 진 밖에서 불사르라 이는 속죄제니라(출29:10-14)

속건제(아샴, reparation/compensation offering)는 여러 면에서 속죄제와 비슷하지만, 첫 열매와 십일조 등 성소 내지 제사장에게 바친 것을 가로채었을 경우에 이를 변상하는 형식으로 거행되었던 제사이다. 레위기 5장 17-19절은 실수로 잘못을 저질렀을 때에 드리는 속죄제의 경우와 거의 비슷해 보인다. 그러나 양이나 암염소 대신 그보다 더 값이 나가는 숫양을 드려야 한다는 것은(레5:18) 성물에 관련된 죄를 저질렀을 경우와 마찬가지로(레5:15), 이 규정이 비교적 무거운 죄를 다루고 있다는 점을 암시한다. 속건제는 특별한 의미의 속죄제라고 할 수 있다. 어떤 사람이 자신이 바쳐야 할 의무를 다하지 못했을 때 1/5(20%)을 더하여 드리는 제사이다. 이와 같은 속건제는 잘못을 저지른 죄 문제를 해결할 때 형벌이 중요한 것이 아니라, 죄지은 사람이 어떻게 하면 정상적인 삶으로 복귀될 수 있는가에 초점을 맞추고 있다. 형제에게 원망 들을 만한 일이 있거든 먼저 그 형제와 화목하고 난 후에 예배를 드리라는 예수의 말씀 또한 이 배상의 차원에서 해석될 수 있다(마5:23-24). 흔히들 하나님의 용서와 사랑은 죄의 대가 없이 무조건적으로 주어지는 값싼 은혜로 생각하는 경향이 있으나 예수님 자신이 우리의 죄를 대속해 주신 것은 분명 가장 값비싼 보상이었음을 기억할 필요가 있다.

절기들

구약성서가 말하는 3대 절기는 유월절, 칠칠절, 초막절이다. 유월절 (Passover)의 히브리어 의미는 '넘어서다' 혹은 '건너가다'라는 뜻이다. 이는 "여호와께서 애굽 사람을 치러 두루 다니실 때에 문인방과 좌우 설주의 피를 보시면 그 문을 넘으시고(pass over), 멸하는 자로 너희 집에 들어가서 너희를 치지 못하게 하실 것임이니라"(출12:23)라는 말씀에 근거하고 있다. 이스라엘의 뿌리경험이라고 할 수 있는 출애굽 사건에서 제정된 것으로 나타나는데, 출애굽 당시의 사건을 기념하여 해마다 명절로 지킬 것을 규정하고 있다. 아빕월을 해의 첫 달이 되게 하고 그달 14일 하루를 유월 절로 지킨다. 아빕월 10일에 태어난 지 1년이 된 양이나 염소 중에서 흠 없는 수컷을 골라 유월절 당일인 14일까지 간직하였다가 잡아서 그 피를 양을 먹을 집 좌우 문설주와 인방에 바르고 무교병과 쓴 나물과 아울러 먹는다.

오순절 혹은 맥추절로도 불리는(출23:16; 34:22; 레위23:15-21; 신16:9-12; 대하 8:13; 행2:1; 20:16; 고전16:8) **칠칠절**(Feast of Weeks)은 유월절(무교절) 이후 7주가 지 난 후 50일째 되는 날, 시완월 6일에 지키는 절기이다. 즉 곡식을 수확하 기 시작한 초실절부터 7주가 지나 새 곡식으로 만든 첫 빵을 바치는 절기 이다(출23:16; 34:22; 레23:15-21; 신16:9-12; 대하8:13; 행2:1; 20:16; 고전16:8). 레위기 23장 은 이 절기를 시내(Sinai) 사건(출19:1)과 관련시킨다. 유대교에서는 이 축제 를 시내 산에서의 야웨계시와 율법수여의 축제로 거행했다. 칠칠절에는 가난하고 소외된 자에 대한 관심이 잘 나타나 있다(레23:22). 이것은 고대 의 사회보장 제도의 하나라고 볼 수 있다.

초막절(Feast of Booths)은 가을의 수확 축제로서 이스라엘에서 가장 중요한 축제였다(레23:34, 42; 신16:13-16; 스3:4; 슥14:16-19; 요7:2, 8, 10, 11, 14, 37). 이 축제 때 솔로몬 성전이 봉헌되었고, 면제년의 축제도 이 축제 때 거행되었다. 이 초막절도 출애굽과 연결시켰는데(레23:42 이하), 초막절도 무교절과 마찬 가지로 본래 가나안 농경문화의 수확 축제, 특히 포도 수확 축제였다. 가 나안에서 초막은 가을 추수와 포도 수확 때 수풀과 포도나무 사이에 쳤다.

이스라엘의 이 3대 절기들은 모두 출애굽이나 시내 산 계시 또는 광 야 방황과 연결되어 있다. 나중에 가나안 땅에서 안전한 집에 거하며 풍 요로운 삶을 살게 되더라도 출애굽 사건과 광야에서의 힘든 시간들을 잊 지 않는다는 근본적인 정신이 있는 것이다.

안식일(Sabbath)은 구약성서가 말하는 가장 대표적인 절기이자 가장 빈번히 지켜야 할 절기이다. 십계명 중 4계명은 안식일을 지켜야 하는 이 유를 다른 계명들보다 길게 설명하는데, 출애굽기와 신명기는 안식일을 지켜야 하는 이유를 각각 창조신앙과 구속신앙에서 찾고 있다. 이날은 일이 금지된 날이다. 미드라쉬에 따르면 안식일에 해서는 안 되는 일들 을 39가지의 '율법의 울타리'로 규정하고 있다. 그러나 신약성서에서 예 수께서는 사람이 안식일을 위하여 있는 것이 아니라 안식일이 사람을 위 하여 있는 것임을 말씀하시면서(막2:27) 안식일을 지키는 참의미는 단순한 일의 금지가 아니라 창조주와 구속주이신 하나님께 영광을 돌리며 사람 을 살리는 일을 하는 날임을 새롭게 해석하셨다.

면제년이라고도 불리는 **안식년**(레25:1-7; 신15:1이하; 31:10)은 매 7년마다 돌아온다. 매 7일마다 사람이 쉬어야 하듯 땅도 일곱째 해마다 쉬어 안식 을 지켜야 했다. 땅을 갈지 않은 채 내버려 두어 묵혀 두도록 한 것이다. 안식년을 면제년이라고도 부르는 이유는 매 7년마다 농경지를 쉬게 하여 하나님이 땅의 임자임을 상기시키는 것과 어려움을 겪는 이웃에게 꾸어

준 빚을 면제해야 함을 요구하기 때문이다. 가난한 사람이 종이 되어 팔린 경우에도 안식년이 되면 종으로부터 해방되었다(출21:2-6, 신15:12-18). 하나님 백성이 서로를 형제처럼 대하면서 가난한 자가 없도록 하려는 데에 그 의도가 있다. 그러나 이스라엘 백성이 아닌 이방인에 대해서는 빚 독촉이 허용되어 있는 것은 이스라엘 백성의 배타성과 여전한 민족주의를 보여 주고 있다. 안식년 즉 면제년이 가까워지면 후에 빌려준 것을 돌려받지 못할 것을 염려하여 가난한 자들의 어려움을 외면하기 쉬웠다. "네 손을 펴서 그에게 필요한 것을 넉넉히 꾸어주라"는 말씀은 그와 같은 계산적인 마음 씀씀이와 행동을 자제할 것을 요구한다.

> [7]네 하나님 여호와께서 네게 주신 땅 어느 성읍에서든지 가난한 형제가 너와 함께 거주하거든 그 가난한 형제에게 네 마음을 완악하게 하지 말며 네 손을 움켜쥐지 말고 [8]반드시 네 손을 그에게 펴서 그에게 필요한 대로 쓸 것을 넉넉히 꾸어주라(신15:7-8)

희년(Jubillee)은 이스라엘이 가나안에 들어간 때를 기점으로 일곱 번째로 맞는 안식년이 지난 다음 해인 '제 50년째의 해'에 실시하도록 규정되어 있다. 희년이 되면 안식년에 지켜야 할 모든 규정들 외에 그동안 매매되거나 다른 사람에게 넘어갔던 모든 땅과 가옥을 원래의 주인에게 돌려주었다. 이는 이스라엘 안에 부익부 빈익빈 현상이 생기지 않도록 하고 모든 사람이 처음 상태로 되돌아가 새 출발을 하게 하려는 목적이 있었다.

대속죄일(Day of Atonement)은 제사장과 백성의 죄를 속죄하는 날이었다. 이스라엘의 온 회중이 참여하여 백성의 죄를 대신 진 속죄양을 아사셀에게 보내는 풍습이 있었다. 오늘날에도 대속죄일에는 모든 사람이 금식하고, 라디오와 TV 방영도 중단하고, 중요한 절기로 지키고 있다.

민수기

민수기(Numbers)라는 이름은 라틴어 성서의 '누메리'(Numeri) 즉 숫자들이라는 제목에서 생겨난 것이다. 이는 이 책 안에 광야에서 있었던 두 번의 인구조사가 등장하고 있기 때문이다(1-4장; 26장). 그러나 민수기의 히브리어 이름은 '베미드바르'로, 그 의미는 '광야에서'(in the wilderness)이다. 히브리어 성서가 강조하는 민수기의 핵심 내용은 이스라엘의 광야 인구를 조사하는 데 있는 것이 아니라 광야 여정 중에 이스라엘과 함께하신 하나님의 임재와 은혜, 보호하심에 있다. 민수기 10장 11절에 따르면 이스라엘 백성은 시내 산을 출발하여 본격적인 광야 여정을 시작하게 된다. 이스라엘은 낮이면 여호와의 구름기둥이 이끄는 곳으로 이동하였고, 밤이면 불기둥이 머무는 곳에 머물면서 약속의 땅을 향해 나아갔다. 민수기는 이렇게 사람이 살 수 없는 악조건으로 가득한 광야 한가운데에서 하나님이 어떻게 자신의 백성을 인도하셨는지, 이스라엘에게 필요한 모든 것들을 어떻게 공급하셨는지를 담고 있다. 그러는 중 여정의 고됨으로 인한 백성의 불평과 모세의 리더십에 대한 비방 등이 발생하기도 했다. 가데스바네아라는 곳에 이르러 가나안 진입을 눈앞에 두었지만, 정탐꾼들의 부정적인 보고에 동화된 백성들은 "차라리 애굽에서 죽었거나 광야에서 죽었으면 좋았으리라"고 불만을 토하면서 다시 '환(還)애굽'하자는 목소리를 드높이기도 했다(민14:1-3). 그로 인해 많은 사람들이 하나님 앞에서 재앙으로 죽었고, 광야의 여정은 40년 동안이나 이어지게 된다.

> ³²너희의 시체는 이 광야에 엎드러질 것이요 ³³너희의 자녀들은 너희 반
> 역한 죄를 지고 너희의 시체가 광야에서 소멸되기까지 사십 년을 광야에
> 서 방황하는 자가 되리라 ³⁴너희는 그 땅을 정탐한 날수인 사십 일의 하
> 루를 일 년으로 쳐서 그 사십 년간 너희의 죄악을 담당할지니 너희는 그
> 제서야 내가 싫어하면 어떻게 되는지를 알리라 하셨다 하라 ³⁵나 여호와가
> 말하였거니와 모여 나를 거역하는 이 악한 온 회중에게 내가 반드시 이같
> 이 행하리니 그들이 이 광야에서 소멸되어 거기서 죽으리라(민14:32-35)

　가데스 바네아에서의 사건 이후에도 고라 무리의 반역(16장)과 불뱀
사건(21장) 등 이스라엘의 불평과 반역은 끊이지 않았다. 그러는 과정에도
여정은 계속되었고, 하나님은 이스라엘을 향한 은혜를 거두지 않았다. 이
스라엘이 경험한 광야 생활은 극심한 고생과 여러 가지 고난의 연속이었
다. 그러나 신앙적으로 볼 때 이 기간은 하나님께서 이스라엘에게 하나님
의 백성으로 살아가야 할 모든 규범과 규율을 마련해 주신 은총의 기간이
었다. 고난의 기간이 은총의 기간이었다는 것이다. 민수기의 히브리어 제
목 "광야에서"는 말 그대로 그 광야 생활 중에 깃든 하나님의 은총을 말
하고 있는 것이다. 우여곡절 끝에 이스라엘은 요단 강 동쪽 땅에 이르러
전쟁을 통해(아모리 왕 시혼과 바산 왕 옥 등) 그 땅을 정복하고 열두 지파 중 일부
인 르우벤, 갓, 므낫세 지파에게 땅의 첫 분배를 실시한다(민32장). 민수기
제일 마지막을 보면 이스라엘 사람들이 약속의 땅에 거의 다 도달했음을
알 수 있다. 즉 모압 평지까지 도달했다(민36:13). 이제 요단 강만 건너면
바로 가나안 땅이다.

신명기

가나안 땅에 들어가기 일보 직전에 민수기는 끝나고 **신명기**(Deuteronomy)로 이어진다. 신명기는 약속의 땅에서 이스라엘 사람들이 어떻게 살아야 할 것인가를 설명한 책으로 모세가 행한 세 번의 설교 형식으로 되어 있다. 히브리어 성서에서 신명기의 이름은 '데바림'(말씀들)이다. 이 책의 시작이 '엘레 핫데바림'(이는… 말씀들이다)이라는 말로 시작되기 때문이다. 영어 성서의 이름 듀트라노미(Deuteronomy)는 '두 번째 주어진 말씀'이라는 의미를 지닌다. 이는 신명기 17장 18절의 "이 율법서의 등사본"이라는 말에서 생겨난 것으로 이전에 시내 산에서 받은 율법을 다시 반복한다는 의미를 담고 있다. 하나님께서 이스라엘 백성에게 주신 율법은 오경에 두 번 등장한다. 시내 광야에서 주어진 말씀(출19:1-민10:10)이 첫 번째이고, 두 번째 주어진 말씀의 기록이 바로 신명기에 있기 때문에 붙여진 이름이다. 우리말 성경에서의 이름 신명기는 새로운(新) 계명이라는 뜻이 아니라 신명기 1장 5절의 "이 율법 설명하기를 시작하였더라"에서 유래되었다(밝혀알릴 申 + 계명, 율법 命 + 기록 記).

> [1]이는 모세가 요단 저편 숩 맞은편의 아라바 광야 곧 바란과 도벨과 라반과 하세롯과 디사합 사이에서 이스라엘 무리에게 선포한 말씀이니라 … [3]마흔째 해 열한째 달 그 달 첫째 날에 모세가 이스라엘 자손에게 여호와께서 그들을 위하여 자기에게 주신 명령을 다 알렸으나 … [5]모세가 **요단 저쪽 모압 땅에서 이 율법을 설명하기 시작하였더라**(신1:1-5)

이 구절은 신명기 전체의 서문에 해당한다. 이 서문에는 신명기의 시대적 배경과 장소가 등장한다. 신명기 말씀의 시대적 배경은 출애굽한 지 "마흔째 해 열한째 달 그달 첫째 날", 즉 광야 생활 40년의 마지막 때였고, 80세에 출애굽의 지도자로 나선(출7:7) 모세의 나이로는 120세 즈음에 해당하는 때였다(신34:7 참조). 신명기 말씀의 지리적 배경은 "요단(강) 저쪽(동편)(Trans-Jordan) 모압 땅"이다. 이 지역은 오늘날의 요르단 지역에 해당한다.

모세는 신명기 7장에서 '이스라엘은 누구인가'라는 정체성을 분명히 확인시킨다. 이스라엘은 하나님의 백성, 선민(選民), 성민(聖民)임을 말하면서, 이스라엘이 하나님의 백성 된 것은 그들에게 어떤 자격이 있었기 때문이 아니라 전적으로 하나님의 은총이요, 이스라엘의 특권임을 역설한다. 그러면서 이스라엘에게 하나님의 백성답게 살아야 책임을 자신의 고별 연설을 통해 전한다. 출애굽 후 40년간의 광야 생활은 이스라엘이 하나님께 불순종하고 거역했던 역사였다(신9:6-7,24 등). 그러한 불순종의 역사를 지녔으나 이제는 하나님의 말씀에 순종하면서 하나님의 백성답게 살아야 할 것을 가르치고 있는 것이다(신8:11-20). 그렇다면 신명기는 이스라엘 백성이 약속의 땅에 들어가서 살 때, 지키며 살아가야 할 생활규범을 모세가 다시 설명하여 준 말씀의 기록이라고 할 수 있다. 출애굽 세대가 죽은 후 새로이 태어난 광야 세대가 주축을 이룬 공동체에서 하나님의 구원사역과 가르침을 다시 알릴 필요가 있었기 때문이다. 그러나 예전에 주어진 율법을 반복하는 내용만 담고 있는 것이 아니라 새로운 내용도 많이 담겨있다.

흔히 '쉐마'라고 불리는 신명기의 다음 구절은 신명기 전체를 대표하는 말씀일 뿐만 아니라, 사실 구약 이스라엘의 신앙을 잘 요약해 주는 말씀이다.

⁴이스라엘아 들으라(쉐마 이스라엘). 우리 하나님 여호와는 오직 유일한 여호와이시니 ⁵너는 마음(레브, heart)을 다하고 뜻(네페쉬, breath)을 다하고 힘(메오드, very best)을 다하여 네 하나님 여호와를 사랑하라'(신6:4-5)

이 쉐마의 말씀에서 하나의 중요한 점이 있다. 그것은 한 분이신 하나님을 사랑하라는 '명령'이다. 우리네 사고방식에서 사랑이란 주로 감정의 차원이기에 명령될 수가 없다. 그런데 이 쉐마의 말씀은 '마음과 뜻과 힘을 다해서 하나님을 사랑하라'고 명령을 하고 있다. 구약성서가 말하는 사랑은 단순히 감정의 차원이 아니기 때문이다. 행동적인 차원이 수반되어야 사랑이 성립되는 역동적인(dynamic) 개념이기 때문이다. 그러면 하나님을 사랑하라는 명령은 구체적으로 어떻게 준행할 수 있는가? 하나님의 말씀에 순종(샤마/들음, 순종, 청종)하는 것이 곧 하나님을 사랑하는 것이다.

¹네가 네 하나님 여호와의 말씀을 삼가 듣고 내가 오늘 네게 명령하는 그의 모든 명령을 지켜 행하면 … ²네가 네 하나님 여호와의 말씀을 청종하면 … (신28:1-2, 생명과 복이 따름)

네가 네 하나님 여호와의 말씀을 순종하지 아니하여 … 지켜 행하지 아니하면 … (신28:15, 저주와 화가 따름)

하나님에 대한 사랑은 감정과 말로만 증명되지 않는다. 그래서 신명기에는 하나님을 '사랑한다'는 말(아하브)과 하나님께서 주신 말씀을 '지키라'는 말(샤마르)은 대부분 같이 이어져 나온다.

오직 네 하나님 여호와는 하나님이시요 신실하신 하나님이시라 그를 **사랑하고** 그의 계명을 **지키는** 자에게는 천 대까지 그의 언약을 이행하시며 인애를 베푸시되(신7:9)

네 하나님 여호와를 **사랑하여** 그 직임과 법도와 규례와 명령을 항상 **지키라**(신11:1)

신명기의 마지막(신34장)에는 "너는 그리로 건너가지 못하리라"는 여호와의 말씀대로 홀로 남아 생을 마감하는 모세의 죽음과 그에 대한 평가를 담고 있는데, 신명기의 저자는 구약의 거의 모든 시대를 조망해 보면서 가장 위대했던 예언자로 모세를 꼽기에 주저하지 않고 있다.

그 후에는 이스라엘에 모세와 같은 선지자가 일어나지 못하였나니 …
(신34:10)

신명기는 모세 시대의 이야기를 담고 있지만, 그 기록된 시기는 구약 시대의 거의 마지막에 해당하는 남유다 왕국 멸망 이후이다. 신명기의 저자는 구약의 거의 모든 시대를 조망해 보면서 가장 위대했던 예언자로 모세를 꼽기에 주저하지 않고 있다. 그렇다면 모세를 이스라엘 역사상 최고의 예언자로 꼽는 이유는 무엇일까?

예언자(nabi, 나비)의 직분은 무엇보다도 하나님의 말씀을 '대언'하고, 하나님과 이스라엘 사이를 '중재'하는 일이다. 모세의 생애를 120년으로 볼 때, 광야 여정에서 보낸 마지막 40년은 하나님의 말씀을 전달하는 대언자의 직임과 이스라엘을 위한 중재자의 직임이 철저하게 수행되던 기간이었다. 하나님의 말씀을 전달하던 대언자로서의 모세의 모습은 파라오 앞에 서서 하나님의 말씀을 외치는 것으로 본격적으로 시작된다. 이집트의 파라오가 누구던가? 40년 전 그가 내릴 보복적 죽음이 두려워 스스로 피할 수밖에 없었던 바로 그 장본인이 아니던가? 죽음의 공포 자체였던 바로 그 파라오 앞에 서서 하나님의 이름으로 외친다. "이스라엘의 하나님 여호와의 말씀에 '내 백성을 보내라 그들이 내 앞에서 절기를 지킬 것이니라' 하셨나이다"(출8:1). 얼마나 당당한 모습인가! 그는 이미 예전의 졸부가 아니었다.

　파라오와의 대면에서부터 이미 하나님의 사람임을 보여 준 대언자로서의 모세의 모습은 이스라엘을 위한 율법 선포에서 그 절정에 달한다. 본디 율법이란 이스라엘이 이스라엘답게, 하나님의 백성이 하나님의 백성답게 살아가야 할 방편으로 제시된 것이요, 이스라엘이 당연히 따라야 할 하나님의 말씀이다. 통상 '율법'이라고 번역된 히브리어 토라의 원뜻은 이스라엘이 걸어가야 할 길, 붙들고 살아야 할 가르침을 말한다. 하나님의 말씀과 가르침이 주로 율법의 형태로 나타나기 때문에 유대인들은 오경을 율법서라고 부르고 있다. 오경에 나타나는 율법은 모두 613개이다. 그중 하나님의 백성으로서 하지 말아야 할 것이 365개이고(=부정계명), 해야 할 것이 248개(=긍정계명)이다. 이 숫자는 각각 1년의 날수와 사람의 뼈마디 숫자와 일치한다. 어쩌면 이것은 매일매일의 삶을 살아가면서 하나님의 말씀을 내 몸처럼 아끼며 준수하라는 의미를 담고 있는 것이 아닐까?

　전통적으로 하나님은 그 율법을 모세를 통해 주셨다고 전해지고 있다. 1100년대 가장 위대한 유대인 랍비로 꼽히는 람밤(Rambam)은 모든 유대인들이 한결같이 믿어야 할 유대교의 열세 원칙을 말한 바 있다. 그중 여덟 번째가 "율법은 모세에게 계시되었다"(The Torah was revealed to Moses)이다. 랍비를 중심으로 한 유대인들의 정신세계에서 모세가 차지하고 있던 비중이 얼마나 큰지를 단적으로 드러내 주는 말이다. 모세의 최후를 담고 있는 신명기 34장은 "하나님이 아브라함과 이삭과 야곱에게 맹세하여 그 후손에게 주기로 한 땅"을 눈으로 바라보며 "네 눈으로 보게 하였거니와 그리로 건너가지 못하리라"고 하시는 냉정하신 하나님의 말씀에 "여호와의 말씀대로" 모압 땅에서 죽어 장사되는 모세의 모습을 그려 준다.

> ^{4}여호와께서 그에게 이르시되 이는 내가 아브라함과 이삭과 야곱에게 맹세하여 그 후손에게 주리라 한 땅이라 내가 네 눈으로 보게 하였거니와 너는 그리로 건너가지 못하리라 하시매 ^{5}이에 여호와의 종 모세가 여호와의 말씀대로 모압 땅에서 죽어 ^{6}벳브올 맞은편 모압 땅에 있는 골짜기에 장사되었고 오늘까지 그 묘를 아는 자 없으니라(신34:4-6)

동족 이스라엘을 위해 하나님과 파라오 앞에서 죽음을 두려워하지 않던 모세, 민족을 위해 대신 고난받겠다던 모세, 구약 시대 이스라엘의 생명과도 같았던 율법을 선포하고 40년 동안이나 민족을 이끌었던 모세, 그러나 정작 그 땅을 강 건너 눈앞으로 바라보면서는 굳이 가나안에 들어가겠다고 고집부리지 않고 '하나님의 말씀이기에' 모압 땅에 묻힐 수 있던 모세. 그가 신명기기자에 의해 최고의 예언자라는 평을 받는 이유는 바로 여기에 있는가 보다. 그는 분명 이스라엘 백성의 뿌리경험(root experience)이 되는 출애굽 사건과 함께 민족의 영도자, 가장 훌륭했던 예언자라 칭함 받기에 충분했다.

5. 누가 오경을 기록했는가

율법서의 다른 이름, 오경(Pentateuch)은 이 모음집이 창세기에서 신명기까지의 다섯(penta) 권의 두루마리(teuchos)로 이루어졌다는 뜻을 담고 있는 말이다. 이 오경 안에는 참으로 긴 시대의 역사가 압축적 혹은 구체적으로 담겨있다. 오경을 크게 둘로 구분하면 전반부는 하나님의 천지 창조로부터 시작해서 이스라엘의 족장들의 이야기를 담고 있는 창세기, 후반부는 이스라엘의 애굽 탈출로부터 시작해서 약속의 땅 가나안 진입을 눈앞에 두고 있는 출애굽 이야기(출애굽기에서 신명기)로 나눌 수 있다.

오경의 전반부인 창세기가 모세가 등장하기 이전의 이야기라면, 후반부는 모세 이후의 이야기라고 할 수 있다. 레위인의 가정에서 태어나 애굽의 왕궁에서 자라난 모세는 80세의 나이에 애굽에서 노예로 전락한 요셉의 후손인 자기 백성 이스라엘을 이끌고 하나님이 족장들에게 약속했던 가나안 땅으로 다시 돌아가는 긴 여정을 시작한다. 이스라엘을 내어놓지 않으려 하는 애굽 왕 바로와의 대결이 펼쳐지고, 애굽의 모든 장자들이 죽는 재앙까지 닥친 후에야 이스라엘은 애굽을 떠날 수 있었지만, 그들의 여정은 처음부터 여러 가지 난관에 부딪힌다. 홍해를 건넌 후 광야의 길로 접어든 이스라엘 백성은 시내 산에 도착하고 그곳에서 11개 월 정도를 머무르면서 십계명을 비롯한 하나님의 가르침을 받는다(출19:1-민10:10). 이때 받은 말씀을 가리켜 '토라'(Torah)라고 한다. 오경에 해당하는 히브리어 정경상의 이름 역시 토라이다. 토라는 넓은 의미에서 이스라엘 에게 주신 하나님의 말씀, 가르침인 것이다. 그 거룩한 가르침이 외형에 있어서는 율법규정의 형태로 되어있기 때문에 토라를 율법서라고 부르 기도 한다. 유대교에서 사용하는 이름 토라와 기독교에서 주로 사용하는 이름 오경은 명칭만 다를 뿐 그 내용에 있어서는 동일하다.

지금도 유대인들이 율법서(Torah)를 타낙의 핵심적인 부분으로 인정 하는 것은 여기에 유대인의 역사에서 가장 위대한 지도자였던 모세를 통 해 주신 하나님의 율법이 담겨있기 때문이다. 이 책들은 주전 450년경 에스라 시대에 이미 정경으로 인정되었다. 전통적으로 오경의 저자는 모 세로 여겨져 왔기 때문에 모세오경이라는 이름으로 불려지기도 한다. 오 경이 모세의 저작이라는 전통은 이미 오경 안에서부터 시작된다.

> 또 모세가 이 율법을 써서 여호와의 언약궤를 메는 레위 자손 제사장들
> 과 이스라엘 모든 장로에게 주고(신31:9)

모세가 장로들에게 주었다는 율법은 비단 신명기 안에서 들려 준 율 법만이 아니라 오경 전체를 말하는 것으로 이해되었다. 그래서 에스라 시대에 이르기까지 이 다섯 권의 책은 '모세의 책'으로 알려졌었다. 이는 오경의 저자에 대한 전통적인 견해가 되었고 이와 같은 견해는 많은 유 대인 문헌과 기독교 문헌에서도 발견된다. 더 나아가 오경의 모세 저작

설은 복음서의 선언들, 특히 예수의 말씀에도 그 기반을 두고 있다(요1:17, 45; 7:19, 23; 8:5; 행13:39; 15:5; 롬10:5; 고전9:9 등 참조).

> 율법은 모세로 말미암아 주어진 것이요 은혜와 진리는 예수 그리스도로
> 말미암아 온 것이라(요1:17)

그러나 20세기 이후 저자에 대한 연구가 활발해지면서 학자들은 모세라는 말을 뺀 이름을 더 널리 사용하고 있다. 오경 안에 나타나는 몇몇 시대착오적인 구절들(anachronism)은 이들의 주장을 뒷받침하고 있다. 예를 들어, 조카 롯을 구하기 위해 아브라함이 평소 집에서 훈련시킨 사람들을 이끌고 추격했다는 창세기 14장 14절에 나타나는 '단'이라는 지명은 오랫동안 '라이스'라는 이름으로 불렸다가 사사 시대에 이스라엘 백성이 그들의 조상의 이름을 따서 붙인 이름이다.

> 아브람이 그의 조카가 사로잡혔음을 듣고 집에서 길리고 훈련된 자 삼
> 백십팔 명을 거느리고 단까지 쫓아가서(창14:14)

> 이스라엘에게서 태어난 그들의 조상 단의 이름을 따라 그 성읍을 단이
> 라 하니라 그 성읍의 본 이름은 라이스였더라(삿18:29)

또한 창세기 21장에는 아브라함이 '블레셋' 사람의 땅에서 여러 날을 지냈다는 표현이 나온다.

> ³³아브라함은 브엘세바에 에셀 나무를 심고 거기서 영원하신 하나님 여

호와의 이름을 불렀으며 [34]그가 블레셋 사람의 땅에서 여러 날을 지냈더라(창21:33-34)

블레셋 사람들은 출애굽한 이스라엘 백성이 가나안 땅에 정착하던 주전 13세기 후반에야 비로소 팔레스틴에 등장하기 시작한 민족이다. 오경 안에 이들에 대한 언급이 빈번히 등장하는 것은 이들의 출현을 경험한 사람에 의해 오경이 기록되었기 때문이다(창26:14-18; 출13:17 참조). 그리고 창세기 36장에는 "이스라엘 자손을 다스리는 왕이 있기 전에 에돔 땅을 다스리던 왕들"(31절 이하)에 대한 목록을 자세히 열거하고 있다. 이스라엘 자손을 다스리는 왕이라는 표현은 이 글을 쓴 사람이 이스라엘에 왕정이 있었다는 사실을 아는 사람이었음을 암시한다. 그리고 무엇보다도 오경이 모세의 죽음을 언급하고 있다는 사실이다. 오경의 마지막 책인 신명기 34장이 모세의 죽음과 아울러 모세가 죽은 이후의 일들까지 담고 있는 것은 오경이 모세의 저작이 아닐 것이라는 주장에 강력한 힘을 실어 주었다.

[5]이에 여호와의 종 모세가 여호와의 말씀대로 모압 땅에서 죽어 [6]벳브올 맞은편 모압 땅에 있는 골짜기에 장사되었고 오늘까지 그의 묻힌 곳을 아는 자가 없느니라 [7]모세가 죽을 때 나이 백이십 세였으나 그의 눈이 흐리지 아니하였고 기력이 쇠하지 아니하였더라(신34:5-7)

대부분의 학자들은 오경이 모세의 저작이 아닌 후대의 여러 사람들에 의해 기록된 모음집이라는 데에 의견의 일치를 보이고 있다. 그러나 그 저자들의 이름은 알 수가 없고, 다만 오경 안에 기록된 문학적 스타일과 신학적 경향에 따라 J, E, JE, D, P 등의 약자를 사용하여 구분하고 있다. 이를 문서설(The Documentary Theory)이라고 부른다.

유대인들은 흔히 성서를 예루살렘 성전과 비교하면서 그중에서도 오경은 가장 중요한 부분인 지성소에 해당한다고 생각해 왔다. 그만큼 성서에서 가장 중요한 부분으로 인정되어 온 것이다. 그 이유로는 그들의 전통 속에서 가장 귀하게 생각해 온 모세와 율법이라는 두 기둥이 서로 얽혀 존재하기 때문이다. 그러나 우리는 오경이 모세의 저작(Mosaic Pentateuch)이든 여러 사람들에 의한 기록이든(mosaic Pentateuch!), 그 가치를 이 책들의 저자가 아닌 그 안에 담겨 있는 하나님의 역사와 말씀에서 찾아야 할 것이다.

IV
젖과 꿀이 흐르는 땅에서

1. 신명기역사서

구약성서 안에는 신명기역사서(Deuteronomistic History)와 역대기역사서 (Chronicler's History)라는 비슷하면서도 서로 다른 두 종류의 역사서가 있다. 그것은 각각의 역사서를 기록한 사가(史家)의 사관(史觀)이 서로 차이를 빚기 때문이다. 그중 신명기역사서란 이스라엘 민족이 가나안에 들어가서 땅을 차지하고 그 땅에서 하나님이 직접 치리하시는 사사 시대를 거쳐 왕국의 형성과 분열을 경험하고 급기야는 멸망하여 하나님이 주신 땅에서 쫓겨나기까지의 역사를 담고 있는 역사서로, 여호수아, 사사기, 사무엘상하, 열왕기상하까지의 여섯 권의 책을 말한다. 이 책들을 신명기역사서라고 부르는 것은 여기에 나타나는 신학적 입장이 바로 앞서 등장하는 책인 신명기에 근거하고 있기 때문이다. 예컨대 신명기에 나타난 중요한 신학적 주제들, 즉 유일신신앙(monotheism)과 이스라엘 신앙의 순수성에 대한 강조(신6:4-9), 예배 장소의 단일화(centralization of worship) 원칙(신12:11-14), 사랑과 정의의 공동체(신10:17-19) 등은 이 역사서를 해석하는 중요한 열쇠이다.

¹¹너희는 너희의 하나님 여호와께서 자기 이름을 두시려고 택하실 그곳
으로 내가 명령하는 것을 모두 가지고 갈지니 곧 너희의 번제와 너희의
희생과 너희의 십일조와 너희 손의 거제와 너희가 여호와께 서원하는
모든 아름다운 서원물을 가져가고⋯ ¹³너는 삼가서 네게 보이는 아무 곳
에서나 번제를 드리지 말고 ¹⁴오직 너희의 한 지파 중에 여호와께서 택
하실 그 곳에서 번제를 드리고 또 내가 네게 명령하는 모든 것을 거기서
행할지니라(신12:11-14)

¹⁷너희의 하나님 여호와는 신 가운데 신이시며 주 가운데 주시요 크고 능
하시며 두려우신 하나님이시라 사람을 외모로 보지 아니하시며 뇌물을
받지 아니하시고 ¹⁸고아와 과부를 위하여 정의를 행하시며 나그네를 사
랑하여 그에게 떡과 옷을 주시나니 ¹⁹너희는 나그네를 사랑하라 전에 너
희도 애굽 땅에서 나그네 되었음이니라(신10:17-19)

　특히 신앙의 순수성을 강조하여 토라에 대한 순종은 축복을, 불순종
은 징벌을 가져온다는 신명기의 공식(신28장)은 신명기역사서를 해석하는
중요한 열쇠가 되고 있다.

¹네가 네 하나님 여호와의 말씀을 삼가 듣고 내가 오늘 네게 명령하는
그의 모든 명령을 지켜 행하면 네 하나님 여호와께서 너를 세계 모든 민
족 위에 뛰어나게 하실 것이라 ²네가 네 하나님 여호와의 말씀을 청종하
면 이 모든 복이 네게 임하며 네게 이르리니⋯ ¹⁵네가 만일 네 하나님 여
호와의 말씀을 순종하지 아니하여 내가 오늘 네게 명령하는 그의 모든
명령과 규례를 지켜 행하지 아니하면 이 모든 저주가 네게 임하며 네게

이를 것이니…(신28장)

출애굽 이후 40여 년의 세월이 흐르는 동안 출애굽의 감격은 잊혀지고 있었고, 이스라엘 백성 중에는 새로운 세대들이 탄생했다. 이들은 출애굽 세대가 간직해 온 애굽에서의 구원 경험이 없는 광야 세대였다. 출애굽 세대를 이끌어 온 지도자가 모세였다면 새로 태어난 광야 세대를 이끌 지도자로 여호수아가 선택되었다. 모세의 후계자 여호수아는 모세의 뒤를 이어 가나안 땅에 들어온다. 여호수아는 많은 전쟁을 통해서 가나안을 정복하고 지파별로 분배하여 정착하게 한다. 여호수아는 세겜(Shechem) 회의에서 이스라엘로 하여금 신앙의 고백을 통해 하나님 여호와의 백성이 됨을 확인한다. 그러나 아직 정복되지 않은 지역이 있었고, 거의 같은 시기에 가나안 땅에 진입해 들어온 해양족 블레셋의 위협도 있었다. 여호수아가 죽은 후 그 뒤를 이어 사사들이 나타난다. 삼손, 드보라, 기드온 등의 사사들은 이방족이 침입할 때마다 하나님의 부르심으로 지도자가 되어 나타나서 백성을 구원한다.

사사 시대 말기, 왕정의 체제를 갖춘 주변국들의 영향, 특히 블레셋이 심각한 위협이 되자, 선지자 사무엘의 반대에도 불구하고 백성들의 요구에 의해 중앙집권적 왕국이 형성된다. 사울이 초대 왕이 되었다. 그러나 그는 사무엘 및 다윗과 갈등하다가 블레셋과의 전투에서 비참한 최후를 맞이한다. 그의 뒤를 이은 다윗은 강력한 나라를 건설했다. 예루살렘을 정치적 · 종교적 중심지로 새롭게 정한 뒤, 국토를 확장하고 통일국가를 건설한다. 3대 왕 솔로몬에 이르러 이스라엘은 최고의 문화적 · 경제적 전성기를 맞는다. 상업으로 나라를 부강하게 했으며, 지혜의 왕으로서의 그의 부귀와 영화는 널리 알려졌다. 그러나 성전의 건축과 외국과의 교역을 통한 이방 종교의 수입, 과다한 세금 부여, 그리고 강제 노역 등으로 인해 통일 왕국은 분열의 위기를 맞는다.

솔로몬의 무리한 경제 번영은 북쪽 지파 사람들의 반발을 가져왔다. 솔로몬이 죽자 왕국은 분열되었는데, 이 분열은 먼저 솔로몬의 강압정책이 수원인이 되었지만 낳낳 예언자들이 행한 역할이 알려주듯이, 옛 부족동맹 시대의 영도력에 관한 전통을 되살리려는 북부 지파 사람들의 열망도 작용하였다. 한편 남쪽은 르호보암이 왕위에 올랐는데 안정된 상태에서 다윗 가문의 사람들에 의해 계승되어 유다라 칭하였고, 북쪽은 여로보암이 계승하여 이스라엘이라 칭하였다. 초기 두 나라 남유다와 북이스라엘은 서로 군사적으로 경쟁을 했다. 그러다가 잠시 동안은 북이스라엘의 아합 왕과 남유다의 여호람 왕 때에 결혼 동맹을 통해 친밀한 관계가 유지된 적도 있었으나, 두 나라의 관계는 늘 대립적이었다. 이러한 왕국분열로 인해 통일 왕국 시대가 이룩한 국가적 위치는 상실되었으며, 국내외적 시련을 겪게 된다. 더욱이 종교적 혼합주의(syncretism)가 득세하기 시작하였는데, 그 형태는 특히 북이스라엘에서 악화되었다.

북이스라엘은 예언자들에 의해 왕위가 선택되었거나 피의 혁명을 통해 세력을 얻은 자들이 계승하는 불안정한 정국이었다. 남왕국 유다와 대립과 우호의 관계를 반복하다가 주전 722년 호세아 왕 때에 앗수르 제국에 의해 멸망을 당한다. 한편 북이스라엘이 무너진 후 남유다는 앗수르의 세력에 지배를 받으며 겨우 그 생명을 부지하여 나아간다. 북왕국과 사마리아의 멸망으로 충격을 입은 유다는 히스기야 왕과 요시야 왕 때 대대적인 정치적 · 종교적 개혁을 단행하고 국력을 회복하는 모습을 보이기도 했으나, 요시야 왕의 죽음으로 꿈은 깨어지고, 587년 시드기야 왕 때 바벨론에 의해서 예루살렘이 멸망당함으로써 종말을 고하고야 만다. 유다를 멸망시킨 바벨론의 느부갓네살 왕은 유다의 지도층 인사를 대거 그들의 땅으로 잡아갔고, 이때부터 바벨론 포로 시대(Exilic Period)가 시작된다. 여기까지의 이스라엘 초기 역사 즉 하나님이 이스라엘에게 선물로 주신 가나안 땅 진입 이후 그 땅에서 쫓겨날 때까지의 역사를 신명기사가는 철저하게 신명기적 신앙과 신학으로 해석하고 있다.

2. 여호수아

여호수아(Joshua) 1장은 유독 강하고 담대하라는 말과 하나님이 모세와 함께 계시던 것같이 여호수아와 함께하신다는 표현이 많이 등장한다 (수1:5,6,7,9,17). 모세의 뒤를 이어 출애굽 공동체의 지도자가 된 젊은 여호수아는 두려워 떨 수밖에 없었으리라. 모세가 누구였던가? 대제국 애굽의 파라오와 당당히 맞서고 이스라엘을 노예 생활에서 이끌어내고 40년 광야 생활을 이끌었던 전무후무한 리더가 아니었던가? 그래서인지 리더로서의 모델이었던 모세가 죽은 후 출애굽 공동체를 이끌어야 하는 막중한 책임을 위임받은 여호수아의 모습은 흡사 또 다른 모세를 보는 것 같다. 자기 백성 이스라엘을 이집트 땅에서 인도해 내기 위해 일찍이 모세를 선택하셨던 하나님이 이제 여호수아를 새로운 역사를 써 내려갈 첫 주인공으로 선택하신 것이다. 예전에 모세는 이스라엘을 이집트 땅에서 이끌어내어야 한다는 하나님의 부르심에 거절하기라도 했지만(출3-4장), 여호수아서에는 그와 같이 거절하는 내용은 나타나지 않는다. 다만 전무후무한 민족의 지도자 모세의 뒤를 이어 백성을 이끌어야 한다는 것은 분명 젊은 여호수아에게 큰 부담으로 다가왔음을 짐작할 수는 있다.

여호수아는 이스라엘 백성이 요단 강을 건너서 가나안 땅으로 들어가기 전에 먼저 두 사람의 정탐꾼을 보낸다. 정탐꾼들이 정탐을 마친 후, 여호수아는 당시 이스라엘 백성과 함께 하는 '하나님 임재의 상징'이던 법궤를 앞세우고 요단 강을 건넌다.

> [14]백성이 요단을 건너려고 자기들의 장막을 떠날 때에 제사장들은 언약 궤를 메고 백성 앞에서 나아가니라 [15]요단이 곡식 거두는 시기에는 항상 언덕에 넘치더라 궤를 멘 자들이 요단에 이르며 궤를 멘 제사장들의 발이 물가에 잠기자 [16]곧 위에서부터 흘러내리던 물이 그쳐서 사르단에 가까운 매우 멀리 있는 아담 성읍 변두리에 일어나 한 곳에 쌓이고 아라바의 바다 염해로 향하여 흘러가는 물은 온전히 끊어지매 백성이 여리고 앞으로 바로 건널새 [17]여호와의 언약궤를 멘 제사장들은 요단 가운데 마른 땅에 굳게 섰고 그 모든 백성이 요단을 건너기를 마칠 때까지 모든 이스라엘은 그 마른 땅으로 건너갔더라(수3:14-17)

법궤를 맨 제사장들의 발이 요단 강물에 닿자마자 위로부터 흐르던 강물이 흐르기를 중단하고, 강물은 둘로 갈라졌고, 백성이 모두 강을 건너고 난 다음에 법궤를 맨 제사장들도 요단 강을 건너온다. 제사장들의 발이 육지를 다시 밟는 순간 요단 강물은 다시 흐르기 시작했다. 마치 모세가 하나님의 지팡이를 들고 손을 바다 위로 내밀어 홍해를 가르게 했던 것처럼(출14장), 우기(雨期)로 인해 언덕까지 넘치던 요단 강은 여호수아와 이스라엘 백성에게 그 길을 내어주었고, 백성이 홍해를 건넌 후 홍해의 물이 다시 모였던 것처럼, 갈라졌던 요단 강도 다시 하나가 되었다.

홍해에서 물이 물러갔던 그 기적이 여호수아에게서 다시 되풀이되었던 것이다.

여호수아는 모세처럼 행동하고 모세처럼 기도한다. '이런 때 모세라면 어떻게 했을까?'라는 생각을 머릿속에서 지우지 않았다. 실제로 하나님도 여호수아를 모세처럼 대해 주셨다.

> 네 평생에 너를 능히 대적할 자가 없으리니 내가 모세와 함께 있었던 것 같이 너와 함께 있을 것임이니라 내가 너를 떠나지 아니하며 버리지 아니하리니(수1:5)

> 내가 모세와 함께 있던 것같이 너와 함께 있는 것을 그들이 알게 하리라 (수3:7)

백성도 여호수아를 모세처럼 따랐다.

> 우리는 범사에 모세에게 순종한 것 같이 당신에게 순종하려니와 오직 당신의 하나님 여호와께서 모세와 함께 계시던 것같이 당신과 함께 계시기를 원하나이다(수1:17)

> 여호와께서 모든 이스라엘의 목전에서 여호수아를 크게 하시매 그가 생존한 날 동안에 백성이 그를 두려워하기를 모세를 두려워하던 것같이 하였더라(수4:14)

천사도 여호수아를 모세처럼 대한다.

여호와의 군대 대장이 여호수아에게 이르되 네 발에서 신을 벗으라 네
가 선 곳은 거룩하니라 하니 여호수아가 그대로 행하니라(수5:15)

구약성서에 나타나는 모세의 직함이 여호와의 종(에베드 아도나이), 하나
님의 종(에베드 하엘로힘), 하나님의 사람(이쉬 하엘로힘)이었던 것처럼 신명기사
가가 여호수아를 부르는 호칭 또한 여호와의 종이다(수1:1, 13; 8:31; 11:12, 15;
12:6; 13:8; 14:7; 22:2, 5; 24:29). 여호수아는 철저하게 모세를 모델로 삼았다. 모
세를 모델로 삼았다는 것은 모세처럼 하나님께 물었다는 말이고, 모세처
럼 하나님께 기도했다는 말이고, 모세처럼 하나님의 말씀대로 행했다는
말이고, 모세처럼 하나님의 방법으로 싸웠다는 말이다. 여호수아가 백성
을 이끌고 요단 강을 건너 가나안 땅에 들어가자마자 제일 먼저 점령한
도시는 여리고 성이었다. 당시 여리고는 가나안에서 가장 강력한 성이었
지만 그들은 하나님의 방법대로 전쟁을 치렀고 승리를 얻어냈다. 하나님
은 약속대로 모세와 함께하셨던 것처럼 여호수아와 함께하셨고, '여호와
께서 여호수아와 함께하시니 여호수아의 소문이 그 온 땅에' 퍼지기 시
작했다(수6:27).

그러나 첫 승리의 기쁨에 너무 도취되어서일까? 두 번째 성인 아이
성 전투를 앞두고 여호수아는 2천~3천 명만 올라가서 쳐도 이길 만큼
그들은 소수라고 보고한 정탐군의 보고만 믿고 전쟁을 가벼이 여겼다.

여호수아에게로 돌아와 그에게 이르되 백성을 다 올라가게 하지 말고
이삼천 명만 올라가서 아이를 치게 하소서 그들은 소수이니 모든 백성
을 그리로 보내어 수고롭게 하지 마소서(수7:3)

여호수아가 이 보고를 그대로 믿고 전쟁을 가벼이 여긴 것은 분명한 교만이었다. 여리고 성을 정복하고 난 뒤 아이 성 같은 것은 신경쓰지 않아도 될 문제라고 파악한 것이다. 호랑이는 토끼를 잡을 때도 최선을 다한다. 그럴 때 그 짐승이 호랑이일 수 있는데, 아직 여호수아에게는 그 자질이 부족한가 보다. 리더의 잘못된 판단이 공동체/민족의 실패로 이어졌다.

결국 아이 성 전투에서 여호수아는 쓰라린 패배를 경험하고 만다. 실패를 모르는 백성이 처음으로 패배를 했다. 하나님이 함께하시는 백성이라는 자부심이 무너져 내렸다. 여호수아는 백성들의 마음이 녹아내리는 실패를 경험하고 난 후 재를 뒤집어쓰고 기도한다. 경험이 부족한 여호수아로서는 일찍이 모세가 이와 비슷한 상황에 처했을 때 그랬던 것처럼(출32:11-14), 당당하게 처신하지 못하고, 그저 탄식하는 것 외에는 취할 수 있는 아무런 방법이 없었다. 그저 엎드려 울 수밖에 없었다. 이제는 끝장이라고 생각했기 때문이다. 수많은 고초를 겪으면서 40년의 광야 생활을 마쳤고, 이제 겨우 가나안 땅에 들어왔는데, 여리고 성을 무너뜨리면서 당당하게 시작했는데, 아이라는 작은 성에서 대패를 당했다. 이제는 희망이 없다고 생각했다. 여호수아는 "옷을 찢고 이스라엘 장로들과 함께 여호와의 궤 앞에서 땅에 엎드려 머리에 티끌을 뒤집어쓰고 저물도록 있다가"(수7:6) 차라리 요단 강을 건너오지 않고 저편(=트랜스 요르단)에 머물러 거기 거주하였더라면 더 좋을 뻔하였다고 절망에 잠기고야 만다(수7:7). 가나안 땅을 주시겠다던 하나님의 약속의 말씀도 포기하는 절망이다. 이 실패가 멸망의 징조라고 생각했기 때문이다. 그의 절망 속에는 하나님께서 주신 원대한 꿈과 계획을 다 없던 것으로 돌리고 싶은 인간적인 연약함이 그대로 묻어 나온다. 그러나 하나님께서는 여호수아가 '이제 끝장이다'라고 생각할 때 그걸 끝이라고 여기지 않으셨다. 이제 다시 시작이라고 하신다. 비록 결정적인 실패를 경험했다 할지라도 그 실패를 결말이 아니라 한 과정으로 여기셨다.

질망 중에 엎드려있는 여호수아에게 "일어나라 어찌하여 이렇게 엎드렸느냐?"(수7:10) 하시며, 패배의 원인을 찾으라고 하신다. 그리고 하나님은 이스라엘이 아이 성에서 패배한 데에는 공동체 내에서 있어서는 안되는 중대한 범죄가 발생했기 때문이라고 말씀하신다. 하나님께 바친 물건을 자기 기구 가운데 두는 죄악을 이스라엘 중 누군가가 범했다고 지적하신다. "이스라엘이 범죄하여 내가 그들에게 명령한 나의 언약을 어겼으며 또한 그들이 온전히 바친 물건을 가져가고 도둑질하며 속이고 그것을 그들의 물건들 가운데에 두었느니라"(수7:11). 이스라엘 백성 전체의 잘못이라고 지적하시는 하나님의 지적을 듣고 여호수아는 이 문제를 해결하려고 애를 쓴다. 그리고 아간이라는 사람이 범한 잘못을 발견해 낸다.

> 내가 노략한 물건 중에 시날산의 아름다운 외투 한 벌과 은 이백 세겔과 그 무게가 오십 세겔 되는 금덩이 하나를 보고 탐내어 가졌나이다 보소서 이제 그 물건들을 내 장막 가운데 땅속에 감추었는데 은은 그 밑에 있나이다 하더라(수7:21)

아간의 고백 속에 무대의 배경으로 등장하는 '시날산'은 산(山, mountain)이 아니다. 시날 평지에는 산이 없다. '시날에서 나온'(産, made in Sinar)이라는 의미이다. 시날산의 아름다운 외투란 아마도 그 지역의 종교 의식에서 입는 보석으로 장식된 화려한 겉옷을 일컫는 말인 듯하다. 게다가 200세겔의 은과 500세겔의 금덩이(1세겔≒12그램)! 가나안 땅에서의 처음 범죄자 아간은 그 물건들을 자기 장막 땅속에 감추었다. 왜 땅속에 감추었다고 할까? 오늘날처럼 다양한 예치/보관 방법이 없던 고대시대에선 가장 안전한 재산 저장 방법은 땅속에 묻어 두는 것이었다. 자신만이 알아볼 표시와 함께 말이다. 간혹 자기 재산을 땅에 묻어 둔 것을 남들에게 알리지 않은 채 전쟁 등으로 사망하는 경우 묻힌 재산이 후에 우연히 발견되기도 한다. 예수님의 천국 비유 말씀 중에 어떤 사람이 우연히 밭에서 감추어진 보화를 발견하면 숨겨 두고 기뻐하며 돌아가 자기의 소유를 다 팔아 그 밭을 산다는 말씀(마13:44)이나 "너희를 위하여 보물을 땅에 쌓아 두지 말라 거기는 좀과 동록이 해하며 도둑이 구멍을 뚫고 도둑질하느니라"(마6:19)라는 말씀도 이런 배경에서 이해할 수 있다. 흥미로운 것은 아간의 고백 속에 나타나는 범죄 행위가 인류 최초의 범죄였던 에덴동산에서의 범죄 행위와 흡사하다는 것이다.

〈아간의 범죄〉…보고(see) 탐내어(covet) 가졌나이다(take)(수7:21)

〈하와의 범죄〉 여자가 그 나무를 본즉(see) 먹음직도 하고 보암직도 하고 지혜롭게 할 만큼 탐스럽기도(covet) 한 나무인지라 여자가 그 열매를 따 먹고(take) 자기와 함께 있는 남편에게도 주매 그도 먹은지라(창3:6)

아담과 하와의 처음 범죄 이야기는 모든 사람에게 익숙하다. 그들은 인류를 대변하기 때문이다. 그러나 구약성서에서 아간은 그리 주목을 받는 인물이 아니다. 본문 말고는 어디에도 등장하지 않는 그저 평범한 사람에 지나지 않는다. 그러나 그런 그를 하나님은 이스라엘을 대변하는 인물로 생각하신다. 아무래도 아간은 '나 하나쯤이야' 하고 생각한 것 같다. 이것은 자신도 하나님의 백성임을 망각한 것이다. 우리가 이미 하나님의 자녀이고 하나님의 백성인 것을 인정한다면 '나 하나쯤이야' 하고 생각하는 일이 없어야 할 것이다. 아간은 또한 '이런 것쯤이야' 혹은 '이런 일쯤이야' 하고 생각한 것 같다. 그러나 아간은 자신이 도둑질한 것이 하나님의 것임을 잊은 것이다. 우리가 감당하는 일이 아무리 사소해도 그 일은 하나님의 것, 하나님의 일임을 잊지 말아야 할 것이다.

여호수아서에 나타나는 땅 정복 이야기에서 놓쳐서는 안 되는 또 한 가지 중요한 사실은, 이스라엘 사람들이 가나안 땅을 점령한 것은 하나님께서 아브라함과 이삭과 야곱, 이스라엘의 신앙의 조상들에게 약속해 주신 말씀을 실현시켜 주신 것이라는 점이다. 하나님은 이스라엘 신앙의 조상들에게 가나안 땅을 주시겠다고 여러 번 약속하셨다. 그래서 출애굽하는 이스라엘 백성의 목적지는 가나안 땅, 즉 약속의 땅이었다. 가나안 땅에 대한 하나님의 약속이 여호수아 시대에 와서 비로소 실현된 것이다. 그래서 이스라엘이 가나안을 정복하고 각 지파가 그 땅을 분배한 다음에 결론적으로 이런 말씀이 기록되어 있다.

> [43]여호와께서 이스라엘의 조상들에게 맹세하사 주리라 하신 온 땅을 이와 같이 이스라엘 자손에게 다 주셨으므로 그들이 그것을 차지하여 거기에 거주하였으니 [44]여호와께서 그들의 주위에 안식을 주셨으되 그 조상들에게 맹세하신 대로 하셨으므로 그들의 모든 원수들 중에 그들과 맞선 자가 하나도 없었으니 이는 여호와께서 그들의 모든 원수들을 그들의 손에 넘겨주셨음이니라 [45]여호와께서 이스라엘 족속에게 말씀하신 선한 말씀이 하나도 남음이 없이 다 응하였더라(수21:43-45)

일찍이 아브라함에게 처음 주셨던 '땅의 약속'이 이렇게 이루어지기까지 무려 수백 년의 세월이 걸렸다. 비록 오랜 시간이 걸렸으나 하나님은 자신의 약속을 잊지 않고 계셨다. 그리고 마침내 그 약속을 실현시켜 주신 것이다. '땅의 약속'이라는 관점에서 볼 때, 창세기로부터 여호수아는 '약속'과 '성취'의 관계로 연결되어 있다. 바로 이런 관계 때문에 일찍이 폰라드(von Rad)라는 구약학자는 오경(Pentateuch)이 아닌 창세기에서 여호수아까지 이어지는 육경(Hexateuch)설을 주장하기도 했던 것이다.

3. 사사시대

사사기

구약의 다른 역사서(여호수아-에스더까지)와 마찬가지로, 사사기도 단순한 과거의 기록만은 아니다. 과거 역사를 통하여 현재를 위한 '역사의 교훈'을 전달하려는 목적이 있다. 그 교훈은 이스라엘의 죄(3:7) – 하나님의 진노와 징벌(3:8) – 이스라엘의 회개, 외침(3:9) – 하나님의 구원(사사를 보내심)이라는 사이클을 통해 나타난다(삿2:11 이하; 3:7-9; 4장; 6장; 10:6 이하; 13:1 이하).

〈이스라엘의 죄〉 ⁷이스라엘 자손이 여호와의 목전에 악을 행하여 자기들의 하나님 여호와를 잊어버리고 바알들과 아세라들을 섬긴지라
〈하나님의 징벌〉 ⁸여호와께서 이스라엘에게 진노하사 그들을 메소보다미아 왕 구산 리사다임의 손에 파셨으므로 이스라엘 자손이 구산 리사다임을 팔 년 동안 섬겼더니
〈이스라엘의 회개〉 ⁹이스라엘 자손이 여호와께 부르짖으매 여호와께서

이스라엘 자손을 위하여 한 구원자를 세워 그들을 구원하게 하시니 그
는 곧 갈렙의 아우 그나스의 아들 옷니엘이라
〈하나님의 구원〉 [10]여호와의 영이 그에게 임하셨으므로 그가 이스라엘
의 사사가 되어 나가서 싸울 때에 여호와께서 메소보다미아 왕 구산 리
사다임을 그의 손에 넘겨 주시매 옷니엘의 손이 구산 리사다임을 이기
니라(삿3:7-10)

이 시대 이스라엘에는 아직 왕이 없었고(삿17:6; 21:25), 이스라엘은 공
통된 신앙으로 결속된 신앙공동체로 유지되고 있었다(삿8:22 이하). 광야 시
절에 만들었던 법궤가 이스라엘의 신앙의 구심점 역할을 했다.

그때에 이스라엘에 왕이 없으므로 사람이 각기 자기의 소견에 옳은 대
로 행하였더라(삿21:25)

왕이 없던 시대에 일어나는 크고 작은 문제들을 재판하는 역할은 사
사들에게 맡겨졌다. 평화로운 시대에 백성의 문제를 판단하던 '재판관'(=
소사사)들이었다. 한글성서 〈공동번역〉에서 이 책의 이름을 판관기라고 부
르는 것은 재판관으로서의 사사들의 역할을 강조한 히브리성서의 이름
을 따랐기 때문이다. 이들 소사사로는 삼갈(삿3:31), 돌라(삿10:1-2), 야일(삿
10:3-5), 입산, 엘론, 압돈(삿12:8-15) 등이 등장한다. 그러나 하나님께서 필
요로 할 때, 즉 이스라엘이 이방 민족과 싸워야만 했던 전쟁의 시기에,
그들의 회개와 구원에 대한 요구로 하나님이 사용하신 사사들의 역할은
재판관이 아닌 구원자, 카리스마적 지도자(charismatic leaders)였다. 이들 카리
스마적 지도자들은 전쟁이 발발했을 때 하나님께서 주시는 능력(charisma)

을 받아 위기의 상황에 처한 이스라엘을 구원한다. 사사기는 주로 전쟁 영웅으로서의 이들 대사사의 이야기들로 구성되어 있다. 옷니엘(삿3:7-11), 에훗(삿3:12-30), 드보라(삿4-5장), 기드온(삿6-8장), 입다(삿10:6-12:7), 삼손(삿 13-16장)이 대사사에 해당한다.

사사기에는 가나안을 둘러싼 많은 이방 민족들의 침입이 언급되지만 그중에서도 가장 강력한 위협이 되었던 것은 바로 블레셋 사람들이었다. 이들은 이스라엘의 가나안 진입과 거의 같은 시기에 이 땅으로 들어와서 지중해 연안의 해안 지역에 모여 살고 있었으나 점차 가나안 내륙으로 밀고 들어오기 시작했고, 가나안에 살고 있던 이스라엘 사람들하고는 자연히 충돌이 일어날 수밖에 없었다. 그들이 위협적이었던 이유는 당시 이스라엘 사람들보다 훨씬 문명이 앞선 사람들이었기 때문이다. 가나안 지역에서 철로 만든 기구들, 즉 철기 문명을 처음으로 시작한 사람들이 곧 블레셋 사람들이었다. 이스라엘 사람들은 그보다 한 단계 뒤진 청동기 단계에 있었다. 대사사 중 가장 많은 분량을 차지하는(삿13-16장) 삼손이 맞섰던 이방 민족이 바로 이 블레셋 사람들이었고, 이들은 사사 시대 이후로 펼쳐지는 사울-다윗의 초기 왕정 시대에 끊임없이 이스라엘과 대적하게 된다.

사사기에 등장하는 마지막 사사이자 가장 많은 분량을 차지하고 있는 삼손의 이야기를 살펴보자. 마지막 사사인 그는 기독교인이 아닌 사람들에게도 잘 알려진 인물이다. 그는 사자의 입을 찢어서 죽일 만한 가공할 힘이 있었던 사람이었고, 나귀의 턱뼈로 혼자서 블레셋 적군 천 명을 때려죽일 정도로 가공할 힘을 가지고 있었지만, 들릴라에게 머리카락을 깎여 힘을 잃어버렸고, 눈이 뽑힌 채 감옥에서 맷돌을 돌리다가 블레셋의 신 다곤의 신전에서 기둥을 부수어 건물을 무너뜨린 사람이다. '샘소나이트'라는 가방은 그의 이름에서 딴 브랜드이고, 한때 우리나라에서는 머리가 긴 남성 스타에게 삼손이라는 별명이 붙곤 했다. 사사기 13장은 25절에 걸친 장 전체에 걸쳐 삼손의 출생을 자세히 보도한다.

> ²소라 땅에 단 지파의 가족 중에 마노아라 이름하는 자가 있더라 그의 아내가 임신하지 못하므로 출산하지 못하더니 ³여호와의 사자가 그 여인에게 나타나서 그에게 이르시되 보라 네가 본래 임신하지 못하므로 출산하지 못하였으나 이제 임신하여 아들을 낳으리니 ⁴그러므로 너는 삼가 포도주와 독주를 마시지 말며 어떤 부정한 것도 먹지 말지니라 ⁵보라 네가 임신하여 아들을 낳으리니 그의 머리 위에 삭도를 대지 말라 이 아이는 태에서 나옴으로부터 하나님께 바쳐진 나실인이 됨이라 그가 블레셋 사람의 손에서 이스라엘을 구원하기 시작하리라(삿13:2-5)

성경에 탄생기사를 가지고 있는 위대한 인물은 흔하지 않다. 신약에서는 세례요한과 예수님의 탄생 이야기가 첫 무대를 장식하고 있고, 구약에서는 인류의 시조인 아담, 아브라함이 100세에 낳은 이삭, 형의 발꿈치를 잡고 태어난 야곱 등의 인물들과 창세기를 제외한 인물로는 사무엘과 삼손뿐이다. 이들 탄생기사를 갖고 있는 인물들은 한 시대의 역사를 바꾼 사람들이다.

삼손에게 처음 강력한 힘의 역사가 있었던 사건은 딤나의 포도원에서 만난 젊은 사자를 만났을 때 '여호와의 영이 삼손에게 강하게 임해' 맨손으로 사자를 찢어 죽인 일이었다(삿14:6). 삼손의 엄청난 힘은 하나님의 영이 임했기 때문에 생겨난 것이었다.

삼손의 이야기를 읽어가노라면 궁금해지는 대목이 있다. 그것은 들릴라가 과연 어느 나라 사람이었나 하는 것과 삼손의 엄청난 힘이 과연 어디에서 나왔는가 하는 점이다. 아무리 읽어 봐도 들릴라가 어느 민족 출신인지는 알 수가 없다. 그저 소렉 골짜기의 들릴라고만 나와 있으니 말이다. 소렉 골짜기란 예루살렘 서쪽으로부터 지중해 연안까지 펼쳐지는 넓은 지역이다. 하지만 삼손의 힘이 어디에서 나왔는지는 분명히 알 수 있다.

> 삼손이 진심을 드러내어 그에게 이르되 내 머리 위에는 삭도를 대지 아니하였나니 이는 내가 모태에서부터 하나님의 나실인이 되었음이라 만일 내 머리가 밀리면 내 힘이 내게서 떠나고 나는 약해져서 다른 사람과 같으리라(삿16:17)

삼손이 들릴라의 성화에 못 이겨 던진 이 말은 일부는 맞고 일부는 맞지 않는 말이다. 왜냐하면 삼손의 힘은 머리털에서 나오는 것이 아니기 때문이다. 그의 능력은 하나님에게서 나오는 것이다. 머리털은 그 사실에 대한 하나의 상징일 뿐이다. 삼손은 나실인이었다. 일찍이 하나님은 삼손의 아버지 마노아와 어머니에게 나실인이라는 신분적인 특권을 가지고 태어난 삼손이 주의해야 할 세 가지를 말씀하신 바 있다. 그것은 포도주와 독주를 마시지 말 것, 어떠한 부정한 것도 먹지 말 것, 그리고 머리에 삭도를 대지 말라는 것이었다(삿13:4-5). 그런데 나실인이 머리를 깎아야 할 때가 있다. 민수기 6장에 보면 죄를 지었을 때, 부정한 것을 접촉했을 때 머리털을 밀고 다시 시작해야 한다. 그러니까 삼손이 사자의 몸에서 꿀을 취했을 때도 머리털을 밀어야 했고, 술을 마시고 많은 사람을 죽였을 때도 머리털을 밀어야 했다. 그러나 지금까지 단 한 번도 머리를 밀지 않았다. 이미 여러 차례 나실인의 규정을 어겼기 때문에 머리를 밀어도 몇 번은 밀었어야 했다. 자신이 지은 죄를 죄라고 생각하지 않았기 때문이다. 그러면서 머리털만 기르고 있으면 하나님의 능력이 늘 머물러 있을 것이라고 생각해서 밀지 않았다. 중요한 것은 삼손의 능력이 머리털에서 나오는 것이 아니었음에도 불구하고 들릴라가 삼손의 머리털을 밀었을 때 정말 능력이 떠났다는 것이다.

들릴라가 삼손의 머리털 일곱 가닥을 밀고 괴롭게 하여 본즉 그의 힘이 없어졌다고 한다(삿16:19). 그러나 힘이 없어진 것은 그 머리털에 어떤 능력이 있었기 때문이 아니었다. 머리털은 하나님이 그어 놓으신 마지막 한계선이었다. 하나님의 능력은 그 전에 이미 삼손을 떠났어야 마땅했다. 그러나 하나님은 삼손의 눈높이에 맞추어 최후의 한계를 넘기 전까지 참고 계셨다. 머리털은 그 최후의 마지노선이었던 것이다. 성경은 삼손이 머리털 때문에 힘을 잃은 것이 아니라 여호와께서 떠나셨기 때문에 힘을 잃었다는 사실을 분명히 밝히고 있다.

들릴라가 이르되 삼손이여 블레셋 사람이 당신에게 들이닥쳤느니라 하니 삼손이 잠을 깨며 이르기를 내가 전과 같이 나가서 몸을 떨치리라 하였으나 **여호와께서 이미 자기를 떠나신 줄을** 깨닫지 못하였더라(삿16:20)

하나님이 떠난 삼손이 인생의 바닥까지 떨어지는 것은 순식간이었다. 모든 것을 잃어버리고 눈이 뽑힌 채 비참하게 감옥에서 맷돌을 굴리는 인생으로 전락하고 말았다(삿16:21). 맷돌을 굴리는 삼손의 머릿속에는 어떤 생각이 맴돌았을까? 믿었던 들릴라를 욕하고 있었을 수도 있다. 자기를 도와주지 않는 이스라엘 백성들에 대한 원망이 있었을 수도 있다. 하지만 점차 시간이 지나면서 눈이 뽑혀 짐승처럼 되어 버린 자신의 모습에서 '나는 이미 오래전부터, 사자의 시체에서 꿀을 취해 먹었을 때 머리털이 밀렸어야 했고, 눈이 뽑혔어야 했다. 나는 이미 그때부터 소경이 되었어야 했다. 단지 하나님이 내게 기회를 더 주셨던 것이었다' 하며 회개했을 것이다. 사사기는 그때의 삼손의 모습을 이렇게 표현하고 있다.

그의 머리털이 밀린 후에 다시 자라기 시작하니라(삿16:22)

삼손의 머리털은 다시 자라고 있었다. 단순히 머리털이 다시 자라났다는 것이 아니다. 아무도 찾아와 주지 않는 그 외롭고 비참한 감옥에서도 하나님의 은혜는 다시 그를 찾아오고 있었던 것이다.

룻기

룻기(Ruth)는 히브리 정경 전통에서 마지막 부분인 성문서의 다섯 두루마리(메길로트) 중 하나로 자리 잡고 있는 책이지만, 우리말 성경에서는 칠십인역의 순서를 따라 신명기역사서 한 중앙에 위치하고 있다. 그 이유는 룻기 1장 1절에서 소개하는 룻기의 시대적 배경이 바로 사사 시대이기 때문이다. 이로 인해 신명기역사서의 흐름이 잠시 중단되는 것은 사실이다.

이 책은 모압 여인 룻의 이야기를 다룬, 마치 소설같이 아름다운 이야기이다. 사사 시대에 있었던 흉년을 피하기 위해 베들레헴에 살고 있던 나오미라는 여인이 모압 지방에 가서 살던 중 남편과 두 아들을 잃고 다시 고향 땅 베들레헴으로 돌아오게 된다. 나오미는 함께 길을 나선 두 며느리에게 그들의 고향인 모압으로 돌아갈 것을 종용하지만, 룻은 시어머니인 나오미를 떠나 돌아가지 않는다.

> [16]룻이 이르되 내게 어머니를 떠나며 어머니를 따르지 말고 돌아가라 강권하지 마옵소서 어머니께서 가시는 곳에 나도 가고 어머니께서 머무시는 곳에서 나도 머물겠나이다 어머니의 백성이 나의 백성이 되고 어머니의 하나님이 나의 하나님이 되시리니 [17]어머니께서 죽으시는 곳에서 나도 죽어 거기 묻힐 것이라 만일 내가 죽는 일 외에 어머니를 떠나면 여호와께서 내게 벌을 내리시고 더 내리시기를 원하나이다(룻1:16-17)

룻의 이 고백 속에는 이스라엘의 하나님에 대한 신앙고백이 담겨있다. 나오미와 함께 베들레헴에 도착한 룻은 그곳에서 보아스라는 사람을 만나 결혼하고 그들의 후손에서 장차 이스라엘을 이끌 다윗이 탄생한다. 이방 여인이면서도 다윗의 조상이 된 룻의 신앙과 삶은 혈통적 경계를 넘어서는 하나님의 사랑과 은혜의 범주를 잘 일러 준다.

4. 사울

사무엘상

    사무엘상(1 Samuel)은 사사 시대에서 왕정 시대로 옮겨가는 정치적 변화 시대의 모습을 신학적인 관점에서 기록한 책이다. 책의 이름이 사무엘이지만 사실 사무엘에 대한 부분은 앞부분에서만 다루어질 뿐 사울과 다윗을 중심으로 하는 초기 왕정 시대의 역사를 기록하고 있다. 이스라엘의 마지막 사사였던 사무엘은 이 시대적 전환기에서 이스라엘의 킹메이커(king-maker) 역할을 담당한다. 이 책은 이스라엘에 어떻게 해서 왕이 등장했는지를 설명해 준다. 주전 13세기 후반, 이스라엘이 가나안에 정착할 무렵 가나안의 해안 지역에는 블레셋(Philistines)이라 불리는 일단의 해양족이 상륙하였고 그들은 철기 문명으로 무장하여 이스라엘의 사사 체계를 위협했다.

    사무엘 당시에 블레셋과 이스라엘 사이에 아벡이라는 곳에서 전투가 벌어지는 사건이 일어나게 된다. 이 아벡이라는 곳에서 블레셋에 대항하여 이스라엘 사람들이 전쟁을 한 결과 이스라엘 편이 크게 패했다. 이에 이스라엘은 당시의 국가적 성소였던 실로(Siloh)에 가서 법궤를 가지고 다시 전쟁에 임했다. 이스라엘 사람들은 법궤가 그들 사이에 오는 것을 보고서는 환호성을 올리고 기뻐했으나 다시 패배하고 하나님 임재의 상성이었던 법궤마저 빼앗기고 만다. 국가적 위기에 직면한 이스라엘은 당시 마지막 사사이자 제사장이었던 사무엘을 찾아가 왕을 세워달라고 말한다.

> ⁴이스라엘 모든 장로가 모여 라마에 있는 사무엘에게 나아가서 ⁵그에게 이르되 보소서 당신은 늙고 당신의 아들들은 당신의 행위를 따르지 아니하니 모든 나라와 같이 우리에게 왕을 세워 우리를 다스리게 하소서 한지라(삼상8:4-5)

그들의 요구는 이스라엘 열두 지파가 하나의 국가로서 정치체제를 갖추고 또 정규 군대도 만들어서 강력하게 대처하지 않으면 이스라엘이 블레셋을 막아낼 수 없다고 하는 현실적인 필요에 의해 나온 것이었다. 하나님 편에서 볼 때 인간 왕을 세워달라는 백성의 요구는 분명 반역이다. 이 반역은 출애굽 이후 이스라엘 백성이 줄곧 자행해 왔던 하나님에 대한 반역의 연속선 상에 있으며, 그 정점을 치닫는 행위였다. 하나님도 이를 아셨다. 이스라엘 백성이 "나를 버려 자기들의 왕이 되지 못하게 함이니라"(삼상8:7) 하시는 하나님의 말씀은 배신당한 하나님의 아픈 마음을 말해 준다. 배신당한 하나님이 자신을 대신해서 이스라엘을 치리할 왕으로 기름부음 받게 한 이는 바로 사울이었다. 사무엘 상권은 이스라엘이 사사 시대로부터 어떻게 해서 이스라엘의 왕이 등장하게 되었느냐 하는 것을 설명해 주면서, 이스라엘의 첫 번째 왕이었던 사울에 대해 비교적 자세한 기록을 담고 있다.

하나님은 이스라엘에서 가장 괜찮은(?) 사람을 왕으로 뽑으셨다. 이스라엘이 하나님 보시기에 싫어하시는 고집을 피운다고 아무 사람이나 왕으로 뽑아 주신 것이 아니라 당시 이스라엘 모든 지파 중에 가장 훌륭하다고 인정되는 사울을 왕으로 세워 주셨다. 사무엘상 9장을 보면 사울이 왕으로 선출될 당시의 용모와 인품, 신앙에 대해 비교적 자세히 알려주고 있다. 그는 베냐민 지파 사람으로 준수한 용모에 큰 키를 지니고 있었다.

> 기스에게 아들이 있으니 그의 이름은 사울이요 준수한 소년이라 이스라엘 자손 중에 그보다 더 준수한 자가 없고 키는 모든 백성보다 어깨 위만큼 더 컸더라(삼상9:2)

요즘 유행하는 표현을 빌리자면, 사울은 '얼짱'에 '몸짱'으로 통하던 사람이었다. 뿐만 아니라 사무엘상 9장에 나타나는 사울에 대한 묘사는 그를 인간적으로 거의 아무런 흠이 없는 완전한 사람으로 보이게끔 한다. 아버지가 잃어버린 암나귀를 찾기 위해 여러 땅을 두루 살피다가 혹시 자기 때문에 걱정하실 아버지를 생각하던 효심 깊은 사람이었다(삼상 9:3-5). 자기 몸종에 불과한 사환도 존중하며 그 말을 경청할 줄 알던 사람이었고, 하나님의 종 사무엘을 만나러 가기 전에 정성된 준비를 하고자 했던 신앙의 사람이기도 했다(삼상9:6-7). 그리고 무엇보다도 사울이 지녔던 최고의 덕목은 겸손이었다. 하나님이 자신을 왕으로 택하셨다는 사무엘의 말에 '나는 이스라엘 지파의 가장 작은 지파 사람'이라며, 짐보따리

뒤로 숨어버리기까지 한다(삼상10:22). 왕정으로의 전환을 싫어했던 사무엘마저 사울의 이런 품성을 보고 기뻐했을 정도였다. 사울이 이스라엘의 왕이 되는 것을 못마땅해하던 이들도 있었다. 사울이 암몬 사람들과의 싸움에서 승리한 후 백성이 그들을 붙잡아 죽이려 할 때에 사울은 하나님께서 이스라엘에게 구원을 베푸신 날에 사람을 죽이지 못하게 했던 것(삼상10:27; 11:12-13)으로 보아 그의 품성은 분명 자신의 대적자들까지도 감싸안을 만큼 그 도량이 깊었던 사람이었다. 그렇게 하나님과 사무엘 그리고 백성들 모두에게 인정받은 사울은 불혹의 나이 40세에 이스라엘의 첫 왕으로 등극하게 된다.

그러나 사울의 겸손은 그리 오래 가지 못했다. 겸손했던 사울이 변질되기 시작했다. 왕위에 오른 지 얼마 지나지 않아 사울은 예전에 지녔던 아름다운 품성을 상실하기 시작하고, 몇 가지 실수를 한다. 그중 하나는 블레셋과의 전쟁을 준비하던 중에 제사장 사무엘을 기다리지 못하고 임의로 제사를 집행했던 일이다(삼상13:8-9). 이 일이 이스라엘 신앙의 질서를 무너뜨리는 일이 되고야 말았다. 사울이 저지른 또 다른 실수 하나는 아말렉과의 싸움에서 대승을 거둔 후, 하나님의 명령대로 아말렉 사람들과 그 소유물들을 진멸시키지 않고, 일부 가치 있는 전리품들을 남기어 숨겼던 일이다. 이 사실을 안 사무엘이 질책하자, 사울은 하나님께 제사드리기 위해 남겨 두었다고 둘러대면서 그 책임 또한 자신에게 있지 않고 무리가 저지른 일이라고 발뺌을 한다. 한 나라의 왕이 둘러대는 치졸한 변명에 사무엘은 대노한다.

사무엘이 이르되 여호와께서 번제와 다른 제사를 그의 목소리를 청종(shama)하는 것을 좋아하심같이 좋아하시겠나이까 순종(shama)이 제사보

다 낫고 듣는 것(shama)이 숫양의 기름보다 나으니(삼상15:22)

사무엘의 질책 중에 등장하는 '청종'과 '순종' 그리고 '듣는 것'에 해당하는 히브리어는 모두 '샤마'(shama)이다. 샤마의 기본적인 의미는(하나님의 말씀을) '듣는 것'(hearing)이지만, 한 걸음 더 나아가서 들은 말씀대로 '순종(obeying)'하며 살아가는 것, 즉 '듣고 순종'(청종, 聽從)하는 것까지를 의미한다. 우리가 진정한 의미에서 하나님의 말씀으로서의 설교를 듣는다는 것 또한 단순히 듣고 마음에 감동을 받았다는 것으로 그치는 것이 아니라 예배당 문을 나서 세상에 다시 발을 디디면서 주신 말씀을 기억하며 순종하며 살아간다는 것이 아닐까. 참으로 무서운 것은 만약 우리가 하나님의 말씀에 샤마하지 못한다면 하나님도 우리를 버리신다는 점이다.

왕이 여호와의 말씀을 버렸으므로 여호와께서 왕을 버려 이스라엘 왕이 되지 못하게 하셨나이다(삼상15:23b=15:26b)

급기야 사울을 이스라엘 왕으로 세우신 하나님이 그를 왕 세운 것을 후회하시고 버리셨다! 한때나마 사울을 좋아하고 그를 위해 축복하던 사무엘은 사울로 인해 슬퍼하고 죽는 날까지 다시 가서 그를 보지 않았다(삼하15:35).

사무엘상의 마지막인 31장은 사울의 최후를 담고 있다. 길보아 산에서 블레셋 사람들과의 전투가 벌어지고 사울은 이스라엘 사람들을 데리고 나가서 전쟁에 임하게 된다. 사울은 블레셋 병사가 쏜 화살에 중상을 당하자, 왕의 무기를 담당하고 있던 부관에게 자기를 죽이라는 명령을 내린다. 블레셋 군사가 와서 자기를 죽이는 욕을 당할 수 없다고 생각했기 때문이다. 그러나 사울의 부관은 부상당한 왕이지만 감히 왕을 죽일 수는 없었다. 그러자 사울 왕은 자기 칼을 빼어 그 위에 엎드려져 넘어져서 자결을 하게 된다. 블레셋 사람들의 위협 때문에 왕으로 세움을 받았던 사울도 결국 그 블레셋과의 전투에서 전사를 하고 만 것이다. 사울뿐 아니라 이 블레셋과의 전투에서 사울의 세 아들도 모두 비참한 최후를 맞는다.

> [4]그가 무기 든 자에게 이르되 네 칼을 빼어 그것으로 나를 찌르라 할례 받지 않은 자들이 와서 나를 찌르고 모욕할까 두려워하노라 하나 무기 든 자가 심히 두려워하여 감히 행하지 아니하는지라 이에 사울이 자기의 칼을 뽑아서 그 위에 엎드러지매 [5]무기를 든 자가 사울이 죽음을 보고 자기도 자기 칼 위에 엎드러져 그와 함께 죽으니라 [6]사울과 그의 세 아들과 무기를 든 자와 그의 모든 사람이 다 그날에 함께 죽었더라(삼상 31:4-6)

이방인의 손에 죽기보다는 스스로 목숨을 끊은 사울의 마지막 모습이, 인간적인 모습으로 볼 때는 훌륭한 장수다웠다고 할지 모르나, 결국은 하나님이 버리셨기 때문에 비참한 최후를 맞이한 것이다.

사울은 리더로서 그 품성이 누구보다도 훌륭했고, 그 출발 또한 누구보다도 순조로웠던 사람이다. 그리고 누구보다도 많은 하나님의 은혜를 입었던 지도자였다. 그러나 기억하자. 하나님이 주신 은혜는 하나님이 다시 취하실 수도 있는 것이다. 세상의 인정을 받는 것도 중요하지만 하나님의 인정을 받는 것이 더 중요하다. 하나님의 인정을 받는 사람을 하나님은 세상에서도 인정받게 해 주신다. 사사 시대에서 왕정 시대로의 변화가 있었던 것처럼, 우리가 살고 있는 이 시대는 순식간에 너무도 많은 것들이 급변하는 시대이다. 그러나 변질되지 말아야 할 것이 있다. 그것은 하나님을 향한 우리의 신앙, 초심(初心)이다.

5. 다윗

다윗의 활동과 업적은 주로 사무엘하권에 기록되어 있으나, 다윗의 등장은 이미 사울을 주인공으로 다루는 사무엘상에서 시작된다. 하나님이 이새의 아들 중에서 이스라엘의 새로운 왕을 선택하셨음을 들은 선지자 사무엘은 다윗을 제외한 이새의 아들들이 모인 자리에서 그들 중 한 명을 이스라엘의 왕으로 기름 부으려 한다. 하지만 하나님은 그 자리에 없던 이새의 막내아들 다윗을 이스라엘의 다음 왕으로 생각하고 계셨다.

> ⁶그들이 오매 사무엘이 엘리압을 보고 마음에 이르기를 여호와의 기름 부으실 자가 과연 주님 앞에 있도다 하였더니 ⁷여호와께서 사무엘에게 이르시되 그의 **용모와 키를** 보지 말라 내가 이미 그를 버렸노라 내가 보는 것은 사람과 같지 아니하니 **사람은 외모를 보거니와 나 여호와는 중심을 보느니라** 하시더라(삼상16:6-7)

용모와 키를 보지 말라는 하나님의 말씀이 비단 엘리압을 가리키는 말이었을까. 이미 사무엘상 9장은 이스라엘에서 가장 탁월했던 용모와 키를 지닌 자에 대해 언급한 바 있다. 그가 바로 이스라엘의 초대 왕 사울이다(삼상9:2).

그렇다면 사무엘상 16장에서 말하는 용모와 키는 엘리압이 아닌 사울을 염두에 두고 있는 말씀으로도 볼 수 있다. 바로 앞 장(삼상 15장)에서 하나님은 인간적인 판단 기준인 용모와 키가 뛰어난 사울을 버리셨음을 기억하라. "사무엘이 사울에게 이르되 나는 왕과 함께 돌아가지 아니하리니 이는 왕이 여호와의 말씀을 버렸으므로 여호와께서 왕을 버려 이스라엘 왕이 되지 못하게 하셨음이니이다(삼상15:26)." 하나님이 새로 선택하신 왕의 탁월함은 그 용모와 키에 있지 않고 하나님만이 보시는 '중심'에 있다. 그 중심이 무엇일까? 하나님이 인정한 다윗의 중심을 블레셋과의 전쟁에서 살펴보자.

사울이 왕으로 재위하는 동안 이스라엘과 블레셋과의 교전 상태는 계속되었다(삼상14:52). 사무엘상 17장은 그 전쟁에서 이스라엘이 고전을 면치 못하고 있던 한 단면을 보여 준다. 적진 블레셋을 진두지휘하는 장군의 이름은 골리앗이었다. 성서가 말하는 골리앗의 키는 '여섯 규빗 한 뼘'이다.

> 블레셋 사람들의 진영에서 싸움을 돋우는 자가 왔는데 그의 이름은 골리앗이요 가드 사람이라 그의 키는 여섯 규빗 한 뼘이요(삼상 17:4)

일반적으로 한 규빗이란 성인 남자의 팔꿈치에서 중지 손가락 끝까지의 길이를 말한다. 사람마다 그 길이의 차이는 있겠으나 보통은 45cm로 통용되고 있다. 그렇다면 누군가가 골리앗의 키를 재기 위해 자신의 팔을 사용해 재었을까? 그렇지 않았을 것이다. 구약성경에서 규빗은 여러 차례 등장한다. 분명 당시에 통용되던 규빗에 해당하는 측정 도구가 있었을 것이다. 하지만 성서의 주 무대 팔레스틴이 무수히 많은 전쟁을 치렀던 땅이었던지라 아직까지 그 측정 도구가 발견되지 않았을 뿐이리라. '여섯 규빗 한 뼘'을 지금의 길이 단위로 환산하면 거의 3m에 육박한다(45×6+22.5=292.5cm)! 입고 있는 갑옷의 무게는 놋 5천 세겔이다. 현재 이스라엘 화폐 단위로 사용하는 세겔(shekel)이 구약 시대에는 무게 단위였다. 1세겔은 11.4g이다. 그렇다면 골리앗의 갑옷 무게는 57kg 정도이다. 필자가 입는 정장 차림의 옷을 무게로 달아보면 2kg을 넘지 않는다. 골리앗은 거의 한 사람의 성인 몸무게에 해당하는 갑옷을 입고 있다! 그뿐만이 아니다. 놋 투구에, 놋 각반에, 놋 단창을 메고, 600세겔 무게의 창날을 단 베틀 채 같은 창 자루를 들고 있다! 그런 골리앗이 골리앗 진영 선두에 서서 외친다.

> [8]그가 서서 이스라엘 군대를 향하여 외쳐 이르되 너희가 어찌하여 나와서 전열을 벌였느냐 나는 블레셋 사람이 아니며 너희는 사울의 신복이 아니냐 너희는 한 사람을 택하여 내게로 내려보내라 [9]그가 나와 싸워서 나를 죽이면 우리가 너희의 종이 되겠고 만일 내가 이겨 그를 죽이면 너희가 우리의 종이 되어 우리를 섬길 것이니라 [10]그 블레셋 사람이 또 이르되 내가 오늘 이스라엘의 군대를 모욕하였으니 사람을 보내어 나와 더불어 싸우게 하라 한지라(삼상17:8-10)

온 이스라엘 사람뿐 아니라 이스라엘에서 가장 뛰어난 키를 자랑하는 사울 역시 이 블레셋 사람의 호령 앞에 두려워한다. 사무엘이 감탄했던 용모를 자랑하던 장성한(삼상17:3) 아들 엘리압과 아비나답, 삼마 또한 이 전쟁에 참가했지만, 전쟁터 어딘가에 몸을 숨기고 모습을 드러내지 않고 있다.

다윗의 전쟁터에 등장한 것은 이 시점이다. 그리고 이 시점은 하나님이 다윗에게서 인정하셨던 그의 중심이 무엇인지를 드러내는 때이다. 다윗이 이 전쟁터에 나타난 것은 형들의 안부를 묻고 오라는 아버지 이새의 당부 때문이었다. 다윗은 형들에게 전해 줄 볶은 곡식과 떡 덩이, 치즈를 들고 나타난다. 전쟁터 한가운데에 도시락을 들고 나타나는 다윗, 이 다윗에게는 아마 전쟁에 대한 개념조차 없었던 모양이다. 그런 그가 적장 골리앗이 외치는 고함 소리를 들었다. 이스라엘 모든 사람이 그 고함 소리를 두려워하며 도망갈 때에 다윗은 "이 할례받지 않은 블레셋 사람이 누구이기에 살아계신 하나님의 군대를 모욕하겠느냐"(삼상17:26)며 전쟁에 참여하려 한다.

큰형 엘리압의 만류와 질책에도 불구하고 결국 다윗은 사울 앞에 불려간다. 사울과 다윗의 만남은 이때가 처음이 아니다. 성경이 묘사하는 다윗과 사울의 만남은 이미 사무엘상 16장에서 이루어진 바 있다. 악령에 시달리던 사울이 수금을 잘 탄다는 다윗의 소문을 듣고 그를 자신의 왕궁으로 불러들인 바 있다. 사울은 아마도 골리앗과 싸우겠다고 나서는 이스라엘의 장군이 다윗이었으리라고는 생각조차 못 했던 것 같다. 불려온 용사(?)가 다윗임을 안 사울의 실망은 컸다. 어려서부터 용사인 골리앗과 소년 다윗의 대결. 사울의 눈에 이 싸움은 처음부터 이길 수 없는 싸움으로 보였기 때문이다(삼상17:33). 그러나 다윗의 생각은 달랐다. 처음부터 이 싸움은 이길 수밖에 없는 싸움이었다. 거구 골리앗이 칼과 창과 단창으로 무장하고 나서지만, 여호와의 구원하심이 무기나 신장에 달려있지 않다는 사실을 잘 알고 있었기 때문이다. 다윗이 이런 확신을 갖는 데에는 그의 나이 어림에 어울리지 않는(?) 체험이 있었다. 그것은 그저 사자와 곰을 잡아본 적이 있다(삼상17:34-36)는 단순한 자랑거리가 아니었다. 근심에 사로잡혀있는 사울 앞에서 전하는 한 소년의 당당한 외침을 들어보라.

> 또 다윗이 이르되 여호와께서 나를 사자의 발톱과 곰의 발톱에서 건져냈은즉 나를 이 블레셋 사람의 손에서도 건져내시리이다(삼상17:37)

하나님이 자신과 함께하실 때 불가능한 일들도 해낼 수 있었다는 간증이었다. 그 간증은 과거에 있었던 우연한 사건으로 끝나는 것이 아니라 지금도 여전히 유효하다는 것이다. 과거의 사건으로 끝나버리는 것은 신앙이 아니다. 그 사건을 가능하게 하신 하나님이 여전히 살아계시다는 것을 믿는 것이 신앙이다. 이스라엘 모든 사람에게 없었고, 다윗에게는 있는 중심이 바로 이 신앙이다. 역사 속에서 살아계신 하나님은 늘 이스라엘과 함께 계셨다. 그 하나님이 역사하셨기에 이스라엘이 지금도 그 생명을 유지하고 있다. 사울을 왕으로 세우신 하나님이 지금도 살아계신다. 그 살아계신 하나님이 사울에게 이미 많은 승전을 경험케 하셨다. 그것은 하나님이 싸우신 전쟁이었다. 그러나 그들은 살아계신 하나님이 함께하신 그 경험, 그 체험을 지금 자신들의 것으로 이어가지 못하고 있다. 그러나 다윗은 이어가고 있다!

다윗의 간증(?)에 희망이 생긴 사울은 자신의 갑옷과 투구를 다윗에게 입혀 준다. 그러나 사울의 투구와 갑옷을 두른 다윗의 모습은 우스꽝스럽기만 하다.

³⁹다윗이 칼을 군복 위에 차고는 **익숙하지 못하므로** 시험적으로 걸어보다가 사울에게 말하되 익숙하지 못하니 이것을 입고 가지 못하겠나이다 하고 곧 벗고 ⁴⁰손에 막대기를 가지고 시내에서 매끄러운 돌 다섯을 골라서 자기 목자의 제구 곧 주머니에 넣고 손에 물매를 가지고 블레셋 사람에게로 나아가니라(삼상17:39-40)

아무리 좋은 옷이라도 자신에게 맞지 않으면 소용이 없다. 아무리 좋은 무기라도 자신이 사용할 수 없는 것이라면 그저 짐만 될 뿐이다. 투구와 갑옷이 형편없다는 것이 아니다. 문제는 그것이 다윗에게는 전혀 '익숙'하지 않았다는 데에 있다. 다윗은 자신에게 익숙하지 않은 갑옷과 투구를 벗어버리고 대신 익숙한 무기를 선택한다. 막대기와 시내에서 골라온 매끄러운 돌 다섯 개 그리고 물매였다. 기억하라. 우리가 아무리 좋은 무기를 지니고 있고 첨단의 시대를 달린다 해도 그것이 우리에게 익숙하지 않으면 소용없다는 것을. 반면, 말씀을 보며, 기도하고, 예배드리는 일이 아무리 초라해 보인다 해도 그것이 우리 삶에 가장 익숙한 것이 될 때, 그것은 세상을 이길 수 있는 가장 강력한 무기가 될 수 있다는 사실을 말이다. 우리는 칼과 창과 단창이라는 세상의 무기를 가지고 싸우는 사람이 아니다. 오히려 세상이 우습게 여기고 모욕하는 이스라엘 군대의 하나님의 이름으로 세상 앞에 맞서 싸우는 존재이다.

다윗이 들고 있는 막대기는 골리앗의 칼보다 강했고, 그가 던진 물맷돌은 방패 든 자가 막아내지 못했다. '다트'라는 게임을 해 본 적이 있는가. 약간의 거리를 두고 벽에 걸린 조그만 원형 과녁을 명중시키는 게임 말이다. 불과 2-3m의 가까운 거리에서 던지는 것인데 중앙을 맞추기란 그리 쉽지 않다. 하물며 전쟁터에서 실전으로 던진 물맷돌이 골리앗의 맨살이 드러나 보이는 유일한 부분인 이마를 때린 것은 기적이었다. 돌멩이에 맞은 골리앗이 쓰러진 것이나 쓰러져 일어나지 못한 것 등등 모두가 기적이라고밖에는 설명할 수 없다. 처음부터 이 싸움은 1:2의 싸움이었던 것이다. 비록 첨단 무기로 무장했던 거구이긴 했으나 골리앗은 혼자였고, 보잘것없는 물맷돌을 들고 나온 다윗의 뒤에는 보이지 않는 하나님의 강력한 손길이 돕고 있었다는 말이다. 다윗은 눈에 보이지 않는 하나님이 자신과 함께 싸우실 것을 믿었던 것이다. "너는 칼과 창과 단창으로 내게 나아오거니와 나는 만군의 여호와의 이름 곧 네가 모욕하는 이스라엘 군대의 하나님의 이름으로 네게 나아가노라… 또 여호와의 구원하심이 칼과 창에 있지 아니함을 이 무리에게 알게 하리라 전쟁은 여호와께 속한 것인즉 그가 너희를 우리 손에 넘기시리라"(삼상17:45,47). 결국 첨단 무기를 자랑하던 거구 골리앗은 다윗이 던진 물맷돌에 힘없이 쓰러지고 자신이 가지고 있던 칼로 목베임을 당한다(삼상17:49-51).

다시 말하거니와 다윗이 의지했던 것은 창이나 칼이 아니었다. 심지어 자신이 들고 나간 물맷돌도 그의 무기가 아니었다. 골리앗의 목을 베려면 칼이 필요했지만, 다윗은 자신에게 칼이 없어서 쓰러진 골리앗의 칼을 뽑아 사용했을 정도로 다윗에게는 들고 나간 무기가 없었다(50절). 그가 들고 나아간 무기는 오직 블레셋인들에게 모욕받고 있는 하나님의 이름이었다. 구약성서에서 하나님의 이름은 많은 곳에서 하나님이 함께 하심 곧 하나님의 임재를 상징한다. 그 하나님의 이름이 다윗의 유일한 무기였던 것이다.

이 사건 이후로 다윗은 성서 역사에 본격적으로 등장하기 시작한다. 결국 하나님이 인정하셨던 다윗의 중심이란 하나님이 함께하심을 믿고 나아가던 다윗의 믿음이 아니었을까? 하나님은 이런 믿음을 소유한 다윗을 이스라엘의 새로운 왕으로 선택하셨고, 그와 특별한 계약을 맺으시며 전무후무한 제국의 시대를 열어가게 하셨다.

골리앗이 이끄는 난적 블레셋과의 싸움에서 승리한 이후로 다윗은 본격적으로 신명기역사서에 등장하기 시작한다. 사울은 다윗을 군대의 장으로 삼을 정도로 총애했지만, 이내 사울과 다윗 사이에 갈등이 생기는 사건이 발생하고야 만다. 그 갈등은 승전하고 돌아오는 사울과 다윗을 환영하는 여인들의 노래 가사에서 시작된다.

> ⁶무리가 돌아올 때 곧 다윗이 블레셋 사람을 죽이고 돌아올 때에 여인들이 이스라엘 모든 성읍에서 나와서 노래하며 춤추며 소고와 경쇠를 가지고 왕 사울을 환영하는데 ⁷여인들이 뛰놀며 노래하며 이르되 사울이 죽인 자는 천천이요 다윗은 만만이로다 한지라(삼상18:6-7)

분명 왕 사울을 환영하는 자리였으나, 여인들의 노래 가사는 왕보다 신하를 높이 세우고 있었다. '그날 이후로 사울이 다윗을 주목(?)'하기 시작했다(삼상18:9). 사울은 급기야 다윗의 생명을 취하고자 했고, 다윗은 사울을 피해 도망다니는 신세로 전락하고야 만다. 심지어 한동안 자신과 이스라엘의 주적(主敵)인 블레셋 사람들 휘하에 들어가 살기도 한다.

그러나 다윗은 많은 사람들로부터 진한 사랑을 받는다. 아이러니하게도 다윗을 죽이려 했던 장본인 사울의 아들 요나단과 딸 미갈은 다윗의 생명을 구하는 데 결정적인 역할을 한다. 신명기사가는 다윗과 의형제의 언약을 맺은 요나단이 다윗을 자기 생명같이 사랑했으며(삼상18:1), 미갈 또한 다윗을 사랑했다고 증언한다(삼상18:20,28). 뿐만 아니라 다윗은 온 이스라엘과 유다로부터 사랑을 받는 존재였다(삼상18:16). 그러나 다윗은 그 누구보다도 하나님의 사랑을 받는 존재였음을 기억해야 할 것이다. 쫓기는 와중에서도 자신을 죽이려고 혈안이 된 사울의 생명을 살린 그와 하나님은 늘 함께 계셨다.

사무엘하

사무엘하(2 Samuel)는 사울의 전사 보도와 블레셋과의 전쟁에서 함께 죽은 요나단 그리고 전쟁에서 죽은 이스라엘 족속을 위하여 다윗이 슬퍼하며 울며 금식하는 이야기로 시작한다. 사울이 죽은 후 다윗과 사울의 아들 이스보셋은 각각 헤브론과 마하나임에서 유다와 이스라엘의 왕으로 등극하지만, 이내 이스보셋의 군대 장관 아브넬이 살해되고 뒤이어 이스보셋도 암살을 당하면서 다윗은 통일 이스라엘의 왕으로 등극하게 된다.

다윗의 나이 30에 왕이 된다. 구약성서가 말하는 다윗의 치리 기간은 40년이다. 그중 7년 6개월은 헤브론에서, 33년은 예루살렘에서 치리했다. 예루살렘은 출애굽한 이스라엘 백성이 차지하지 못한 성읍이었고, 다윗이 왕으로 등극할 때까지 예루살렘은 아직 미정복지로 남아있었다(수15:63). 유다 자손들은 예루살렘 성 둘레에서만 살고 있었을 뿐 그 성은 여전히 여부스 사람들이 차지하고 있었다. 그 이유는 예루살렘이 난공불락의 도시였기 때문이다. 고대 팔레스틴에서 도시는 대개의 경우 지형이 높은 곳에 위치한 아크로폴리스(acropolis, 높은 도시)이다. 외부의 공격으로부터 지켜내기에는 낮은 도시보다는 높은 도시가 훨씬 유리하기 때문이다. 고대 오리엔트에서 가장 유명한 아크로폴리스는 아테네였다면, 해발

720m에 달하는 천 년 이상 된 난공불락의 도시 예루살렘은 팔레스틴을 대표하는 아크로폴리스라고 말할 수 있다. 다윗은 그 예루살렘을 정복하기로 마음먹었다. 하지만 당시 예루살렘의 주민이던 여부스 사람들이 다윗을 향해 "네가 결코 이리로 들어오지 못하리라 맹인과 다리 저는 자라도 너를 물리치리라"(삼하5:6)라고 했던 말은 수성(守城)에 대한 강한 자신감을 드러내 준다. 성경은 다윗의 예루살렘 정복 이야기를 다음과 같이 짤막하게 언급할 뿐이다.

> ⁶왕과 그의 부하들이 예루살렘으로 가서 그 땅 주민 여부스 사람을 치려 하매 그 사람들이 다윗에게 이르되 네가 결코 이리로 들어오지 못하리라 맹인과 다리 저는 자라도 너를 물리치리라 하니 그들 생각에는 다윗이 이리로 들어오지 못하리라 함이나 ⁷다윗이 시온 산성을 빼앗았으니 이는 다윗 성이더라 ⁸그날에 다윗이 이르기를 누구든지 여부스 사람을 치거든 물 긷는 데로 올라가서 다윗의 마음에 미워하는 다리 저는 사람과 맹인을 치라 하였으므로 속담이 되어 이르기를 맹인과 다리 저는 사람은 집에 들어오지 못하리라 하더라 ⁹다윗이 그 산성에 살면서 다윗 성이라 이름하고 다윗이 밀로에서부터 안으로 성을 둘러 쌓으니라 ¹⁰만군의 하나님 여호와께서 함께 계시니 다윗이 점점 강성하여 가니라(삼하 5:6-10)

1867년 영국군 장교 찰스 워렌(C. Warren)은 런던의 '팔레스타인 발굴학회'의 파송을 받아 예루살렘에 도착 후, 기혼 샘 지역을 탐사하게 되었다. 난공불락의 철옹성 예루살렘에는 한 가지 취약점이 있었는데, 그것은 성안에 수원(水源)이 없다는 것이었다. 이 문제를 해결하기 위해 예루살렘 성 밖 기혼 샘으로부터 암석을 파서 성안으로 이어지도록 만든 지하 터널이 있고, 샘물은 이 터널의 수로를 따라 흘러가고 있었다. 워렌은 기혼 샘으로부터 지하 터널 안쪽으로 들어가다가 터널의 천정 부분에서 직경이 2m 정도 되는 둥근 모양으로 뚫려 있는 천정을 발견했다. 그것은 위를 향해 수직 방향으로 암벽을 뚫어 만든 일종의 통로라는 것을 알게 되었다. 지금까지 워렌이 발견한 그 수직통로는 '워렌의 수직통로'(Warren's Shaft)라고 불리는데, 이 발견으로 말미암아 구약성경의 큰 수수께끼 하나가 풀리게 되었다. 그 수직통로는 사무엘하 5장 8절에서 말하고 있는 '물 긷는 데', 즉 수구(水口)를 말하기 때문이다. 다윗은 자신의 부하들로 하여금 이 수구를 통해 성안에 들어가도록 했고, 마침내 예루살렘 성을 정복하고 그곳을 통일 이스라엘 왕국의 수도로 정하였다. 마지막까지 미정복지로 남아있어서 이스라엘의 열두 지파 중 그 어디에도 속해있지 않았던 예루살렘에 자신의 이름을 붙여 '다윗 성'이라 명명했다.

　　다윗의 예루살렘 정도(定都)는 여러 가지 면에서 의미를 지닌다. 예루살렘을 수도로 정한 후에 다윗은 먼저 하나님 임재의 상징인 언약궤를 예루살렘으로 옮겨왔다. 언약궤가 옮겨진 후 다윗의 조정에서는 새로운 왕조신학이 일어나게 되었고, 이로 인해 다윗의 왕권은 더욱 견고해질 수 있었다. 이 새로운 신학은 하나님께서 다윗과 영원한 계약을 맺어주셨다고 하는 것이다. 하나님께서 다윗과 맺은 계약이라고 하여 이것을 '다윗계약'이라고 부른다. 예언자 나단(Nathan)을 통해 들려주는 다윗계약의 내용을 살펴보자.

　　[12]네 수한이 차서 네 조상들과 누울 때에 내가 네 몸에서 날 네 씨를 네 뒤에 세워 그의 나라를 견고하게 하리라 [13]그는 내 이름을 위하여 집을

건축할 것이요 나는 그의 나라 왕위를 영원히 견고하게 하리라 … ^{16}네 집과 네 나라가 내 앞에서 영원히 보전되고 네 왕위가 영원히 견고하리라(삼하7:12-16)

하나님께서 다윗을 왕으로 세워 주셨고, 그에게 영원한 왕조를 약속해 주셨다는 것이다. 그리고 예루살렘은 하나님이 영원히 거하시는 곳이 된다. "여호와께서 시온을 택하시고 자기 거처를 삼고자 하여 이르시기를 이는 나의 영원한 쉴 곳이라 내가 여기 거주할 것은 이를 원하였음이로다"(시132:13-14).

영원한 다윗 왕조에 대한 약속과 예루살렘의 중요성은 다윗계약을 받치고 있는 두 기둥이다. 그러나 이러한 핵심 요소들은 모두 세습적인 왕정 사상이 없던 이스라엘에게 낯설면서도 획기적인 것이었다. 주전 922년, 통일 왕국이 분열된 이후 남유다에서는 다윗 왕조만이 존속되었고, 유다 왕국의 멸망으로 왕조가 끊어진 후에는 하나님께서 다윗 왕조를 언젠가는 필연코 회복시켜 주실 것이라는 희망의 기초가 되었고, '메시야 사상'(세상에서 하나님의 통치를 대신하는 선택된 왕)으로까지 발전하게 된다. 이러한 사상은 시편, 역대기, 예언서 그리고 더 나아가서 신약성서에까지 그 영향을 미친다. 다윗에게 주신 하나님의 은혜의 약속이 예수님에게서 실현되었다고 믿기 때문이다.

그러나 신명기역사서는 하나님이 함께하셔서 거칠 것이 없었던 다윗에게도 치명적인 실수가 있었음을 기록하고 있다.

^{1}그 해가 돌아와 왕들이 출전할 때가 되매 … 다윗은 예루살렘에 그대로 있더라 ^{2}저녁때에 다윗이 그의 침상에서 일어나 왕궁 옥상을 거닐다가

그곳에서 보니 한 여인이 목욕을 하는데 심히 아름다워 보이는지라(삼하 11:1-2)

전술했듯이, 다윗 성 예루살렘은 팔레스틴에서 가장 지대가 높은 도시이다. 가장 높은 도시인 예루살렘에서 가장 높은 건물을 꼽는다면 단연 왕궁이다. 왕궁에서도 가장 높은 부분이 있다면 그곳은 바로 옥상이다. 바로 그 옥상을 지금 다윗이 거닐고 있다. 하지만 그 자리는 지금 다윗이 있어야 할 자리가 아니다.

지금까지 다윗은 모든 전투에서 솔선수범하며 '나를 따르라' 하던 리더였지, '이기고 돌아오라' 하는 보스가 아니었다. 그러나 나가서 싸우는 전쟁마다 모두 이긴 나머지 타성에 젖어버렸기 때문일까? 지금 다윗은 '온 이스라엘 군대'를 다 보내는 중요한 전쟁에 자신의 부하들만 보내고 예루살렘에 '그대로' 남아있다. 다윗이 있어야 할 곳은 바로 전쟁터이건만, 홀로 예루살렘 왕궁 옥상에 남아있다! 있어야 할 자리를 지키지 않고 있지 말아야 할 높은 자리에 홀로 남아있다. 이것이 바로 교만이다. 교만에 가득 차 왕궁 옥상을 거닐고 있는 다윗의 눈에 목욕하고 있는 한 여인이 들어왔고, 그 여인의 모습은 심히 아름다워 보였다. 처음 범죄를 저질렀던 하와의 눈에 선악과가 '보암직도 하고 먹음직도 하고 지혜롭게 할 만큼 탐스러웠던' 것을 기억하라. 있지 말아야 할 자리에 있었던 처음 남자와 여자의 눈에는 금지된 열매가 그리도 탐스럽게 보였던 것이다. 다윗도 마찬가지였다. 그의 눈에 비친 한 여인의 모습은 뿌리치기 힘든 유혹이었고 급기야 동침하는 범죄를 저지르고야 만다. 다윗의 간음은 살인으로까지 발전한다. 헷 사람으로 이스라엘에 들어와 살던 나그네 용병 우리야는 자신의 아내와 주군 사이에서 벌어진 기가 막힌 사건을 알지도 못한 채 그저 끝까지 충성을 다할 뿐이다. 그는 자신을 전쟁터 일선에 세워 죽게 하라는 명령이 담긴 다윗의 편지를 전하고는 전사하고야 만다.

이때 예언자 나단이 등장한다. 나단이 누구인가? 하나님이 다윗과 영원한 언약을 맺으셨음을 전한 바로 그 예언자가 아닌가? 그가 이번에는 다윗의 잘못을 비유 형식을 들어 지적한다. 자신의 행위가 완전범죄라고 생각했을 다윗은 나단의 비유에 등장하는 범법자를 징책하며 그를 반드시 죽일 것과 아울러 '네 배의 배상'을 해야 한다고 선고한다. 다윗이 말하는 네 배의 배상이란 양을 도둑질했을 경우 네 배로 갚아야 한다는 율법(출22:1)에 따른 것이다. 다윗은 누구보다도 하나님의 법을 잘 알고 있던 사람이었던 것이다. 바로 이 선고 때문일까? 후에 그는 자신의 아들 네 명을 잃게 된다(삼하12:19/첫째 아들; 13:28-29/암논; 18:14-15/압살롬; 왕상2:24-25/아도니야). 하나님의 은혜로 왕이 된 다윗, 하나님이 영원한 언약을 맺은 다윗, 그런 다윗이기에 누구보다도 하나님의 법을 잘 알면서도 씻을 수 없는 범죄를 저질렀음을 기억할 필요가 있다. 지금까지 하나님의 은혜로 승승장구하던 다윗이 패배와 몰락을 경험하기 시작한 시점 또한 바로 이때부터이다.

사울과 다윗 중 과연 누가 더 많은 하나님의 은혜를 입었을까? 다윗이다. 둘 중 과연 누가 더 큰 잘못을 저질렀을까? 이 또한 단연 다윗이다. 그럼에도 불구하고 하나님이 다윗과 그 나라를 버리지 아니하신 것은 하나님의 신실하심과 다윗의 회개 때문이다. 일찍이 하나님의 영원한 언약을 전한 나단 앞에서 다윗은 은혜를 간구했었다. "종의 집에 복을 주사 주 앞에 영원히 있게 하옵소서"(삼하7:29) 그 다윗이 다시 나단 앞에서 하나님께 회개한다. "다윗이 나단에게 이르되 내가 여호와께 죄를 범하였노라"(삼하11:13). 교만하기 이를 데 없던 제국의 왕 다윗이 하나님 앞에서 다시 초심으로 돌아가는 순간이다. 그 회개는 영원한 언약을 여전히 유효하게 했다. "다윗이 밧세바와 동침한 후 선지자 나단이 그에게 왔을 때'라는 제목이 붙어 있는 시편 51편 일부를 잠시 묵상해 보자.

> [1]하나님이여 주의 인자를 따라 내게 은혜를 베푸시며 주의 많은 긍휼을 따라 내 죄악을 지워 주소서 [2]나의 죄악을 말갛게 씻으시며 나의 죄를 깨끗이 제하소서 [3]무릇 나는 내 죄과를 아오니 내 죄가 항상 내 앞에 있나이다 [4]내가 주께만 범죄하여 주의 목전에 악을 행하였사오니 주께서 말씀하실 때에 의로우시다 하고 주께서 심판하실 때에 순전하시다 하리이다 [5]내가 죄악 중에서 출생하였음이여 어머니가 죄 중에서 나를 잉태하였나이다 [6]보소서 주께서는 중심이 진실함을 원하시오니 내게 지혜를 은밀히 가르치시리이다 [7]우슬초로 나를 정결하게 하소서 내가 정하리이다 나의 죄를 씻어 주소서 내가 눈보다 희리이다 [8]내게 즐겁고 기쁜 소리를 들려 주시사 주께서 꺾으신 뼈들도 즐거워하게 하소서 [9]주의 얼굴을 내 죄에서 돌이키시고 내 모든 죄악을 지워 주소서 [10]하나님이여 내 속에 정한 마음을 창조하시고 내 안에 정직한 영을 새롭게 하소서 [11]나를 주 앞에서 쫓아내지 마시며 주의 성령을 내게서 거두지 마소서 [12]주의 구원의 즐거움을 내게 회복시켜 주시고 자원하는 심령을 주사 나를 붙드소서 [13]그리하면 내가 범죄자에게 주의 도를 가르치리니 죄인들이 주께 돌아오리이다…(시51:1-13)

6. 솔로몬

열왕기상

열왕기상(1 Kings)은 이스라엘 역사상 전무후무한 업적을 남긴 다윗 왕이 죽음을 맞이하는 장면과 다음 왕위를 둘러싼 아들들의 치열한 왕위 쟁탈전으로 시작된다.

이 쟁탈전에서 최종 승리자는 솔로몬이다. 솔로몬에 관한 기록은 열왕기상 2-11장에 기록되어 있다. 솔로몬은 예언자 나단과 어머니 밧세바의 도움으로 다윗의 맹세대로 왕위에 오르고 다윗의 넷째 아들인 아도니야를 비롯한 숙적들을 제거한다(왕상1-2장). 아버지 다윗이 전쟁을 통해 나라의 기반을 다졌다면, 아들 솔로몬은 외교적 수완을 통해 주변 나라들과 우호적인 관계를 맺으며 나라를 더욱 부강케 했다. 흔히 솔로몬은 '이재(理財)의 왕' 혹은 '지혜의 왕'으로 통한다. 이재의 왕으로서의 솔로몬 시대의 부유함은 "솔로몬 왕이 마시는 그릇은 다 금이요 레바논 나무 궁의 그릇들도 다 정금이라 은 기물이 없으니 솔로몬의 시대에 은을 귀하게 여기지 아니함은"(왕상10:21)이라는 말에서 잘 드러난다. 지혜의 왕으로서의 솔로몬은 이집트와 우호적인 관계를 갖고 바로의 딸을 아내로 맞으며 기브온에서 일천번제를 드린 후 하나님으로부터 지혜와 부귀 장수의 축복을 받아 명재판을 하기도 한다. 또한 외국과의 빈번한 국제 교류를 통하여 주변의 나라로부터 지혜문학을 수입하였고, 이스라엘에 지혜문학 전통을 시작하였다. 그리하여 그는 성서의 왕 중에서 가장 지혜로운 왕으로 알려지게 되었다. 구약성서의 지혜문학으로 일컬어지는 잠언, 전도서 등은 전통적으로 솔로몬의 작품으로 인정받고 있다.

열왕기상 3장에는 솔로몬에 대한 기록 중 가장 감동적이고 아름다운 이야기가 등장한다. 다윗의 뒤를 이어 통일 이스라엘 왕국의 세 번째 왕이 된 솔로몬은 하나님이 솔로몬이 태어날 때부터 그를 사랑하셨듯이 (삼하12:24-25), '여호와를 사랑'하고 아버지 다윗처럼 하나님의 '법도'를 행하였다. 아직 성전이 지어지기 이전이었기에 부득불 산당을 찾아가서 하나님께 제사할 수밖에 없는 상황에서 솔로몬은 기브온에 있는 산당을 찾아가 '일천번제'를 드렸다. 그 일천번제가 한꺼번에 천 마리의 제물을 드렸음을 말하는 것인지 아니면 천 번에 걸쳐 매번 한 마리의 제물을 바친 것이었는지, 그것도 아니면 여러 번에 걸쳐 매번 여러 마리의 제물을 바친 것인지는 정확히 알 수 없다. 어쩌면 여기서 말하는 천(千, 엘레프)이라는 숫자는 '많음'을 말하고, 이는 솔로몬의 갸륵한 마음을 상징하는 것일 수도 있다. 여기서 신명기사가는 솔로몬이 일천번제를 드렸다는 것보다는 그 제사 후에 기브온에서 하나님께 드린 기도에 더 많은 분량을 할애하고 그 기도에 담긴 솔로몬의 갸륵한 마음에 초점을 맞추고 있다. 일천번제를 받으신 하나님이 솔로몬에게도 무엇인가를 해 주고 싶으셨는가 보다. "내가 네게 무엇을 줄꼬 너는 구하라"(왕상3:5) 하신 걸 보면 말이다.

솔로몬은 먼저 하나님이 베풀어 주신 은혜에 감사하고(왕상3:6-7), 왕으로서 자신이 다스려야 할 백성들을 잘 재판할 수 있도록 '듣는 마음'(레브-세모아)을 달라고 간구한다.

> 누가 주의 이 많은 백성을 재판할 수 있사오리이까 듣는 마음을 종에게 주사 주의 백성을 재판하여 선악을 분별하게 하옵소서(왕상3:9)

〈개역한글판〉 성경에서는 '듣는 마음'을 '지혜로운 마음'으로, 〈공동번역〉 성경에서는 '명석한 머리'로 번역했다. 그렇다. 한 나라의 왕이 가장 지혜로울 수 있는 때는 백성의 마음과 말을 듣고자 할 때이다. 솔로몬이 들어야 할 것은 하나님의 말씀과 백성들의 말이었다. 지혜로운 마음을 달라고 한 솔로몬의 간구 자체에 이미 지혜가 배어나온다. 참 많은 지도자들이 백성의 편에서 그들의 형편과 말을 듣겠다고 약속하지만 정작 자신이 원하는 자리에 오르고 나면 그 귀를 닫아 버리는 데에 문제가 있다. 하나님이 솔로몬을 갸륵하고 기특하게 여기신 것은 그가 백성들의 편에서 서서 그들의 말을 들으려 할 때였다. 바로 그런 모습이 주의 마음에 맞았던 것이다. "솔로몬이 이것을 구하매 그 말씀이 주의 마음에 든지라"(왕상3:10).

솔로몬의 업적 가운데 가장 유명한 것은 성전과 왕궁을 건축한 일이다. 일찍이 아버지 다윗의 마음에 간절한 소원이었던 성전 건축, 그 거룩한 사역이 마침내 솔로몬 때에 와서 이루어졌다. 열왕기상 5장과 6장은 성전을 건축하기 위한 솔로몬의 준비와 실행을 담고 있다. 성전 건축을 위해 부친과 우호 관계를 맺었던 두로 왕 히람과 조약을 체결하고 재료를 준비한 후(5장) 7년 공사 끝에 건축된 예루살렘 성전은 길이가 35m,

넓이 10m, 높이 15m 정도의 건축물이었다. 그 구조는 현관(Vestibule), 본당(Nave), 지성소(Holy of Holies)의 세 부분으로 나뉘어졌고, 지성소에는 법궤를 보존했다. 성전 건축이 마무리된 후, 성전을 봉헌하는 솔로몬의 연설과 기도에는 참으로 의미심장한 말씀이 등장한다. "하나님이 참으로 땅에 거하시리이까 하늘과 하늘들의 하늘이라도 주를 용납지 못하겠거든 하물며 내가 건축한 전이오리이까"(왕상8:27). 비록 하나님께서 솔로몬이 지은 성전을 자신의 거처로 삼으신 것이 사실이지만(왕상8:13), 사람인 자신이 지은 건물이 거룩하신 창조주 하나님을 모실 수 있는 곳은 못 된다는 것이다. 본디 사람이란 시공간에 얽매여 사는 존재이기 때문에 하나님이 임재해 계신 장소를 필요로 하지만, 창조주이신 하나님은 하늘과 하늘들의 하늘이라도 감히 그분의 처소가 될 수 없을 분이시다. 어찌 사람이 만든 건물 따위가 그 하나님을 모실 집이 될 수 있다는 말인가?

하나님은 여전히 하늘에 계신 분이시다. 그러나 성전에서 우리를 만나주시고 우리의 기도를 들어주신다. 애초부터 성전이란 그 위용을 자랑하기 위해 지어진 곳이 아니었다. 그저 그 앞에서 하나님께 기도하기 위해서 지어진 기도하는 집, 만민이 찾아와 간구하는 장소이다. 교회가 초라해 보이는 것은 그 크기가 작아서도 아니고, 다른 건물보다 화려하지 못해서도 아니다. 하나님이 들으실 기도하는 목소리가 더 이상 들리지 않을 때 교회는 초라해질 수밖에 없다. 인간의 온갖 잡념과 회의와 고성으로 가득 차 더 이상 하나님이 들으실 만한 기도가 사라진 교회라면 이미 주의 이름으로 일컬어질 수 없는 그저 건물일 뿐인 것을!

주의 종과 주의 백성 이스라엘이 이곳을 향하여 기도할 때에 주는 그 간구함을 들으시되 주께서 계신 곳 하늘에서 들으시고 들으시사 사하여

주옵소서(왕상8:30)

솔로몬은 성전을 건축한 후에는 레바논에서 수입한 나무로 13년 동안 궁전을 건축하였다. 뿐만 아니라 국방을 튼튼히 하기 위해 국고성과 병거성들과 마병의 성들을 짓기도 했다(왕상9:19; 10:26). 이 병거성은 이스라엘의 전략적 요충지였던 므깃도에 있었던 것으로 추측된다. 그러나 구약성서의 역사에 빛나는 이 위대한 건축 사업의 배후에는 어두운 그림자 또한 자리 잡고 있다. 세금과 국방 문제에 있어서 친유다 지파 일변의 정책을 폈던 솔로몬은 여러 가지 건축 사업으로 고갈된 국고를 충당하기 위해 북부의 가불(Gabul) 지역을 외국에 매각하는 일까지 범하기도 했다.

> [10]솔로몬이 두 집 곧 여호와의 전과 왕궁을 이십 년 만에 건축하기를 마치고 [11]갈릴리 땅의 성읍 스무 곳을 히람에게 주었으니 이는 두로 왕 히람이 솔로몬에게 그 온갖 소원대로 백향목과 잣나무와 금을 제공하였음이라(왕상9:10-11)

부와 영화로 이름난 솔로몬이지만, 급기야는 그 부와 영화가 솔로몬으로 하여금 하나님을 배신하고 우상숭배에 빠지게 함으로 왕국 분열의 형벌이 예고되고야 만다. 건축 사업을 위해서 과중한 세금을 부과하였고, 부역제도로서 백성들을 혹사시켰다.

후에 이러한 솔로몬의 통치는 그가 속한 유다 지파를 제외하고 다른 이스라엘의 10지파를 솔로몬 왕국으로부터 소외시키게 만들었다(시므온 지파는 일찍이 유다 지파에 흡수되어 독립적인 지위를 상실하였다).

또한 솔로몬은 고대 근동의 어느 나라 왕에 못지않게 사치스런 생활을 하였고, 여러 나라의 왕족들과 국제 정략결혼의 결과로 종교적인 문란도 가져왔다.

> ¹솔로몬 왕이 바로의 딸 외에 이방의 많은 여인을 사랑하였으니 곧 모압과 에돔과 시돈과 헷 여인이라 … 솔로몬이 그들을 사랑하였더라 ³왕은 후궁이 칠백 명이요 첩이 삼백 명이라 그의 여인들이 **왕의 마음을 돌아**서게 하였더라(왕상11:1-3)

고대 시대 영웅호걸의 몰락 이야기의 배후에는 여인(들)이 자주 등장한다. 성서도 예외는 아니다. 사사 시대의 영웅 삼손의 몰락 배후에는 들릴라라는 블레셋 여인이 있었고, 제왕 다윗이 한때 몰락한 데에는 헷 사람 우리야의 아내 밧세바가 있었다. 그러나 그것은 그 여인들의 잘못이기 이전에 삼손과 다윗의 잘못이었다. 솔로몬도 마찬가지이다. 그나마 삼손과 다윗의 몰락 배후에 있던 여인은 단 한 명씩이었지만, 여기 솔로몬의 이야기에는 본처였던 애굽 여인 외에 그 이름도 적어놓을 수 없이 많은, 천 명의 여인들이 등장한다. 생각해 보라. 아무리 지혜의 왕 솔로몬이라 해도 그 여인들의 이름을 다 외울 수는 있었을까? 아마 불가능했을 것이다. 그들과의 결혼 생활이 행복했을까? 그것도 불가능했을 것이다. 하지만 솔로몬의 몰락 배후에는 이 여인들보다 더 치명적인 위험 요소가 있었다. 그것은 이방의 여인들이 섬기고 있던 우상들이었다. 일찍이 하나님이 이방인들과 통혼하지 말 것을 명령하신 것도 이방인 자체가 문제가 된다기보다는 그들이 믿고 있는 우상들이 이스라엘의 순수한 신앙을 무너뜨릴 수 있다는 위험 때문이었다(왕상11:2). 솔로몬도 예외는 아니었다.

⁴솔로몬이 나이가 많을 때에 그의 여인들이 그의 마음을 돌려 다른 신들을 따르게 하였으므로 **왕의 마음이 그의 아버지 다윗의 마음과 같지 아니하여** 그의 하나님 여호와 앞에 온전하지 못하였으니 ⁵이는 시돈 사람의 여신 아스다롯을 따르고 암몬 사람의 가증한 밀곰을 따름이라 … ⁷모압의 가증한 그모스를 위하여 예루살렘 앞 산에 산당을 지었고 또 암몬 자손의 가증한 몰록을 위하여 그와 같이 하였으며 ⁸그가 또 그의 이방 여인들을 위하여 다 그와 같이 한지라 그들이 자기의 신들에게 분향하며 제사하였더라 ⁹솔로몬이 **마음을 돌려** 이스라엘의 하나님 여호와를 떠나므로 … (왕상11:4-5,7-9)

아스다롯, 밀곰, 그모스, 몰록 등 온갖 종류의 잡신들이 등장한다. 신명기사가는 우상숭배를 가장 큰 종교적 범죄로 취급하고 있다. 한 분이신 하나님만 사랑하고 섬기는 것이 가장 중요한 삶의 지표이다. 흔히 '쉐마'라고 알려진 말씀을 살펴보자. "너는 마음을 다하고 뜻을 다하고 힘을 다하여 네 하나님 여호와를 사랑하라"(신6:5). 그런데 지혜의 왕이라는 솔로몬이 우상에게 마음을 빼앗기고 그것들을 섬기고 있다. 솔로몬이 빼앗겼다는 그 마음은 하나님께 돌려져야 할 것이었다. 지혜의 왕 솔로몬이라 할지라도 '그 마음을 돌려 이스라엘의 하나님 여호와를 떠나므로' 결국 하나님께서도 솔로몬에게 '진노'하시고야 만다(왕상11:9).

신명기사가의 솔로몬 이야기에는 유독 마음이라는 단어가 자주 등장한다(왕상2:4; 3:6, 9; 4:29; 8:17, 18(2회), 23, 38, 39(2회), 48, 58, 61, 66; 9:3, 4; 10:2, 24; 11:2, 3, 9, 37). 이는 역대기역사서에서도 마찬가지이다(대하6:14, 38; 7:10; 7:16; 9:23 참조). 민심(民心)은 천심(天心)이라 했던가. 백성의 형편을 먼저 헤아리고 그들의 형편을 듣고자 했던 리더 솔로몬, 하나님의 마음에 감동을 드렸던 왕 솔로몬, 하나님이 주신 지혜로 나라를 부강하게 만들었던 위대한 왕 솔로몬, 그러나 그 솔로몬의 마음이 하나님을 떠났을 때, 하나님의 마음도 그를 떠나고 백성들의 마음마저도 떠나고야 만 것이다.

7. 왕국의 분열

솔로몬이 죽자 온 이스라엘 사람들이 그의 아들 르호보암을 왕으로 삼기 위해 세겜에 모였다. 르호보암이 예루살렘에서 그들을 만나지 않고 직접 세겜으로 가서 백성을 만난 것은 아직 그의 왕권이 전체 백성들에게까지 미쳤던 것은 아니었기 때문이다. 세겜에서 북쪽 지파 사람들은 느밧의 아들 여로보암과 함께 그들의 대표를 르호보암에게 보내 한 맺힌 청을 한다. 그들의 청은 선왕(先王) 솔로몬이 그들에게 시킨 고역과 메운 무거운 멍에를 가볍게 해달라는 것이었다(왕상12:4). 이때 르호보암은 이미 예루살렘과 유다 지파에서 왕위를 세습받은 상태였다(왕상11:43). 그러나 이스라엘의 북쪽 지파들의 생각은 달랐다. 그들이 자신들에게 왕을 뽑을 권리가 있다고 생각하고 있었다. 그러나 출신 지파의 후원을 입어 왕위에 오른 르호보암은 이러한 북쪽 지파 사람들의 생각을 읽지 못했고, 그들의 요구를 받아들이려 하지 않았다. 르호보암은 이에 대한 대답을 3일 후로 미룬다. 그동안 르호보암은 두 부류의 자문 그룹에 의해 조언을 받는다. 서로 다른 두 자문을 들어 보자.

〈노인 그룹의 자문〉 왕이 만일 오늘 이 백성을 섬기는 자가 되어 그들을 섬기고 좋은 말로 대답하여 이르시면 그들이 영원히 왕의 종이 되리이다(왕상12:7)

〈소년 그룹의 자문〉 내 아버지는 채찍으로 너희를 징계하였으나 나는 전갈채찍(=가시 달린 채찍)으로 너희를 징계하리라 하소서(왕상12:11)

선왕 솔로몬의 생전에 활동했던 노인들의 말을 들어보라. 그들이 왕이 먼저 백성을 섬겨야 한다고 말한다. 왕의 오늘 섬김은 백성의 영원한 왕 섬김으로 이어질 것이라고 한다. 얼마나 지혜로운 말인가? 리더는 사람들 위에 군림하는 자가 아니다. 오히려 그들을 섬기는 자이다. 리더는 결코 보스가 아니기 때문이다. 보스가 사람들 위에 군림하며, 명령하는 지도자라면 리더는 사람들을 섬기며 솔선수범하는 지도자이다. 전쟁에 나서서도 '진격하라'고 명령하기보다는 '나를 따르라'(follow me!)라고 말하는 지도자이다. 노인들은 르호보암에게 그런 리더가 되어 달라고 충언했던 것이다. 그러나 미련하게도 르호보암은 소년 그룹의 자문을 따라 부친 솔로몬의 강경책을 고수하려 했다. 솔로몬의 압제 밑에 신음하던 백성들의 절절한 요구를 르호보암은 일언지하에 묵살하고 만다. "내 아버지는 채찍으로 너희를 징계하였으나 나는 전갈 채찍으로 너희를 징치하리라"(왕상12:14)는 르호보암의 대답은 자기 백성 이스라엘에 대한 무지를 고스란히 담고 있다. 이스라엘 백성이 누구던가? 이집트 파라오의 압제 밑에서 신음하다가 모세의 영도하에 자유를 찾아 다시 가나안으로 돌아온 백성이 아닌가? 자유를 찾아 돌아온 백성이 그들이 왕으로 섬기는 이에 의해서 다시 이집트에서의 압제를 경험하고 있었던 것이다. 이미 솔로몬 치하에서 악화된 그들의 분노는 돌이킬 수 없는 상황으로 치닫고야 말았다.

> 온 이스라엘이 자기들의 말을 왕이 듣지 아니함을 보고 왕에게 대답하
> 여 이르되 우리가 다윗과 무슨 관계가 있느냐 이새의 아들에게서 받을
> 유산이 없도다 이스라엘아 너희는 장막으로 돌아가라 다윗이여 이제 너
> 는 네 집이나 돌아보라 하고 이스라엘이 그 장막으로 돌아가니라 (왕상
> 12:16)

결국 이스라엘 백성은 자신들에 대한 르호보암의 통치를 인정하지
않기에 이른다. 르호보암은 무력으로라도 북쪽 지파 사람들을 제압하기
위해 아도람을 역군의 감독으로 보냈으나 성난 백성들은 그를 돌로 쳐죽
이고야 만다. 그제야 사태의 심각성을 알게 된 르호보암은 급히 수레에
올라타고 예루살렘으로 도망하고야 만다. 여기서 '온 이스라엘'이란 유
다 지파를 제외한 나머지 10지파를 말한다. 이스라엘의 10지파는 다윗
왕조의 치리를 거부하며 에브라임 지파 출신인 여로보암의 영도를 택했
고, 반란을 일으키며 다윗 왕권으로부터 분리해 나갔다. 다윗이 이룩한
이스라엘의 통일 왕국은 채 80년을 지속하지 못하고 (주전 1,000-922년) 남과
북으로 분열하게 된 것이다. 이제부터 이스라엘의 역사는 다윗 왕조가
치리하는 남유다 왕국 (초대왕 르호보암)과 북이스라엘 왕국 (초대왕 여로보암)으로
나뉘었고 구약성경 역사에서 다시는 하나로 통일되지 못하였다.

북이스라엘의 10지파가 떨어져나가 국력이 약해진 남유다에 불어닥
친 첫 번째 위기는 군사적 위험이었다. 르호보암 왕 제5년에 애굽 왕 시
삭은 예루살렘을 공격했고, 성전과 왕궁의 보물들을 강탈해간다 (주전 922
년). 남유다로서는 시삭의 공격을 감당해낼 수 없었다. 르호보암의 아버

지 솔로몬의 본처가 애굽 여인이었던 것을 생각해 본다면, 애굽 왕 시삭이 예루살렘을 공격한 것은 이해하기 어렵다. 불과 얼마 전까지 애굽과 유다 왕국은 사돈지간이었기 때문이다. 르호보암으로서는 이런 일이 일어나리라고는 전혀 생각하지 못했을지도 모른다. 예나 지금이나 사람이란 늘 손익을 계산하며 변하기 마련인 것을!

애굽 왕 시삭은 여호와의 성전의 보물과 왕궁의 보물을 모두 빼앗고 또 솔로몬이 만든 금 방패를 다 빼앗았다(왕상14:26). 풍요로움에 넘쳐 은은 귀하게 여기지도 않았던 솔로몬 시대의 영화로움(왕상10:21)을 모두 강탈당하고야 만 것이다. 르호보암은 선왕 솔로몬의 모든 금 기명과 금 방패를 다 빼앗기고 대신 놋으로 방패를 만들어 왕궁 문을 지키는 시위대 장관의 손에 맡기고, 왕이 여호와의 전에 들어갈 때마다 시위하는 자는 그 방패를 들고 갔다가 시위소로 다시 가져다 두곤 한다(왕상14:27-28). 유다 왕국의 재정 상태는 예전에 비해 빈곤의 나락으로 떨어져 버렸다. 르호보암은 다윗이 일으켜 세운 드넓은 영토의 제국과 솔로몬 시대의 부귀와 영화로움을 옛말로 만들어 버리고 말았던 것이다. 신명기사가는 그 나락의 원인을 "왕이 백성들의 말을 듣지 않았기" 때문이라고 말한다(왕상12:16). 르호보암은 백성이 왕의 말을 들어야 하는 것보다 왕이 백성의 말을 들어야 하는 것이 먼저인 것을 몰랐던 것이다.

르호보암의 미련하고 안일한 치리는 결국 여로보암을 북이스라엘의 왕으로 만들었다. 북쪽 지파 사람들이 세겜에 모인 것은 원래 르호보암을 왕으로 세우기 위함이었으나 르호보암이 도망가자 여로보암을 왕으로 추대한다(왕상12:20). 흥미로운 것은 신명기역사가가 북왕국의 시작을 하나님의 약속으로 전개하고 있다는 점이다.

네가 만일 내가 명령한 모든 일에 순종하고(=듣고) 내 길로 행하며 내 눈에 합당한 일을 하며 내 종 다윗의 행함같이 내 율례와 명령을 지키면 내가 너와 함께 있어 내가 다윗을 위하여 세운 것같이 너를 위하여 견고한 집을 세우고 **이스라엘을 네게 주리라**(왕상11:38)

북왕국의 초대왕이 된 여로보암은 세겜을 수도로 정하였다가 후에 수도를 부느엘로 옮겼다(왕상12:25, 부느엘=브누엘=브니엘). 후에 북왕국 이스라엘의 다섯 번째 왕 오므리(Omri, 주전 876-869)에 의해 북이스라엘의 수도 사마리아가 세워질 때까지 북왕국 왕들의 거처가 디르사에 있던 것으로 보아(왕상16:6,8,9,15,17,23,24), 그 말년에는 다시 디르사로 천도했던 것 같다. 통일 왕국에서 분열 왕국으로 넘어가던 즈음 이 두 왕국 사이에는 늘 전쟁이 끊이지 않았다. 남왕국의 입장에서 보면 북왕국은 쿠데타를 일으킨 세력으로 보았을 것이고, 북왕국에서는 그 분열의 책임이 남왕국의 왕에게 있다고 보았을 것이다.

르호보암(=남)과 여로보암(=북) 사이에 항상 전쟁이 있으니라(왕상14:30)

아비얌(=남)과 여로보암(=북) 사이에도 전쟁이 있으니라(왕상15:7)

아사(=남)와 이스라엘 왕 바아사(=북) 사이에 일생 전쟁이 있으니라(왕상15:16)

하나님은 여로보암에게 당신의 목소리에 순종하라고 즉 귀 기울여 들으라고 하셨지만, 그 기대는 이내 실망으로 이어진다. 여로보암 역시 르호보암처럼 하나님의 명령을 외면하고야 말았기 때문이다. 그에게는 하나님의 명령에 순종하는 것보다 절박하다고 생각한 문제가 있었다. 여로보암의 가장 큰 고민은 북왕국 이스라엘의 백성이 남쪽 유다로 넘어가지 못하도록 단속하는 것이었다. 한 하나님을 섬기는 종교공동체인 이스라엘은 종교적 질기를 맞이하면 성전이 있는 곳을 찾아가야 하기 때문이다. 솔로몬이 건축한 성전은 분명 남유다 왕국의 수도 예루살렘에 자리잡고 있었던 것이다.

> (여로보암이) 그 마음에 스스로 이르기를 나라가 이제 다윗의 집으로 돌아가리로다 만일 이 백성이 예루살렘에 있는 여호와의 전에 제사를 드리고자 하여 올라가면 이 백성의 마음이 유다 왕된 그 주 르호보암에게로 돌아가서 나를 죽이고 유다 왕 르호보암에게로 돌아가리로다(왕상12:27)

북이스라엘의 백성이 '예루살렘에 있는 여호와의 전에 제사를 드리러 올라가는' 일은 여로보암이 풀어야 할 가장 큰 당면 과제였다. 여로보암이 선택은 이스라엘의 하나님을 대신할 신과 그 신을 섬길 장소를 선택하는 것이었다.

> [28]이에 계획하고 두 금송아지를 만들고 무리에게 말하기를 너희가 다시는 예루살렘에 올라갈 것이 없도다 이스라엘아 이는 너희를 애굽 땅에서 인도하여 올린 너희 신이라 하고 [29]하나는 벧엘에 두고 하나는 단에 둔지라(왕상12:28-29)

일찍이 그들의 역사에서 이미 금송아지가 등장했던 적이 있다. 출애굽하던 이스라엘 백성이 시내 산에 머물러 있었을 때, 모세는 계명을 받기 위해 산 위로 올라가 오랫동안 모습을 보이지 않았고, 불안감에 휩싸인 이스라엘은 모세의 형이자 이스라엘의 첫 대제사장인 아론을 중심으로 금송아지를 주조하여 섬긴 일이 있었다. 후에 산에서 십계명 돌판을 내려온 모세는 이 일로 인하여 하나님 앞에 기도했지만, 결국 많은 사람들이 죽고야 말았다.

두 금송아지가 자리 잡은 벧엘과 단은 이후로 북이스라엘 왕국의 성소로 자리 잡는다. 신명기에 나타나는 이스라엘 신앙의 원칙 중 하나인 '예배 장소의 단일화' 즉 하나님께서 택하신 예루살렘 성전에서의 예배 원칙을 무너뜨리고야 만 것이다. 신명기사가는 이 일을 단호히 북이스라엘 왕국의 가장 큰 죄로 규정한다(왕상13:30). 그리고 여로보암의 죄는 여기에서 끝나지 않았다.

> 저가 또 산당들을 짓고 레위자손 아닌 **보통 사람**으로 제사장을 삼고 팔월 곧 그달 십오 일로 **절기를 정하여** 유다의 절기와 **비슷하게 하고** 단에 올라가되 벧엘에서 그와 같이 행하여 그 만든 송아지에게 제사를 드렸으며 그 지은 산당의 제사장은 벧엘에서 세웠더라(왕상12:32)

여로보암이 지은 또 다른 죄는 가나안 혼합종교의 온상이 되는 산당(high place)들을 지었다는 것과 이스라엘의 주요 종교 절기 중 하나인 초막절을 7월 15일에서 8월 15일로 바꾸었다는 것, 그리고 북왕국 이스라엘의 종교제의를 이끌어야 할 제사장들을 마음대로 세워 제사장 제도의 문란을 야기시켰다는 것이다. 이와 같이 잘못된 종교생활은 북왕국이 멸망할 때까지 북왕국의 모든 왕들에 의해 단 한 번도 고쳐 보려는 노력이 없었다. 왕조가 수차례나 바뀌었음에도 불구하고 북왕국의 모든 왕들은 여로보암이 지은 이 종교적 범죄에서 떠나지 않았다.

> 그가(=나답, 여로보암의 아들) 여호와 보시기에 악을 행하되 그의 아버지의 길로 행하며 그가 이스라엘에게 범하게 한 그 죄 중에 행한지라(왕상 15:26)

> 바아사가 여호와 보시기에 악을 행하되 여로보암의 길로 행하며 그가 이스라엘에게 범죄케 한 그 죄 중에 행하였더라(왕상15:34)

> 르말랴의 아들 베가가 이스라엘 왕이 되어 사마리아에서 이십 년간 다스리며 여호와 보시기에 악을 행하여 이스라엘로 범죄케 한 느밧의 아들 여로보암의 죄에서 떠나지 아니하였더라(왕하15:27-28)

여로보암 이후 북왕국 왕들에 대한 평가

나답(왕상15:26,30) - 바아사(왕상15:34; 16:2) - 엘라(왕상16:13) - 시므리(왕상16:19) - 오므리(왕상16:26) - 아합(왕상16:31) - 아하시야(왕상22:52) - 여호람(왕하3:3) - 예후(왕하10:25-29) - 여호아하스(왕하13:2,4) - 요아스(왕하13:11) - 여로보암2세(왕하14:24) - 스가랴(왕하15:9) - 살룸(평가없음) - 므나헴(왕하15:18) - 브가히야(왕하15:24) - 베가(왕하15:28) - 호세아(왕하17장)

여로보암이 세운 금송아지는 남북 왕국에 종교적인 분열을 촉발시켰다. 이미 시작된 정치적 분열은 종교적 분열에 의해 더욱 가속화되었다.

열왕기하

열왕기상 후반부에서 시작된 분열 왕국의 역사는 **열왕기하**(2 Kings)로 이어진다. 분열 왕국의 초기에는 두 나라가 서로 대립했으나, 서로 정략적인 결혼을 맺으면서 우호적인 관계를 형성하기도 했다.

> [17]여호람(=남왕국)이 왕이 될 때에 나이가 삼십이 세라 예루살렘에서 팔 년 동안 통치하니라 [18]그가 이스라엘 왕들의 길을 가서 아합의 집과 같이 하였으니 이는 아합의 딸이 그의 아내가 되었음이라(왕하8:17-18)

그러나 이 정략적인 결혼은, 아달랴로 인해 남왕국 유다에게 치명적인 재난을 불러일으키기도 한다. 신명기역사서에서 아달랴라는 여인은 참으로 흥미로운 인물이다. 북왕국의 공주였던 그녀가 남왕국으로 시집을 와 있는 동안 북왕국에서는 예후가 일어나 아합 왕가를 몰살시키고 새로운 왕조를 수립한다. 이에 자신의 신변까지 위협을 느낀 아달랴는 남편 여호람의 자손을 모두 죽이고 스스로 여왕이 된다. 아달랴는 구약의 두 왕국에서 유일한 여왕인 셈이다. 그러나 왕자들이 참살당하는 와중에서 아하시야의 누이 여호세바가 왕자 요아스를 극적으로 구출해 내었고, 요아스는 제사장 여호야다의 도움으로 성전에서 그 생명을 부지해 나간다. 이후 아달랴는 숙청을 당하고 요아스는 불과 7세의 나이로 왕위에 올라 끊어질 뻔한 다윗 왕조를 이어나간다(왕하11-12장).

남북 두 왕국의 역사는 그리 길게 이어지지 못했다. 기원전 8세기에는 고대 오리엔트 지역을 최초로 통일한 제국 하나가 등장한다. 바로 앗수르다. 앗수르의 점진적인 팽창에 위협을 가장 크게 느낀 두 나라는 아람과 북이스라엘이다. 아람 왕 르신과 북이스라엘 왕 베가는 동맹하여 앗수르의 세력 팽창을 막으려 했다. 그러나 이 두 나라의 동맹만으로 앗수르를 이기기에는 이미 앗수르의 세력이 너무 커져있었다. 이때 앗수르의 왕은 디글랏 빌레셀 3세였는데(왕하16:7), 구약성서에서는 그 이름이 불(Pul)로도 나타난다(대상5:26). 두 나라는 남유다와도 함께 손을 잡고 앗수르에 대항하기를 원했다. 그러나 이미 세력 판도의 흐름을 간파한 남유다 왕 아하스는 이 두 나라와의 동맹을 거부한다. 친구가 아니면 적이라 했던가. 두 나라는 동맹 제의를 거부한 남유다를 먼저 공격하고야 만다. 이 전쟁을 시리아-에브라임 전쟁이라 한다. 아람(=시리아)과 북이스라엘(=에브라임) 두 나라가 서로 전쟁을 벌였다는 것이 아니라 서로 동맹을 맺은 전쟁이었다고 해서 붙여진 이름이다. 두 나라의 동맹군은 엘랏을 정복하고 유다 백성을 쫓아내고 예루살렘까지 올라왔으나 쉽게 유다를 정복하지는 못했다(왕하16:5-6). 다급해진 남유다의 아하스 왕은 왕궁 곳간에 있는 은금을 보내며 앗수르에게 도움을 요청한다.

> 아하스가 앗수르 왕 디글랏 빌레셀에게 사자를 보내 이르되 나는 왕의 신복이요 왕의 아들이라 이제 아람 왕과 이스라엘 왕이 나를 치니 청하건대 올라와 그 손에서 나를 구원하소서 … (왕하16:7)

앗수르로서는 제국의 영토를 넓힐 좋은 명분을 얻은 셈이었다. 디글랏 빌레셀은 지체 없이 그 청을 수락하고, 아람과 북이스라엘을 공격한다.

> 앗수르 왕이 그 청을 듣고 곧 올라와서 다메섹을 쳐서 점령하여 그 백성을 사로잡아 기르로 옮기고 또 르신을 죽였더라(왕하16:9)

이스라엘 왕 베가 때에 앗수르 왕 디글랏 빌레셀이 와서 이욘과 아벨벳 마아가와 야노아와 게데스와 하솔과 길르앗과 갈릴리와 납달리 온 땅을 점령하고 그 백성을 사로잡아 앗수르로 옮겼더라(왕하15:29)

한편, 남유다로서는 당장의 위기에서 벗어난 것처럼 보였지만 이제 부터 철저하게 앗수르에 종속되어 살아가게 되었다.

[10]아하스 왕이 앗수르 왕 디글랏 빌레셀을 만나러 다메섹에 갔다가 거기 있는 제단을 보고 아하스 왕이 그 제단의 모든 구조와 제도의 양식을 그려 제사장 우리야에게 보냈더니 [11]아하스 왕이 다메섹에서 돌아오기 전에 제사장 우리야가 아하스 왕이 다메섹에서 보낸 대로 모두 행하여 제사장 우리야가 제단을 만든지라(왕하16:10-11)

전쟁의 위기에서 벗어났으니 아하스가 디글랏 빌레셀에게 감사의 표현을 하기 위해 정복지 다메섹으로 찾아간 것은 아마도 당연한 일이었을 것이다. 문제는 속국의 왕으로서 승전국의 신들을 자기 나라에서도 섬겨야 했다는 점이다. 이방의 제단이 예루살렘에 세워지고 이방의 제사가 예루살렘에서도 공식적으로 행해지게 된 것이다.

이 시리아-에브라임 전쟁 이후, 북이스라엘 왕 베가는 엘라의 아들 호세아의 반역으로 죽임을 당한다. 반역이 많았던 북이스라엘의 마지막 쿠데타에 의해 마지막 왕 호세아가 등장한다. 호세아는 앗수르의 디글랏 빌레셀에게 조공을 바친 대가로 왕으로 인정받지만 앗수르의 다음 왕인 살만에셀이 왕위에 오르자 조공을 중단하며 살만에셀과 등을 지고 만다. 앗수르의 세력으로부터 벗어나기를 원했던 호세아는 이집트 왕 소(So, 왕하

17:4)와 함께 음모를 꾸미지만 실패하고 결국 살만에셀 5세는 사마리아를 침공하여 북이스라엘을 멸망시키고야 만다(주전 722년). 남북의 두 왕국 중 언제나 군사적 · 경제적 우위를 견지한 것은 북왕국이었지만, 북왕국은 정확히 200년간 유지되다가 마지막 왕 호세아 때에 남왕국보다 먼저 멸망하고야 말았다. 신명기사가는 북왕국 이스라엘의 멸망 이유를 종교적 · 신학적 차원에서 찾고 있다.

> [15]여호와의 율례와 여호와께서 그들의 조상들과 더불어 세우신 언약과 경계하신 말씀을 버리고 허무한 것을 뒤따라 허망하며 또 여호와께서 명령하사 따르지 말라 하신 사방 이방 사람을 따라 [16]그들의 하나님 여호와의 모든 명령을 버리고 자기들을 위하여 두 송아지 형상을 부어 만들고 또 아세라 목상을 만들고 하늘의 일월 성신을 경배하며 또 바알을 섬기고 [17]또 자기 자녀를 불 가운데로 지나가게 하며 복술과 사술을 행하고 스스로 팔려 여호와 보시기에 악을 행하여 그를 격노하게 하였으므로 [18]여호와께서 이스라엘에게 심히 노하사 그들을 그의 앞에서 제거하시니 오직 유다 지파 외에는 남은 자가 없으니라(왕하17:15-18)

북왕국이 멸망한 이후 홀로 남은 남왕국 유다에서는 두 번의 대대적인 정치 · 종교 개혁이 있었다. 히스기야 왕(주전 715-687년경)과 요시야 왕(주전 640-609년)이 그 주인공들이다.

8. 히스기야와 요시야

히스기야

　　남유다 왕국의 20명의 왕 중 여섯 명에게 내려지는 '여호와 보시기에 정직히 행하였다'는 나름대로의 좋은 평가가 북이스라엘의 열아홉 왕에게서는 그 누구에게도 내려지지 않는다는 사실은 남북왕국에 대한 신명기사가의 종교적 판단을 잘 보여 준다. 그런데 남왕국의 왕들 중에는 이 여섯 명에 대한 평가와는 비교가 되지 않을 만큼 최고의 평가를 받고 있는 왕이 둘 있다. 그중 한 명이 13번째 왕 히스기야(주전 715-687년경)이다. 그는 "여호와를 의지하였는데 그의 전후 유다 여러 왕 중에 그러한 자"가 없었던(왕하18:5) 전무후무한 좋은 왕으로 평가하고 있다.

　　히스기야의 정치 개혁은 당시 고대 근동을 처음으로 통일한 대제국 앗수르에 종속되기를 거부하며 사라져버린 옛 이스라엘 왕국 영토의 일부와 블레셋 도시들에 대한 지배권을 확장하려는 시도가 포함되어 있었다. 히스기야의 정치 개혁 단행은 당연히 앗수르의 군사적 대응을 야기시켰다. 이미 앗수르는 주전 722년, 북이스라엘 왕국을 무너뜨린 바 있다. 주전 701년, 북이스라엘의 형제 국가 남유다를 정벌하기 위해 앗수르 왕 산혜립은 대군을 이끌고 온다. 이 전쟁에 대한 앗수르인들의 기록은 니느웨 발굴에서 나온 자료인 산혜립의 프리즘 비문(Prism Inscription)에 등장하는데, 여기에 나오는 기록의 일부를 살펴보자.

> 나(=산혜립)는 그 자신(=히스기야)을 그의 왕도 예루살렘 중앙에 새장의 새처럼 가두었다. 나는 공성보루를 만들어 그의 성문에서 나오는 이들이 그에게로 가지 못하게 하였다 … 나의 빛나는 위엄에 대한 두려움은 히스기야와 아람을 압도했으며, 그가 그의 왕도 예루살렘을 강화하기 위해 불러들인 우수한 군대는 일을 멈추었다. 그는 많은 공물과 그의 딸들, 그의 하렘 여인들과 노래 부르는 이들을 삼십 달란트의 금, 팔백 달란트의 은, 정선한 안티몬, 보석덩어리, 상아 침상, 상아 안락의자, 코끼리 가죽, 상아, 흑단, 회양목 등 모든 종류의 물건과 함께 나의 귀족도시 니느웨 한가운데로 보냈으며, 그는 조공을 바치고 신하의 예를 갖추기 위해 그의 대신들을 보냈다.

이 비문의 내용만 가지고 본다면 앗수르는 대승을 거둔 것처럼 보인다. 그러나 앗수르는 이스라엘을 무너뜨렸던 것처럼 유다 왕국을 무너뜨리는 데에는 실패했다. 이 전쟁에 대한 성서의 진술은 모두 세 군데에 나타나 있다(왕하18:13-19:37; 사36-37; 대하32:1-23). 신명기사가는 하나님의 도우심으로 히스기야가 앗수르의 공격을 이겨냈다고 진술하고 있다.

35이 밤에 여호와의 사자가 나와서 앗수르 진에서 군사 십팔만 오천을 친지라 아침에 일찍이 일어나 보니 다 송장이 되었더라 ³⁶앗수르 왕 산 헤립이 떠나 돌아가서 니느웨에 거하더니(왕하19:35-36)

이렇게 성서는 예루살렘이 히스기야 치하에서 앗수르의 정복과 가능한 파괴로부터 안전하였다고 보도한다. 산헤립의 프리즘 비문과 성서의 기록 중 어느 것이 더 객관적이고 신빙성이 있는 진술일까? 고대 근동의 두 자료인 성서와 프리즘 비문을 모두 존중히 여기는 성서학자들은 이 두 나라 사이의 전쟁을 무승부로 판정하곤 한다. 그러나 하나님이 히스기야를 도와 전쟁을 승리로 이끌었다는 성서의 진언을 간과해선 안 된다. 히스기야가 치리하는 남유다 왕국은 북이스라엘보다 약한 나라였다. 이미 북이스라엘을 무너뜨린 이 거대한 제국 앗수르의 대대적인 공격을 받고도 살아남았다는 것은 의미가 크다. 그렇다면 히스기야는 어떻게 앗수르의 대군과 맞서 싸우려 했을까? 당시 히스기야가 앗수르와의 전쟁을 대비하며 성 밖의 기혼 샘물을 예루살렘 성안에서도 사용할 수 있도록 만든 터널은 성서고고학적으로 중요한 가치를 지니고 있다.

터키의 이스탄불 고고학 박물관에는 히스기야가 만든 터널에 관한 중요한 기록을 담은 실로암 석비가 남아있다. 높이 25cm, 너비 60cm 정도로 그리 크지 않은 이 실로암 석비는 예루살렘의 실로암 못 근처에서 발견된 것으로, 여기에는 히스기야 왕이 암벽을 파서 지하 터널을 만들었던 과정이 고대 히브리어로 짤막하게 기록되어 있다. 가나안 땅에서 가장 높은 지대에 자리 잡은 예루살렘은 성안에 수원(水源)이 없어 자체적으로 물을 길어 낼 수 없다는 취약점을 지니고 있었다. 예루살렘의 유일한 물 공급지는 성 밖에 있는 기혼 샘뿐이었다. 평상시에는 그곳의 물을 성안으로 길어다 쓰는 데에 아무런 문제가 없지만, 전쟁 등의 위급한 상황에서는 사정이 다를 수밖에 없었다. 그래서 히스기야는 성 밖의 기혼 샘의 물을 성안에서 직접 이용할 수 있도록 터널을 만들었고, 이 지하 터널이 완성되었을 때 예루살렘 성안에 있는 백성들은 기혼 샘의 물을 성안에서 이용할 수 있었다. 이것이 바로 신약성서에 나오는 유명한 실로암 못(pool of Siloam, 눅13:4; 요9:7,11)으로, 이사야서에는 실로아(Siloah)로 나타난다(사8:6). 실로암 석비에는 이 터널의 공사 과정이 다음과 같이 짧막하게 기록되어 있다.

> (양편에서 굴을 파나가다가 거의 중간 지점에 도달해서) 3규빗쯤 남았을 때, 우리는 반대쪽에서 사람을 부르는 음성을 들을 수 있었다. 마침내 굴이 마주 뚫렸을 때, 돌 깎는 연장과 연장이 서로 부딪혔다. 그리고 (기혼) 샘으로부터 물은 저수지(실로암 못)를 향해서 1,200규빗 거리를 흘러 들어갔다.

터널의 전체 길이가 1,200규빗이라는 말이 나온다. 지금의 측량 단위로는 535m이다. 이 기록은 1규빗의 길이가 약 45cm에 해당한다는 또 하나의 지식을 제공해 주었다(53,500cm÷1200≒44.58cm). 그리고 이 터널에는 지금도 풀리지 않은 수수께끼가 하나 남아있다. 그것은 이 터널의 형태가 직선이 아닌 S자 형태를 지니고 있다는 점이다. 망치와 끌만으로 서로 다른 지점에서 시작된 암벽 공사가 가운데 지점에서 거의 정확하게 만나 서로의 음성을 들을 수 있었다는 것은 실로 놀랄 만한 일이 아닐 수 없다. 이 일이 얼마나 엄청난 일이었는지는 히스기야 왕의 삶에 대해 마무리 평을 하는 신명기사가 그의 대표적인 업적으로 이 일을 거론하고 있는 점에서도 확인할 수 있다.

²⁰히스기야의 남은 사적과 그의 모든 업적과 저수지(=실로암 못)와 수도(=

터널)를 만들어 물을 성안으로 끌어들인 일은 유다 왕 역대지략에 기록

되지 아니하였느냐 ²¹히스기야가 그의 조상들과 함께 자고 그의 아들 므

낫세가 대신하여 왕이 되니라(왕하20:20-21)

주전 8세기, 대제국 앗수르로 인해 북이스라엘을 비롯한 남유다 주

변의 모든 나라들이 멸망하거나 고난을 당했지만, 유다 왕국은 앗수르의

포위 공격을 견디어냈고, 오히려 이 시대에 예루살렘의 인구는 증가했으

며, 예루살렘은 종교중심지로서의 위치를 확고히 다졌던 데에는 선왕(善

王) 히스기야의 지혜와 기질이 있었기 때문이었다.

히스기야에게는 정치적 독립 운동과 터널 공사 외에도 더 중요한 한

가지 업적이 있다. 그것은 그가 펼쳤던 대대적인 종교개혁 운동이다. 히

스기야의 종교개혁은 예루살렘 성전에서의 허용된 예배(=중앙성소화) 외에

다른 여러 종교적 관행의 축출을 포함하고 있었다. 이는 단순히 우상을

깨부수고 성전을 정화하는 것을 넘어서는 것이었다. 그것은 예루살렘 성

전 밖에서 예배하던 장소까지도 파괴함을 의미했다. 그 예배가 비록 여

호와 하나님을 향한 것이었다 할지라도 말이다. 당시 유다 왕국의 백성

은 예루살렘 성전 외에도 다른 여러 지방 성소를 찾아가곤 했다. 지방공

동체에 있었던 이 예배 장소들을 바로 '산당'(high places)이라 한다. 이 산당

들이 당시 남유다 왕국의 종교생활에서 차지하고 있던 비중이 너무도 컸

기 때문에 '여호와 보시기에 정직했던' 왕들마저도 이를 감히 제거하지

는 못했던 것이다. 그러나 이 산당들은 우상숭배 내지는 종교적 혼합주

의의 온상 역할을 하고 있었다. 히스기야는 바로 이 산당들을 제거해 버

렸다. 예루살렘 성전에서의 종교중앙화를 촉진시켰다.

히스기야의 종교개혁에서는 이스라엘의 광야 여정 중에 나타나는 놋뱀에 대한 언급이 다시 나온다. 민수기 21장에는 모세를 필두로 가나안을 향해 진군하던 이스라엘 백성이 불평과 불순종으로 하나님의 진노를 사고, 그로 인해 불뱀에 물려 죽는 이야기가 나온다. 그때 하나님은 모세에게 놋뱀을 만들게 하고, 그 놋뱀을 긴 장대 끝에 매달게 했고, 불뱀에 물린 사람들이 이 놋뱀을 쳐다보면 생명을 건질 수 있었다는 이야기가 나온다. 모세가 직접 만들었던 바로 그 놋뱀이 히스기야 시대까지 보존되어 전해왔다. 그러나 히스기야 당시 그 놋뱀마저 이스라엘 백성들은 일종의 우상으로 섬기고 있었다. 한때 하나님이 이스라엘을 구원하기 위해 사용하셨던 바로 그 놋뱀이 우상화되었을 때, 히스기야는 주저없이 다른 우상들과 함께 영원히 제거해 버리고 만다. 바로 이런 점에서 히스기야의 종교개혁은 이전에 있었던 다른 어떤 왕들의 개혁과는 비교가 되지 않는 개혁이었던 것이다.

> [3]히스기야가 그의 조상 다윗의 모든 행위와 같이 여호와 보시기에 정직하게 행하여 [4]그가 여러 산당들을 제거하며 아세라 목상을 찍으며 모세가 만들었던 놋뱀을 이스라엘 자손이 이때까지 향하여 분향하므로 그것을 부수고 느후스단이라 일컬었더라 [5]히스기야가 이스라엘 하나님 여호와를 의지하였는데 그의 전후 유다 여러 왕 중에 그러한 자가 없었으니
>
> (왕하18:3-5)

히스기야가 명명한 놋뱀의 이름이 느후스단인 것을 기억하라. 느후스단이란 그저 '놋조각'이란 뜻이다. 더 이상 이스라엘의 신앙에는 아무런 도움이 되지 않는 것이다. 리더란 반드시 바라보아야 할 것을 바라보

게 하는 자이자 가치 없는 것을 버리게 할 줄 아는 자이다. 비록 놋뱀이 이스라엘의 역사 속에서 차지했던 역할이 지대했던 것은 사실이지만, 그 것이 백성의 신앙에 더 이상 아무런 지표가 되지 않을 때에 히스기야는 과감하게 부수어 버렸고 이스라엘의 신앙이 다시 하나님을 우러르도록 한 위기 시대의 리더였다.

히스기야에 대한 마지막 기록을 담고 있는 열왕기하 20장은 그가 병들어 죽게 되었을 때에 낯을 벽으로 향하여 여호와께 기도하여 그의 생명이 15년 연장된 사건을 보도하고 있다. 하나님은 히스기야의 기도를 들었고 그의 눈물을 보셨다(왕하20:5). 해 그림자가 10도나 뒤로 물러나는 사건도 경험한다(왕하20:11). 그러나 히스기야는 이때에 치명적인 실수 하나를 저지르고야 만다. 그것은 자신의 병문안을 위해 찾아온 바벨론 사절단을 환영하며 왕실 창고와 무기고에 있는 모든 것을 다 보여 준 일이다. 역대기사가가 히스기야의 '교만'(대하32:25)으로 정죄하고 있는 이 사건으로 인해 예언자 이사야는 후일 사절단이 보았던 모든 것이 바벨론으로 옮겨질 것을 예언한다(왕하20:16-19). 아직은 작은 나라에 지나지 않았던 바벨론이지만, 대제국 앗수르의 공격을 막아낸 유다 왕국은 오래지 않아 그 바벨론에게 나라를 빼앗기고 만다. 히스기야에게 덤으로 주어진 15년은 사람의 생명뿐 아니라 시간마저도 하나님의 섭리 안에 있음을 기억하게 한다. 지금 우리가 살고 있는 시간 또한 그저 하나님이 우리에게 덧붙여 주신 은혜임을 새삼 생각한다. 그리고 히스기야가 말년에 치명적인 실수를 했던 것처럼, 아무리 신앙으로 굳게 선 사람이라도 세상의 자랑 앞에서 쉬이 무너질 수 있음을 기억하자.

성군 히스기야의 뒤를 이은 므낫세는 55년간을 왕으로 치리했다(왕하 21:1). 남왕국 유다의 왕들 중 치리 기간이 가장 길었던 왕이다. 그러나 22

살의 나이에 왕이 된 므낫세의 아들 아몬은 24살에 암살당했다(왕하21:19). 가장 오랜 기간을 치리한 므낫세와 단명한 아몬, 이 두 왕의 공통점은 히스기야의 길을 따르지 않았다는 것이다. 앗수르의 강요나 내부의 압력 때문인지 아니면 자신들의 종교적 확신 때문이었는지, 이 두 왕은 히스기야가 제거했던 우상들을 다시 받아들이고 예루살렘 성전에 이방인의 신상을 세우고 히스기야가 애써 없앴던 산당들을 다시 재건했다. 이로써 히스기야의 종교중앙화는 막을 내리게 되었고 정치적 · 종교적 개혁은 영원히 실패로 돌아간 듯했다.

요시야

그러나 유다 왕국의 종교개혁은 아몬의 아들 요시야에 의해 다시 살아난다. 신명기사가는 이 요시야를 매우 호의적으로 소개한다.

요시야가 여호와 보시기에 정직히 행하여 그의 조상 다윗의 모든 길로 행하고 좌우로 치우치지 아니하였더라(왕하22:2)

요시야와 같이 마음을 다하며 뜻을 다하여 모세의 모든 율법을 따라 여호와께로 돌이킨 왕은 요시야 전에도 후에도 그와 같은 자가 없었더라 (왕하23:25)

이미 우리는 신명기사가가 히스기야에 대해 "그의 전후 유다 여러 왕 중에 그러한 자가 없었으니"라고 극찬한 바를 살펴본 바 있다(왕하18:5).

그런데 지금 히스기야 이후 요시야가 이와 같은 평가를 받고 있다. 왜 이 둘 모두를 최상급으로 표현하고 있을까? 히브리어 원문 상으로는 이 둘에 대한 표현이 조금 다르다. '그와 같은 자가 없었다'는 말이 히스기야에게 적용될 때는 '로-하야'(lo-haya, 있지 않았다)라는 표현이 사용되고, 요시야에게는 '로-캄'(lo-kam, 일어나지 않았다)이라는 표현이 사용된다. 이 두 사람은 모두 대대적인 종교개혁을 일으킨 왕으로 나타나지만 신명기사가는 히스기야보다 요시야에게 분량과 내용 면에서나 더 큰 비중을 두고 있다.

요시야로 하여금 종교개혁을 일으키게 한 결정적인 사건은 소위 '율법책의 발견'이라는 사건이다. 요시야 통치 18년, 즉 주전 622년에 서기관 사반이 요시야에게 제사장 힐기야가 야웨의 성전에서 '율법두루마리'를 발견했다고 보고한다.

> 대제사장 힐기야가 서기관 사반에게 이르되 내가 여호와의 성전에서 율법책을 발견하였노라 하고 힐기야가 사반에게 주니 사반이 읽으니라(왕하22:8)

힐기야가 발견한 이 책의 본문을 사반이 왕에게 들려주었을 때, 요시야 왕은 자신의 옷을 찢었다(왕하22:11). 옷을 찢는다는 것은 고대 근동에서 극심한 고뇌의 표현이다. 요시야는 한 여선지자에게 율법의 의미를 물었고, 하나님과 백성 사이의 율법 재개를 위한 범국민적인 의식을 열었다. 백성의 동의를 얻은 요시야는 즉각 대대적인 종교개혁을 단행한다. 증조부 히스기야처럼 요시야도 종교개혁을 단행했다. 그러나 이때 요시야가 단행한 종교개혁은 므낫세와 아몬이 원점으로 돌려버린 히스기야의 종교개혁을 회복시키는 것 이상이었다. 신명기사가는 히스기야의 종교개혁과는 비교되지 않을 만큼 긴 분량의 종교개혁 이야기(왕하23:1-27)를 요시야에게 돌리고 있다.

바알과 아세라와 하늘의 일월성신들을 위해 만든 모든 그릇을 여호와의 성전에서 끄집어내어 불사르고(왕하23:4), 우상을 섬기던 자들을 폐하고(왕하23:5), 모든 산당을 헐어버리고(왕하23:8), 바벨론과 앗수르의 태양신 샤마쉬를 섬기기 위해 만든 말과 수레를 불사르고(왕하23:11), 각종 우상을 섬기는 제단들과 솔로몬이 세운 산당들을 불살랐다(왕하23:12-14). 더 나아가서 요시야의 종교개혁은 유다 왕국을 넘어 옛 북이스라엘의 여로보암이 세운 산당들과 우상들을 불사르고 빻아버렸고(왕하23:15-18), 사사 시대 이후로 가장 성대한 유월절을 지키기도 했다(왕하23:21-23). 여로보암이 세운 두 황금송아지 중 하나가 세워져 있던 곳인 벧엘의 제단을 파괴했던 것은 종교적 단행인 동시에 정치적인 행위이기도 했다. 이는 옛 이스라엘 땅에 대한 관심을 극명히 드러내는 것이기 때문이다. 히스기야처럼 우상을 부수고, 성전을 정화한 요시야는 722년 이전 이스라엘 왕국의 영토였던 곳으로 남유다의 영향력을 확장시켰다. 히스기야처럼 종교를 예루살렘에 집중시켰다. 백성은 희생제물을 성전의 중앙제단에까지 가지고 와야 했다. 모든 산당에서 온 제사장들은 성전 제사장을 돕는 일을 수행하기 위해 예루살렘으로 불려왔다. 요시야의 종교개혁이 그만큼 철저했기에 신명기사가는 그에 대한 극찬을 아끼지 않았던 것이다.

그렇다면 요시야가 일으킨 종교개혁의 도화선이 된 율법책은 도대체 무엇이었을까? 왜 그 책이 종교적인 개혁을 고무시켰을까? 구약학자들은 대개 이 책이 바로 지금의 신명기의 근간이 되는 원신명기(Proto Deuteronomy)라고 보고 있다. 성서와 교회 역사 속에서는 참으로 많은 것들이 우연히 발견되곤 했다. 요시야 시대에 발견된 율법책이 그렇고 성서 사본 연구에 불을 지핀 레닌그라드 사본이나 사해 사본이 그렇다. 그러나 그것이 과연 우연이었을까? 백번 양보해서 설령 우연이었다 하더라도 그 우연이 있게 하신 하나님의 섭리는 분명히 있다. 꼭 필요한 때에 꼭 필요한 사람을 통해서 하나님은 하나님의 역사를 이루어 가셨던 것이다.

그러나 이 훌륭했던 요시야 왕의 마지막은 허무하기 그지없다. 요시야가 한창 종교개혁을 단행하던 때는 북이스라엘을 멸망시킨 앗수르가 멸망해 가고 예전에 거의 사라져버린 바벨론 제국(=신 바벨로니아)이 다시 일어나기 시작하던 무렵이었다. 이때 이집트 또한 앗수르가 약해진 틈을 타서 자기들의 세력을 넓히고자 했다. 북방으로 진출하려던 이집트의 왕 느고(Nego)는 요시야에게 므깃도(Megiddo)라는 도시를 통과해 지나가게 해달라고 요청한다. 므깃도가 어떤 도시였던가? 고대 이스라엘의 유일한 곡창지대는 이스르엘(Jezreel=Esdralon)이라는 평원이다. 이 이스르엘 평원을 지키는 관문이 바로 므깃도였다. 곡창지대인 이스르엘을 장악한다는 것은 가나안 땅을 차지한다는 것과 거의 같은 의미를 지녔고, 그 이스르엘을 장악하기 위해서 반드시 점령해야 하는 도시가 바로 므깃도였다. 자연스럽게 므깃도는 고대 이스라엘 역사에서 전략적 요충지로 자리매김하고 있었다. 솔로몬의 병거성, 병거부대와 무기고가 있었던 곳도 바로 이 므깃도였다(왕상9:19; 10:26). 그 므깃도를 지나가게 해달라는 이집트 왕 느고의 요청을 요시야는 받아들일 수가 없었다. 행여 느고의 마음이 돌변하여 므깃도를 점령해 버린다면 그것은 그저 중요한 도시 하나를 잃는 것이 아니라 이스르엘 평원 전체를 잃는 것이었고 자칫 유다 왕국의 국운이 그 끝을 다할 수도 있었기 때문이다. 결국 요시야는 강대국 이집트의 군대와 맞서 싸우기를 택하고야 만다.

요시야 당시에 애굽의 왕 바로 느고가 앗수르 왕을 치고자 하여 유브라
데 강으로 올라가므로 요시야 왕이 맞서 나갔더니 애굽 왕이 요시야를
므깃도에서 만났을 때에 죽인지라(왕하23:29)

히스기야와 함께 분열 왕국 시대의 성군으로 불리는 요시야의 최후
를 말하는 이 짧은 구절은 주전 609년의 므깃도 전투를 묘사한다. 요시
야는 므깃도에서 이집트 군대와 맞서기 위해 출전했다가 한 이집트인의
화살에 전사한다. 그때 그의 나이 겨우 40이었다. 고고학자들은 이 므깃
도가 무려 20번이 넘게 파괴되었다가 다시 재건되었다고 말한다. 구약
시대 이후로 므깃도는 늘 군사적 요충지였으며 마지막 전쟁터의 대명사
로 사용되곤 했으며, 20세기에 이르기까지 므깃도에서는 늘 끊임없는 전
쟁이 이어졌다. 우리가 익히 마지막 대재난의 장소로 알고 있는 아마겟
돈(Armageddon, 계16:16)은 바로 '므깃도 언덕'이라는 뜻이다.

9. 왕국의 멸망

　　요시야의 죽음은 남유다 왕국의 정치적 독립과 종교적 개혁의 종말을 의미했다. 또 다시 산당들이 재건되었다. 그의 세 아들과 한 명의 손자가 다음 22년 동안 치리했다. 그들 모두는 젊은 나이에 등극하였으나 오래 치리하지는 못했다. 요시야가 죽은 후 아들인 여호아하스가 왕이 되어 3개월 동안 치리했다. 그러나 이집트 왕은 그를 잡아 감금했다가 이집트로 끌고 갔다. 그리고 요시야의 다른 아들인 엘리야김을 왕으로 삼고 그 이름도 여호야김으로 고쳤다. 이집트에 의해 왕이 된 여호야김은 한동안 이집트에 조공을 바치다가 3년 동안 앗수르 제국을 멸망시킨 바벨론에 3년 동안 조공을 바쳤다. 그 후 바벨론 왕 느부갓네살이 이집트 원정에 실패하자 다시 친이집트 정책을 펼치다가 바벨론인들이 남유다에 원정 왔을 때 죽었다. 여호야김의 뒤를 이어 그의 아들 여호야긴이 3개월간 나라를 다스렸으나, 바벨론 왕 느부갓네살은 수천 명에 달하는 남유다 왕국의 고위 계층, 군사적 지도자, 예술가들과 함께 여호야긴을 바벨론으로 끌고 갔고(1차 포로, 주전 597년). 요시야의 또 다른 아들인 맛다니

야를 왕으로 삼으며 그 이름을 시드기야로 고쳤다. 바벨론에 예속된 시
드기야는 통치 9년경에 느부갓네살에 반기를 들었다. 그러자 느부갓네
살은 군대를 보내 다시 예루살렘을 공격하여 그 성벽을 파괴하고 또 다
시 수천 명의 유대인들을 바벨론으로 끌고 갔다. 바벨론인들은 시드기야
가 보는 앞에서 아들들을 죽인 후 시드기야의 두 눈을 빼고 놋 사슬로 시
드기야를 결박하여 바벨론으로 끌고 갔다. 이것이 2차 포로 사건이다. 그
후 주전 587년, 느부갓네살은 예루살렘 성전과 남유다 왕국을 완전히 파
괴하며 남유다 왕국의 역사에 종지부를 찍는다. 찬란하게 시작했던 다윗
제국이 멸망하고 만 것이다. 그러면 남유다 왕국은 도대체 왜 멸망하게
된 것일까? 신명기사가는 유다 왕국 멸망의 이유를 이렇게 말하고 있다.

> [26]그러나 여호와께서 유다를 향하여 내리신 그 크신 진노를 돌이키지 아
> 니하셨으니 이는 므낫세가 여호와를 격노케 한 그 모든 격노 때문이라
> [27]여호와께서 이르시되 내가 이스라엘을 물리친 것같이 유다도 내 앞에
> 서 물리치며 내가 택한 이 성 예루살렘과 내 이름을 거기에 두리라 한
> 이 성전을 버리리라 하셨더라(왕하23:26-27/참고 24:3-4)

여기서도 신명기사가의 역사 기록은 철저하게 종교적, 신앙적, 신학
적 관점에서 이루어진 것임을 알 수 있다. 군사력이나 경제력이 약하여
서 무너진 것이 아니라 종교적인 타락으로 인한 하나님의 심판이라는 것
이 신명기사가의 해석이다. 생각해 본다. 요시야 이후의 유다 왕국은 과
연 왕국이었다고 말할 수 있을까? 아니다. 한 나라의 왕이 다른 나라의
왕에 의해 제거당하고 앉혀지고 다시 제거당하는 그런 왕국은 이미 왕국
으로서의 의미가 없다. 요시야 이후 유다 왕국은 이미 국가로서의 힘과

기능을 상실했다고 볼 수밖에 없다. 그렇다면 성군 다윗으로부터 시작된 하나님 백성의 나라는 요시야에게서 그 기능을 마쳤다고 할 수 있다.

오경의 마지막이 "그 후에는 이스라엘에 모세와 같은 선지자가 일어나지 못하였나니…"(신34:10)라는 결론을 담고 있듯이, 신명기역사서 또한 "요시야와 같이 마음을 다하며 뜻을 다하여 모세의 모든 율법을 따라 여호와께로 돌이킨 왕은 요시야 전에도 후에도 그와 같은 자가 없었더라"고 말한다. 이들을 보면서 이 땅에서 귀하게 쓰임받는 목회자들과 평신도 지도자들을 생각해 본다. 말씀을 전하는 목회자들이나 평신도 지도자들 모두 이 시대에 가장 중요한 리더들이다. 앞으로 전개될 하나님의 거룩한 사역의 정점(頂點)에서 하나님이 우리를 사용하고자 하심임을 잊지 말아야 할 것이다.

〈남북 왕국의 비교〉

남왕국 유다	구분	북왕국 이스라엘
예루살렘	수도 및 천도	세겜 → 부느엘 → 디르사 → 사마리아
유다 지파와 시므온 지파 (대표: 유다)	지파	북쪽의 10지파 (대표: 에브라임)
다윗 왕조 신학 유지 (다윗 왕조가 끝까지 이어짐)	왕조신학	왕조신학 없음 (잦은 쿠데타와 왕조의 변화)
열세	군사력/경제력	우세
주로 산악 지대	지형	가나안의 곡창지대 포함 (샤론 평야, 이스르엘 평원 등)
주전 922-587년	존속 기간	주전 922-722년
바벨론 제국(느부갓네살)	멸망시킨 나라	앗수르 제국(살만에셀 5세)
유대인(Jews) Diaspora(=Jews scattered)	멸망 이후 신약 시대의 호칭	사마리아인(Samaritans) 잃어버린 10지파
타낙	사용 성경	사마리아 오경

남북 왕국의 시대 구분

* 굵은 글씨는 좋은 평가를 받은 왕

남왕국(Judah)	북왕국(Israel)

경쟁 시대(주전 922-885년)

① 르호보암(Rehoboam, 17년 통치)
  – 솔로몬의 아들
  – 산당을 짓고 우상숭배(왕상14:21)
② 아비얌(Abijam, 3년 통치)
  – 르호보암과 암몬 여인 마아가의 아들
  – 내란 종식에 실패(왕상15:3)
③ **아사**(Asa, 41년 통치) 왕상15:9
  – 아비얌의 아들
  – 정직한 왕
  – 아세라 목상을 만든 마아가를 폐위(왕상 15:13)

① 여로보암(Jeroboam, 22년 통치)
  – 느밧의 아들.
  – 북왕국의 종교적 원죄 시작(왕상12장)
② 나답(Nadab, 2년 통치)
③ 바아사(Baasha, 24년 통치)
  – 나답을 죽이고 즉위(왕상15:28)
④ 엘라(Elah, 2년 통치)
  – 바아사의 아들
⑤ 시므리(Zimri, 7일 통치)
  – 엘라를 죽이고 즉위(왕상16:10-11)
  – 왕궁에 불을 질러 자살(왕상16:18)

협력 시대(주전 885-841년)

④ **여호사밧**(Jehoshaphat, 25년 통치)
  – 아사의 아들
  – 정직한 왕
  – 북왕국과 평화 동맹을 맺음(왕상22:44).
⑤ 여호람(Jehoram, 8년 통치)
  – 요람(Joram)으로도 불림
  – 아합의 딸(아달랴)을 아내로 맞음
⑥ 아하시야(Ahaziah, 1년 통치)
  – 여호람의 아들
  – 아합 왕가의 명령을 쫓음
  – 예후가 아합 왕조를 숙청할 때 살해됨

⑥ 오므리(Omri, 12년 통치)
  – 시므리 자결 후 즉위(왕상16:15-22)
⑦ 아합(Ahab, 22년 통치)
  – 오므리의 아들
  – 이세벨을 아내로 맞음
  – 예언자들을 학살
⑧ 아하시야(Ahaziah, 2년 통치)
  – 아합의 아들
⑨ 여호람(12년 통치)
  – 아합의 아들
  – 요람(Joram)으로도 불림

아람 우월 시대(주전 841-752년)

⑦ 아달랴(Athaliah, 6년 통치)
  – 아하시야의 모친
  – 스스로 여왕이 되어 다윗 왕조 숙청
⑧ **요아스**(Joash, 40년 통치)
  – 아하시야의 아들

⑩ 예후(Jehu, 28년 통치)
  – 아합 왕조를 무너뜨리고 즉위
  – 바알숭배자 제거(왕하10:26-27)
⑪ 여호아하스(Jehoahaz, 17년 통치)
  – 예후의 아들

- 정직한 왕
- 아달랴의 숙청에서 생존. 7세에 즉위
- 제사장 여호야다에 의해 다윗 왕조 복권
- 여호야다가 죽은 후 우상숭배
- 반역으로 살해(대하24)

⑨ **아마샤**(Amaziah, 29년 통치)
- 요아스의 아들
- 정직한 왕
- 반역으로 살해(대하25장)

⑩ **아사랴**(Azriah, 52년 통치)
- 정직한 왕
- 웃시야(Uzziah)라고도 불림
- 문둥병에 걸림

⑫ 요아스(Joash, 16년 통치)
- 여호아하스의 아들
- 여호아하스가 빼앗긴 성읍 회복(왕하13:25)

⑬ 여로보암2세(Jeroboam II, 41년 통치)
- 요아스의 아들
- 국경을 넓힘(왕하14:25)

⑭ 스가랴(Zechariah, 6개월 통치)
- 여로보암 2세의 아들

시리아-에브라임 전쟁과 북왕국의 멸망 시대(주전 752-722년)

⑪ **요담**(Jotham, 16년 통치)
- 웃시야의 아들
- 정직한 왕(왕하15:32)
- 여호와 전의 윗문 건축(왕하15:35).

⑫ 아하스(Ahaz, 16년 통치)
- 요담의 아들
- 악을 행하며 이방신 섬김
- 예언자 이사야와 미가의 책망
- 성전과 왕궁과 방백들의 집에서 재물을 취해 앗수르 왕에게 제공

⑮ 살룸(Shallum, 1개월 통치)
- 스가랴를 죽이고 즉위(왕하15:10).

⑯ 므나헴(Menahem, 10년 통치)
- 살룸을 죽이고 즉위(왕하15:14)

⑰ 브가히야(Pekahiah, 2년 통치)
- 므나헴의 아들

⑱ 베가(Pekah, 20년 통치) 왕하15:27
- 브가히야를 죽이고 즉위(왕하15:25)

⑲ 호세아(Hoshea, 9년 통치)
- 베가를 죽이고 즉위(왕하15:30)
- 애굽과 동맹하고 앗수르에 대항
- 왕국의 멸망(주전722년, 왕하17장)

남유다 단독 왕국 시대(주전 722-587년)

⑬ **히스기야**(Hezekiah, 29년 통치)
- 아하스의 아들
- 정직한 왕. 정치적, 종교적 개혁(왕하18장). 놋뱀(=느후스단) 제거(대하32:12)

⑭ 므낫세(Manasseh, 55년 통치)
- 히스기야의 아들
- 산당 재건, 우상숭배(왕하21장). 히스기야의 종교개혁을 수포로 돌림

⑮ 아몬(Amon, 2년 통치)
- 므낫세의 아들. 반역으로 살해(대하22장)

⑯ **요시야**(Josiah, 31년 통치)
- 아몬의 아들. 8세에 즉위. 율법책의 발견으로 대대적인 종교개혁 단행. 므깃도에서 전사(왕하23:29)

⑰ 여호아하스(Jehoahaz, 3개월 통치)
- 요시아의 아들. 애굽 왕에 의해 폐위(왕하23:33)

⑱ 여호야김(Jehoiakim, 11년 통치)
- 여호아하스의 동생. 엘리아김(Eliakim)에서 이름이 바뀜.
- 애굽 왕에 의해 즉위. 바벨론에 저항하다 죽음(왕하24장)

⑲ 여호야긴(Jehoiakin, 3개월 통치)
- 여호야김의 아들.
- 바벨론에 저항하다 느부갓네살 왕에게 포로가 됨.

⑳ 시드기야(11년 통치)
- 여호야긴의 숙부. 맛다니야(Mattaniah)에서 이름이 바뀜
- 바벨론에 반란을 일으켜 멸망(왕하25장)

V

또 하나의 역사서

1. 역대상하

역대기역사서는 역대상하, 에스라, 느헤미야로 구성되는 네 권의 책으로, 주로 왕정의 수립과 분열, 멸망 그리고 바벨론 포로기를 거쳐 다시 가나안으로 돌아오는 포로기 이후의 역사까지를 그 내용으로 삼고 있다. 신명기역사서의 처음 두 책과 역대기 역사서의 마지막 두 책은 서로 다른 역사서에서는 다루지 않는 부분을 담고 있다. 즉 여호수아와 사사기는 역대기역사서에 없는 왕정 이전 시대의 역사를, 에스라서와 느헤미야서는 신명기역사서에 없는 포로 후기 귀환 시대의 역사를 담고 있다. 이 두 역사서에는 시기적으로 서로 겹치는 부분이 있다. 바로 왕정 시대를 담고 있는 신명기역사서의 사무엘상-열왕기하 부분과 역대기역사서의 역대상하 부분이다. 문제는 두 역사서에서 겹쳐 묘사하는 이 기간에 내한 묘사가 많이 다르나는 데에 있다. 그것은 이 두 역사서가 서로 다른 관점으로 역사를 해석하는 저자와 편집자에 의해 집필 혹은 완성되었기 때문이다.

역대기역사서는 본질적으로 상황적 문헌이다. 즉 구체적이고 역사적인 상황 안에서 그 상황을 향하여 기록된 것이다. 따라서 역대기 역사를 이해하기 위해서는 포로기 이후 페르샤 시대의 이스라엘이라는 역사적 상황을 고려해야 한다. 페르샤 시대의 이스라엘은 제사장을 중심으로 종교의식을 엄격하게 지킴으로써 그들의 주체성을 지켜나갔다. 따라서 포로기 이후, 이스라엘은 정치적 왕국이 아닌 단순한 종교적 공동체로서 자기의식을 재정립하게 되었다. 이러한 변화된 이스라엘의 자기의식 가운데서 그들의 과거 역사를 새롭게 해석하고 기술한 것이 역대기역사다.

역대기역사는 주체성과 자기의식의 문제를 찾고 있다. 전자의 경우, 사가는 족보를 제시하여 혈통을 강조함으로써 이스라엘 보존의 길을 생각한다. 정치적 존재로서의 이스라엘은 이미 종식되었기 때문에 새로운 해답을 예루살렘을 중심으로 한 종교적 공동체에서 찾고 있다. 역대기 사가는 이러한 모습을 종교지도자로 묘사하는 다윗과 솔로몬에게서 찾는다. 신명기사가가 이 두 왕의 약점과 어두운 면을 상술한 데 비해 역대기사가는 이들을 정치적·군사적 업적으로서가 아닌 종교적 업적으로써 훨씬 이상화시키고 확대시킨다. 바벨론 포로기에서 돌아온 이스라엘은 더 이상 스스로의 정체성을 국가로서의 이스라엘이 아닌 종교적 공동체로서의 이스라엘에서 찾으려 했기 때문이다. 신명기역사서에서는 찾아볼 수 없는 '족보'에 대한 언급이 역대기에서 자주 등장하는 이유 또한 국가가 없는 공동체를 살아가는 자기 정체성을 위한 노력이라고 할 수 있다.

신명기역사서가 여호야긴 왕에 대한 바벨론 왕의 호의적인 태도로 마무리 지으며 왕국의 회복에 대한 일말의 소망을 보여 주는 것으로 끝나는 반면(왕하26:27-30), 역대기역사서는 신흥 페르샤 제국의 고레스 왕의 등장으로 유다 왕국이 바벨론 군대에게 멸망당하여 포로 생활을 하던 고

역 기간이 끝나고, 유다 예루살렘으로 돌아가 성전을 재건하라는 '고레스 왕의 칙령'(대하36:22-23) 이후 귀향민들의 활동까지를 담고 있다(에스라-느헤미야서).

주전 538년, 바벨론을 멸망시킨 페르샤의 왕 고레스(Cyrus)의 칙령에 의해 포로민들은 고향으로 돌아갈 수 있게 되었다. 바벨론에 포로로 끌려간 지 50년 만의 일이었다. 세스바살, 스룹바벨, 에스라, 느헤미야 등이 4번에 걸쳐 귀환민들을 이끌었다. 이들에 의해 예루살렘 성전과 성곽이 새로이 지어졌다. 이때 느헤미야와 에스라는 예루살렘 성전 건축과 새로운 유다공동체 형성에 공헌했다. 이들의 개혁 사업을 통해 이스라엘은 정치적으로 완전한 독립을 유지하지는 못했지만, 정신적 신앙공동체로서 국가 존재는 멸망치 않고 계속 유지되는 강인함을 보여 주었다.

역대상(1 Chronicles)에서 또 하나의 구약역사서인 역대기역사서가 시작된다. 신명기역사서가 땅의 정복(여호수아)에서 사사 시대를 거쳐 왕정을 형성하고 그 땅에서 쫓겨나 포로로 끌려가기까지의 역사를 기록하고 있다면, 역대기역사서는 아담에서 사울에게 이르는 족보를 시작으로 이스라엘의 왕정을 기록하고 포로에서 돌아와 다시 약속의 땅 가나안에서 종교적 공동체를 건설하는 내용을 담고 있다. 여기서 다윗은 신명기역사서에 나타나는 다윗의 잘못과 부정적인 모습들, 예를 들어 사울 왕을 피해서 망명 생활 할 때, 이스라엘의 적이었던 블레셋 편에 가담한 일(삼상27장, 29장), 밧세바와의 사건과 그의 남편 우리야를 죽게 한 일(삼하11), 압살롬의 반란(삼하13-19장) 등은 완전히 배제된다. 그 이유는 역대기역사서가 묘사하는 다윗 왕은 철저하게 '종교적 지도자'로서 부각되기 때문이다. 다윗 왕은 예루살렘 성전을 중심으로 하는 모든 종교 제도와 의식의 창시

자이다(대상22-28장). 성전 건축을 준비하고 솔로몬에 왕위를 이양하는 모습도 순조롭게 진행된다.

> [19]또 내 아들 솔로몬에게 정성된 마음을 주사 주의 계명과 권면과 율례를 지켜 이 모든 일을 행하게 하시고 내가 위하여 준비한 것으로 성전을 건축하게 하옵소서 하였더라… [23]솔로몬이 여호와께서 주신 왕위에 앉아 아버지 다윗을 이어 왕이 되어 형통하니 온 이스라엘이 그의 명령에 순종하며 [24]모든 방백과 용사와 다윗 왕의 여러 아들들이 솔로몬 왕에게 복종하니 [25]여호와께서 솔로몬을 모든 이스라엘의 목전에서 심히 크게 하시고 또 왕의 위엄을 그에게 주사 그전 이스라엘 모든 왕보다 뛰어나게 하셨더라(대상29:19-25)

역대하(2 Chronicles)는 솔로몬의 성전 건축과 봉헌으로 시작된다. 솔로몬 역시, 신명기사가가 지적하고 있는 부정적인 모습들, 예를 들어 왕위를 계승하기 위해 솔로몬이 쟁탈전을 벌였던 일(왕상1-2장), 많은 여인들을 아내로 맞이하고 우상숭배의 죄를 범했던 일(왕상11장) 등에 대한 언급 없이, 이상적인 종교지도자로서의 모습이 부각된다. 이후 등장하는 유다 왕들에 대한 평가 역시 왕들이 성전과 예배를 위해 공헌한 것이 무엇인지를 두고 이루어진다. 히스기야와 요시야가 대대적인 종교개혁 운동을 펼친 것을 순수한 종교공동체 회복을 위한 좋은 예로 삼고 있다.

전체적으로 역대상하는 '이스라엘은 누구인가(Who is Israel)?', '이스라엘은 무엇인가(What is Israel)?'라는 질문을 던지면서 순수한 하나님 백성으로서의 통일성을 강조하고 있다. 그래서 족보(geneology)를 통해 이스라엘의 순수한 혈통을 강조하고(대상1장-9장), 이스라엘은 왕을 중심한 정치적 공동체가 아니라, 제사장을 중심한 '종교적 공동체'임을 말한다.

솔로몬 사후에도 역대기사가는 남유다 왕국 중심의 역사를 기술하는데, 그 이유는 북이스라엘은 초대왕 여로보암을 비롯한 모든 왕이 종교적 혼합주의와 우상숭배에서 떠나지 않았으며, 무엇보다도 멸망한 이후 앗수르 제국이 펼친 혼혈 정책으로 인해(왕하17:6 참조) 순수한 역사의 계승자가 될 수 없다고 보았기 때문이다. 그만큼 종교적 공동체로서의 남왕국이 온 이스라엘을 대표한다는 사상을 철저하게 가지고 있었던 것이다. 또한 신명기역사서에서 상당한 분량을 차지하고 있는 예언자 엘리야와 엘리사의 이야기가 역대기역사서에 빠져있는 것도 이들에 대한 전승이 북왕국에서 생겨난 것들이기 때문이다.

2. 에스라-느헤미야

역대하의 마지막 부분과 **에스라**(Ezra)의 첫 부분은 이스라엘의 하나님을 참신으로 선언하고 포로로 끌려온 이스라엘 백성들을 고향으로 돌아가게 하는 페르샤 왕 고레스의 칙령을 소개한다(주전 538년).

> [3]이스라엘의 하나님은 참신이시라 너희 중에 그의 백성 된 자는 다 유다 예루살렘으로 올라가서 이스라엘의 하나님 여호와의 성전을 건축하라 그는 예루살렘에 계신 하나님이시라 [4]그 남아 있는 백성이 어느 곳에 머물러 살든지 그곳 사람들이 마땅히 은과 금과 그 밖의 물건과 짐승으로 도와 주고 그 외에도 예루살렘에 세울 하나님의 성전을 위하여 예물을 기쁘게 드릴지니라 하였더라(스1:3-4)

이 칙령에 따라 바벨론에 포로로 끌려온 이스라엘 백성들은 모두 네 번에 걸쳐 다시 가나안 땅으로 돌아간다. 첫 번째 귀향은 고레스 왕의 칙령(주전 538년)이 선포된 직후 유다의 마지막 왕이었던 여호야긴의 아들이

자 유다 총독인 세스바살(Sheshbazzar)의 지도하에 이루어졌다(스1장). 고레스 왕은 세스바살에게 여호와의 성전의 그릇을 돌려주었고(스1:5-11), 모두 4만 2천 360명이 귀향했다. 이때에 세스바살은 새로운 성전의 기초를 놓기는 했으나 그 사역은 이내 중단되었다(스5:13-16).

두 번째 귀향은 다리오 왕(Darius Ⅰ, 주전 521-485년) 때에 제사장 예수아(Jeshua)와 왕족 스룹바벨(Zerubbabel)의 지도하에 이루어졌다. 이들 귀향자들에 의해 예루살렘 성전 재건이 시작되었으나, 사마리아 사람들이 성벽 건축에 대한 불만을 담아 아닥사스다 왕에게 편지를 보냄으로 한동안 성전 공사가 중단되었다(스4:8-24). 그러나 예언자 학개와 스가랴가 스룹바벨에게 성전 재건을 계속하도록 용기를 주었고(스5:1-5), 고레스 칙령을 담은 조서의 발견과 함께 재건을 허락하는 다리우스의 강력한 조서가 내려졌다(스6:1-12). 이에 따라 드디어 성전이 건축, 봉헌되었다(주전 515년). 이 성전을 제2 성전 혹은 지도자의 이름을 따서 스룹바벨 성전이라 부른다. 이 때부터 제2 성전 시대가 시작된다(스3-6장).

세 번째 귀향은 아닥사스다 왕(Artaxerxes) 때에 이루어졌는데(주전 458년), 이때 귀향민들을 이끌었던 이는 학사 겸 제사장이었던 에스라였다. 예루살렘에 도착한 에스라의 손에는 아닥사스다 왕의 조서 외에 또 하나의 중요한 문서가 들려있었다. 그것은 모세의 율법책(The Book of the Laws of Moses)이었고, 많은 학자들은 그 율법책이 지금의 오경일 것으로 생각하고 있다. 이 법에 따라 잡혼 금지 등을 포함한 여러 강도 높은 종교적 개혁 운동을 주도하여 종교적 공동체로서의 이스라엘의 회복을 도모했다(스7상). 또한 율법의 낭독과 함께 이스라엘 모든 백성은 율법을 지킬 의무를 가지게 되었다. 모세의 율법은 이스라엘의 국가법이 되었다. 에스라의 종교개혁은 많은 학자들에 의해 사실상 구약성서에서 유일하게 성공한 개혁 운동으로 평가받으며, 오경이 정경으로 그 권위를 인정받은 때 역시 에스라 시대로 보고 있다.

마지막 네 번째 귀향 역시 아닥사스다 왕 때에 이루어졌는데, 귀향민들을 이끌었던 시도자가 바로 **느헤미야**(Nehemiah)이다. 예루살렘의 열악한 상황을 보고받고 자원하여 돌아갈 것을 요청한 느헤미야는 아닥사스다 왕으로부터 유다의 총독으로 임명을 받았다(주전 445년). 귀향민을 이끈 느헤미야는 이후 12년간 유다의 총독을 지내면서 예루살렘 성벽을 다시 재건하고 에스라와 함께 사회적 기강과 종교 질서를 세우는 데 공헌한다 (느13장).

> 또한 유다 땅 총독으로 세움을 받은 때 곧 아닥사스다 왕 제이십 년부터 제삼십이 년까지 십이 년 동안은 나와 내 형제들이 총독의 녹을 먹지 아니하였느니라(느5:14)

느헤미야서의 주제는 '예루살렘 성벽의 재건'이라고 할 수 있을 정도로 이 책은 귀향민을 이끌고 돌아온 느헤미야가 성벽을 완성할 수 있기까지 어떤 어려움들을 극복하였는지를 설명하고 있다. 성벽이 완성되기 전, 이미 에스라가 모세의 율법책을 낭독하며 백성들로 하여금 토라를 준수할 의무를 가지게 했는데, 느헤미야는 이스라엘 공동체가 그 율법을 지키도록 하기 위한 일련의 개혁들을 시행한다. 그리고 무엇보다도 안식일을 지키는 것을 엄격하게 감독하였다.

구약의 역사(서)는 느헤미야와 함께 마무리된다. 히브리어 본문 전통에서 에스라서와 느헤미야서는 하나의 두루마리 즉 하나의 책으로 읽혀

왔고, 번역본들 중에는 느헤미야서를 제2 에스라서로 부르는 것도 있다. 그만큼 이 두 책은 내용과 구조에 있어서 서로 뗄 수 없을 만큼 긴밀한 관계를 유지하고 있다.

에스더

역대기역사서는 느헤미야서로 마무리되지만, 우리말 성서에서는 그 다음에 **에스더**(Esther)서가 자리 잡고 있다. 이 에스더서 역시 히브리 성경 전통에서는 성문서에 속한 것이지만, 그 시대적 배경이 페르샤 시대이기 때문에 같은 시대적 배경을 갖고 있는 에스라-느헤미야서 다음으로 위치가 이동된 것이다.

에스더서는 페르샤 제국 시대, 황실의 겨울궁 수산에서 있었던 사건을 기록한 책이다. 하나님의 이름이 단 한 군데도 등장하지 않는 책이지만, 포로 이후 시대 고향 땅 가나안으로 돌아가지 않고 페르샤 제국에 그대로 남아있던 유대인들의 여호와신앙과 그들을 향한 하나님의 도우심을 극적으로 묘사하고 있다. 왕궁에서 관직을 맡고 있던 모르드개의 양녀이자 페르샤 왕의 왕비였던 에스더는 하만이라는 고관의 유대인 학살 계획을 알게 된다. 그녀는 목숨을 걸고 그 음모를 저지했고, 유대인들은 극적으로 죽음의 위협으로부터 구출되었다. 하만의 음모를 밝히기 위해 페르샤 제국의 왕 아하수에로에게 나아가면서 에스더가 모르드개에게 남긴 말에는 하나님이 자기 백성을 반드시 구원하시리라는 확신이 담겨 있다.

당신은 가서 수산에 있는 유다인을 다 모으고 나를 위하여 금식하되 밤
낮 삼 일을 먹지도 말고 마시지도 마소서 나도 나의 시녀와 더불어 이렇
게 금식한 후에 규례를 어기고 왕에게 나아가리니 죽으면 죽으리이다
하니라(에4:16)

에스더서는 종교적 전통을 지켜 나가려 하는 포로 이후 시대 유대
인들의 삶과 그들이 당할 수밖에 없었던 어려움을 단적으로 잘 일러주고
있다. 하만이 유대인들을 제비 뽑아(=부르) 전멸시키려 했던 것에서 유대
인들은 부림절(Purim)이라는 이름을 짓고 죽음의 위협에서 벗어난 이날을
기념하고 있다. 이날은 지금도 금식과 카니발을 겸하여(?) 지키는 절기인
데, 술에 취해 '모르드개는 저주받고 하만은 축복받아라'라고 혼동해도
용서받을 정도로 유대인의 모든 절기 중에서 가장 즐겁게 지키는 절기가
되었다.

〈신명기역사서와 역대기역사서 비교〉

신명기역사서	구분	역대기역사서
여호수아, 사사기, 사무엘상하, 열왕기상하	책의 범위	역대상하, 에스라, 느헤미야
가나안 정복에서 남유다의 멸망까지	역사 범위	왕정의 시작에서 포로에서 귀환까지 (계보를 제외할 경우)
남북왕국이 나란히 등장	왕국 묘사	남왕국 중심
유일신 사상 신앙의 순수성 예배 장소의 단일화 사랑과 정의의 공동체 등	주된 관심	이스라엘은 누구인가? 이스라엘은 무엇인가?
정치적 · 종교적 흠이 있음	다윗과 솔로몬	종교적 지도자로서 흠이 없음

VI

시와 노래 그리고 지혜

1. 욥기

욥기(Job)는 전도서와 함께 구약성서의 사변적(회의적) 지혜문학에 속하는 책으로, 역사상 많은 문학가들에 의해 인류가 낳은 문학작품 중 백미로 인정받아 왔다. 특히 산문—운문—산문으로 구성된 욥기의 문학 형태는 고대 근동의 다른 작품 속에서는 나타나지 않는 독특한 것이다. 일반적으로 잘 알려진 욥기의 내용(산문으로 된 서장과 종장)은 의로운 사람이 고난 중에서도 하나님을 원망하지 않고 인내하여 마지막에 가서 갑절의 복을 받은 것이다. 욥기의 무대는 두 군데, 천상의 무대(욥1:6-12)와 지상의 무대이다. 천상 무대의 한 회의 결과로 욥의 고난과 시련이 시작된다. 연속된 재앙으로 욥의 자녀들은 모두 죽임을 당했고 아내는 욥을 저주하며 떠나버렸다. 욥이 당한 고난은 그를 둘러싼 재산과 환경뿐 아니라 욥 자신에게까지 미쳤고, 욥은 자기 생일을 저주할 정도로 고통에 휩싸였지만(욥3:1-26), 그런 상황 속에서도 욥은 성경에서 가장 위대한 신앙고백 중 하나를 한다.

내가 모태에서 알몸으로 나왔사온즉 또한 알몸이 그리로 돌아가올지라 주신 이도 여호와시요 거두신 이도 여호와시오니 여호와의 이름이 찬송을 받으실지니이다(욥1:21)

욥과 세 친구(엘리바스, 빌닷, 소발) 사이의 대화 혹은 논쟁은 모두 세 번에 걸쳐 나타난다. 첫 번째 대화(4-14장)에서 친구들은 간접적으로 욥에게 지은 죄를 회개할 것을 제안한다. 고통을 연단의 목적으로 삼아 인내심을 갖고 기도할 것과 욥이 청결하고 정직하면 반드시 하나님이 돌보시리라는 것, 그리고 인간은 하나님 앞에 의로울 수 없다는 견해였다. 이들의 주장은 전통적인 신명기적 인과응보의 교리이다. 그러나 욥은 이러한 교리가 자신에게는 부합하지 않는다고 주장한다.

두 번째 대화(욥15장-21장)에서 친구들은 욥을 강력하게 비판한다. 악한 자는 고난과 위험에 빠지고, 덫에 걸리고 잊혀지며, 그 생명이 길지 못하고 재물을 잃는다고 주장한다. 그들은 욥의 경우를 염두에 두고 있었다. 욥은 자신에게 고통을 주시는 하나님께 반항까지 하면서 악한 사람이라도 번창하며 고통 없이 살다가 평화롭게 죽어갈 수 있음을 들어 반박한다. 이들 네 사람의 논쟁은 거의 싸움에 가까울 정도이다.

친구들의 말에도 전혀 회개할 용의가 없어 보이는 욥의 태도는 세 번째 논쟁(욥22장-25장)을 부르게 된다. 엘리바스와 빌닷은 욥의 사회적 탈선과 영적인 무례함, 그리고 하나님의 능력과 인간의 비천함을 들어 욥을 공개적으로 공격한다. 욥은 끝까지 자신의 무죄를 주장하면서 하나님의 침묵에 원망한다.

운문 부분의 후반부에 들어가면서 갑자기 엘리후라는 사람이 등장한다. 네 사람의 대화를 듣던 엘리후는 네 번의 연설을 통해 세 친구의

의견에 힘을 실어 준다. 우선 욥이 과거에 무슨 죄를 지었는지 알 수 없지만 그가 자기의 무죄를 주장하면서 하나님께 죄를 지었을 것이라는 점이다. 즉 욥이 하나님을 높이기보다는 자신의 무죄와 의로움을 주장하기 위해 하나님을 낮추고 마치 하나님이 불의한 것처럼 말한 사실을 지적한 것이다(욥33장). 그리고 욥이 스스로를 의롭다고 하면서 하나님이 잘못하신 것처럼 말하는 것 자체가 잘못임을 지적한다(욥34장). 더 나아가서 욥이 매우 악한 사람이라고 말한다(욥34:1-9). 아울러 엘리후는 하나님의 권위에 철저히 복종하고 사람들이 어려운 일을 당하게 되면 자신이 무죄하다고 말하지 말고 혹시 자기도 모르는 죄가 있는지 살펴보아 만일 악을 행했다면 다시는 그런 죄를 짓지 않겠다고 하나님께 다짐해야 한다는 것이다(욥34:31-32). 엘리후는 하나님에 비해 아무것도 아닌 인간이 선악 간에 어떤 일을 하건 하나님께 아무런 영향도 끼치지 못한다고까지 주장하고(욥35), 하나님이 세상을 다스리는 방법과 능력, 심판을 통해 죄인을 돌아오게 하심 등을 설명한다(욥36-37장).

엘리후의 연설도 욥에게는 아무런 소용이 없었다. 급기야는 하나님이 직접 대화에 참여하시게 된다(욥38-41장). 욥이 그토록 원했던 하나님의 응답이 실현되었다. 그러나 하나님의 대답에는 욥이 당하는 고난에 대한 아무런 이유를 제공하지 않는다. 폭풍 가운데 들려오는 하나님의 음성은 욥에게 끊임없는 질문을 제기한다. 하나님은 여러 질문을 통해 하나님이 창조주이심을 알리며 창조주의 무한한 능력과 피조물의 제한된 지식과 능력을 대비시켜 주신다.

> ⁴내가 땅의 기초를 놓을 때에 네가 어디 있었느냐 네가 깨달아 알았거든 말할지니라 ⁵누가 그것의 도량법을 정하였는지, 누가 그 줄을 그것의 위

에 띄웠는지 네가 아느냐 ⁶그것의 주추는 무엇 위에 세웠으며 그 모퉁잇 돌을 누가 놓았느냐(욥38:4-6)

욥은 끝까지 하나님으로부터 자신이 당하는 고난의 이유에 대해 명쾌한 설명을 듣지 못하지만, 하나님과 만나는 체험을 통해 절대적인 믿음을 유지한다. 그것은 전능하신 하나님의 계획과 행동은 인간의 토론 대상 자체가 아니라는 것이었다. 운문 부분은 하나님에 대한 원망과 자신의 교만한 의로움까지도 회개하는 것으로 마무리된다.

⁵내가 주께 대하여 귀로 듣기만 하였사오나 이제는 눈으로 주를 뵈옵나이다 ⁶그러므로 내가 스스로 거두어들이고 티끌과 재 가운데에서 회개하나이다(욥42:5-6)

욥기의 마지막은 다시 산문으로 돌아오는데, 욥은 자신을 공격하던 친구들을 위해 기도하고, 하나님은 그러한 욥에게서 모든 곤경을 거두시고 잃었던 소유물을 갑절로 회복시켜 주셨다. 형제와 자매 그리고 이전에 알던 모든 사람들이 찾아와서 축하해 주었다. 이와 같은 축복은 욥이 마지막까지 하나님에 대한 경건함을 잃어버리지 않았기 때문이라고는 볼 수 없다. 그 축복은 의로운 삶에 대한 기계적인 보상이 아니라, 전통적인 구약성서의 인과응보적 사상으로 풀이될 수 없는, 하나님의 자유로운 은혜에 근거를 둔다. 전통적 사상을 벗어나는 이와 같은 사상은 구약성서의 지혜서에서 자주 발견된다.

2. 시편

히브리어로 테힐림(Tehillim)으로 불리는 **시편(Psalms)**은 이스라엘 사람
들이 하나님을 찬양한 노래라는 뜻을 지니고 있다. 구약성서의 대부분의
다른 책들이 주로 인간을 향한 하나님의 말씀을 담고 있는 반면, 시편은
하나님을 향한 인간의 목소리, 찬양을 담고 있다. 실제로 우리가 사용하는
교독문의 대부분도 시편에서 인용하고 있으며, 히브리어 성경 구분법으로
볼 때 세 번째 묶음에 해당하는 성문서(Kethubim)의 대표라 할 수 있다.

시편은 주로 예배 때에 사용되었던 찬양의 노래이기 때문에 여러 가
지 멜로디와 악기의 이름이 그 제목 중에 등장하는 경우가 많다. 그러나
안타깝게도 찬양의 가사는 기록으로 남아있지만, 지금은 확인할 수 없는
구약 시대의 예배 중에 사용된 그 멜로디와 악기 등이 구체적으로 어떤
것이었는지 알 수가 없다. 마스길(시32; 42; 44; 45; 52-55 등), 소산님(시45; 69),
수산 에듯(시60), 소산님 에듯(시80), 알 다스헷(시57-59), 깃딧(시8; 81; 84), 스
미닛(시6; 12), 마할랏(시53; 88), 알라못(시46), 뭇라벤(시9), 아앨렛 샤할(시22),
요낫 엘렘 르호김(시56), 식가욘(시7), 힉가욘(시9:17) 등이 그 예이다.

전체 150편의 시편이 5부로 구성되어 있는데, 이러한 구조는 구약 성서에서 가장 권위 있는 부분인 오경의 형식을 본 땄다는 것이 가장 일반적인 견해이다. 또한 시편은 그 내용과 형식에 있어서 찬양시, 감사시, 탄원시, 신뢰시, 지혜시, 토라시, 왕조시, 시내 산시편, 구속사시편 등 참으로 다양하게 구분된다. 시편 1편은 지혜시에 해당한다.

> ¹복 있는 사람은 악인들의 꾀를 따르지 아니하며 죄인들의 길에 서지 아니하며 오만한 자들의 자리에 앉지 아니하고 ²오직 여호와의 율법을 즐거워하여 그의 율법을 주야로 묵상하는도다 ³그는 시냇가에 심은 나무가 철을 따라 열매를 맺으며 그 잎사귀가 마르지 아니함 같으니 그가 하는 모든 일이 다 형통하리로다 ⁴악인들은 그렇지 아니함이여 오직 바람에 나는 겨와 같도다 ⁵그러므로 악인들은 심판을 견디지 못하며 죄인들이 의인들의 모임에 들지 못하리로다 ⁶무릇 의인들의 길은 여호와께서 인정하시나 악인들의 길은 망하리로다(시1:1-6)

가장 많이 애독되는 시편 23편은 하나님은 인간의 고통 중에서도 의지할 수 있는 분임을 노래하는 대표적인 신뢰시라 할 수 있다.

> ¹여호와는 나의 목자시니 내게 부족함이 없으리로다 ²그가 나를 푸른 풀밭에 누이시며 쉴 만한 물가로 인도하시는도다 ³내 영혼을 소생시키시고 자기 이름을 위하여 의의 길로 인도하시는도다 ⁴내가 사망의 음침한 골짜기로 다닐지라도 해를 두려워하지 않을 것은 주께서 나와 함께하심이라 주의 지팡이와 막대기가 나를 안위하시나이다 ⁵주께서 내 원수의 목전에서 내게 상을 차려 주시고 기름을 내 머리에 부으셨으니 내 잔이

넘치나이다 ⁶내 평생에 선하심과 인자하심이 반드시 나를 따르리니 내가 여호와의 집에 영원히 살리로다(시23:1-6)

예수께서 구약의 여러 성문서들을 가리켜 '시편'으로 말씀하실 정도로(눅24:44) 시편은 신약 시대의 많은 사람들에 의해서도 가장 대표적인 성문서로 인정을 받은 책이다. 또한 시편은 신약성서에서도 가장 많이 인용되는 구약성서의 책이기도 하다. 신약성서에서 인용하는 구약성서 본문 중 1/3이 바로 시편의 말씀이고, 예배 중에 사용하는 교독문에서도 시편은 가장 많이 인용되는 성경이다. 우리가 잘 알고 있는 신약성서의 말씀들을 찾아보면서 직간접적으로 인용된 그 예를 들어 보자.

예수께서 이르시되 너희가 성경에 건축자들이 버린 돌이 모퉁이의 머릿돌이 되었나니 이것은 주로 말미암아 된 것이요 우리 눈에 기이하도다 함을 읽어 본 일이 없느냐(마21:42≒시118:22-23)

제 구 시에 예수께서 크게 소리 지르시되 엘리 엘리 라마 사박다니 하시니 이를 번역하면 나의 하나님, 나의 하나님 어찌하여 나를 버리셨나이까 하는 뜻이라(막15:34≒시22:1)

곧 하나님이 예수를 일으키사 우리 자녀들에게 이 약속을 이루게 하셨다 함이라 시편 둘째 편에 기록한 바와 같이 너는 내 아들이라 오늘 너를 낳았다 하셨고(행13:33≒시2:7)

또 다른 시편에 일렀으되 주의 거룩한 자로 썩음을 당하지 않게 하시리

라 하셨느니라(행13:35≒시16:10)

기록된 바 우리가 종일 주를 위하여 죽임을 당하게 되며 도살당할 양같이 여김을 받았나이다 함과 같으니라(롬8:36≒시44:22)

이방인들도 그 긍휼하심으로 말미암아 하나님께 영광을 돌리게 하려 하심이라 기록된바 그러므로 내가 열방 중에서 주께 감사하고 주의 이름을 찬송하리로다 함과 같으니라(롬15:9≒시18:49)

또 모든 열방들아 주를 찬양하며 모든 백성들아 그를 찬송하라 하였으며(롬15:11≒시117:1)

시편 중에는 알파벳 시라는 독특한 형태의 시편도 존재한다. 히브리어 자음 22개가 각 절 혹은 각 연의 첫 글자로 히브리어 알파벳의 순서를 따르는 경우이다. 특히 시편 119편의 경우 1-8절까지는 첫 번째 알파벳인 א(알렙)이, 9-16절까지는 두 번째 알파벳인 ב(베트)가 사용되는 방식으로 마지막 176절에 이르기까지 매 8절씩 히브리어 알파벳이 순서대로 사용되고 있다. 이와 같은 알파벳 시편의 예들로는 시편 119편 외에도 25편과 34편, 그리고 비록 그 엄격성에서 다소 차이는 등장하지만, 시 9-10(원래는 이 둘이 한 편으로 된 시였음); 37; 111; 112; 145편을 들 수 있다. 시편 외에도 잠언 31:10-31; 애가 1-4장 등도 정교한 알파벳 시문 형태를 지니고 있다. 이는 아마도 외우기 쉽도록 사용한 방법인 것으로 보이기도 하지만, 이와 같은 알파벳 시들은 구약성서의 시문이 얼마나 정교한 형태를 지니고 있는지를 잘 보여 주는 것들로, 번역된 성경에서는 그 묘미를 느낄 수 없다.

전부 5권으로 이루어진 시편은 막 권이 끝날 때마다 '할렐루야'라는 단어로 마무리된다. 시편 150편은 제5부를 마무리함과 동시에 시편 전체를 마무리하는 송영이다.

> [1]할렐루야 그의 성소에서 하나님을 찬양하며 그의 권능의 궁창에서 그를 찬양할지어다 [2]그의 능하신 행동을 찬양하며 그의 지극히 위대하심을 따라 찬양할지어다 [3]나팔 소리로 찬양하며 비파와 수금으로 찬양할지어다 [4]소고 치며 춤추어 찬양하며 현악과 퉁소로 찬양할지어다 [5]큰 소리 나는 제금으로 찬양하며 높은 소리 나는 제금으로 찬양할지어다 [6]호흡이 있는 자마다 여호와를 찬양할지어다 할렐루야(시150:1-6)

3. 잠언, 전도서, 아가

잠언

　　잠언(Proverbs)은 구약성서에서 삶의 지혜에 대한 증언을 다루는 책이다. 이 책은 욥기, 전도서와 함께 구약의 지혜문학이라는 독특한 장르를 형성한다. 지혜문학을 제외한 다른 구약성서의 책들은 그 출발점이 하나님에 대한 신앙고백에 있는 반면, 지혜문학은 인간의 이성과 경험, 즉 삶이 제기하는 여러 가지 문제의 해답을 찾으려고 하는 데에서 시작한다. 그러나 세상의 천박한 처세술이 아닌 하나님 경외함에 근거를 둔 신앙적 입장에서 전개해 나가고 있다. 고대 근동의 다른 나라들, 이를테면 애굽과 아라비아, 바벨론 등 이스라엘 주변의 나라들에서 지혜란 삶의 경험적인 지식을 통해 사람을 처세에 능하도록 이끄는 데 그 목적이 있었던 반면, 이스라엘의 지혜는 인생의 성공이 사람의 명철과 영리함에 달려있는 것이 아니라 근본적으로 하나님을 두려워하고 그 뜻을 따르는 데 달려있음을 알게 하는 데 그 목적이 있다고 할 것이다.

잠언의 첫 번째 부분은 "다윗의 아들 이스라엘의 왕 솔로몬의 잠언 이라"(잠1:1)는 서두로 시작되며 주로 '지혜' 자체에 신학화 작업이 이루어진 신학적 지혜(Theological Wisdom)를 담고 있다. 여기서 잠언은 일상적인 교훈을 전해 주는 데 목적을 두지 않는다. 비록 겉으로 보기에는 삶의 지혜를 전달하는 형태를 띠고 있는 것처럼 보일 수도 있지만, 사람이 참으로 지혜로운 삶을 살아갈 수 있는 방법은 여호와를 경외하는 것임을 말해 주고 있다(잠1:7; 9:10).

여호와를 경외하는 것이 지식의 근본이거늘 미련한 자는 지혜와 훈계를 멸시하느니라(잠1:7)

이러한 하나님 경외 사상은 '마음을 다하여 여호와를 신뢰'하고 자신의 명철을 의지하지 않으며 범사에 하나님을 인정하고 악에서 떠나는 것(잠3:5-7), '재물'과 '소산물의 처음 익은 열매' 즉 하나님이 주신 것들을 다시 하나님께 드리는 것(잠3:9), 자녀를 가르침에 있어서 하나님의 말씀에 따라 징계하는 교육적인 조치(잠3:11-12) 등을 통해 나타난다. 마치 독립적인 여성 인격체로 인격화되는 지혜는 길거리와 광장 등 사람들이 모여있는 곳이면 어디나 찾아다니며 외치고 있다. 그리고 사람들에게 외치는 올바른 지식이란 바로 하나님을 경외하는 것임을 말하고 있다(참조 1:29). 더 나아가 잠언은 이 세계가 지혜를 통해 지음을 받았고 그 형태를 갖추었다고 말하고 있다. 그렇다면 지혜란 세상의 창조 이전에 선재(先在)하였고, 하나님이 세상을 창조할 때에는 그 동역자가 되는 것이다. 이는 고대 근동의 다른 지혜문학에서는 발견할 수 없는 구약성서만의 독특한 표현이다. 다른 고대 근동의 문헌에서는 지혜가 그저 인간의 인성적 활동을 촉발시키는 도구에 불과하지만, 구약성서는 지혜가 궁극적으로 인간의 이성적 산물이 아니라 하나님의 경외에서부터 시작됨을 역설하고 있는 것이다.

잠언에 나타나는 지혜에는 삶에 대한 실용적인 지혜(Practical Wisdom)도 있다. 실용적 지혜가 다루고 있는 범주는 부지런함(잠10:4; 12:27; 13:4; 18:9; 19:15), 일(12:11), 지식(잠10:14; 13:16; 16:23; 19:2), 자제력(잠10:19; 11:22; 16:32; 25:28), 정직(잠10:9, 11:1,6) 등 다양하게 나타난다. 여기서는 '의인=지혜로운 사람'이라는 등식이 성립될 정도로 의인이란 하나님의 언약을 지키며 살아가는 사람임을 강조하고 있다. 즉 하나님의 계명을 진지하게 받아들이고 지키며 살아가는 사람은 행복하고 성공적인 삶을 누릴 수 있지만, 하나님의 뜻과 계명을 대수롭지 않게 여기는 미련하고 지혜롭지 못한 사람은 결국 망하고야 만다는 인과율이 강하게 나타나고 있다. 이러한 실용적 지혜는 주로 두 줄로 된 양극의 길을 대칭적으로 보여 주는 평행법 형태를 띠고 있다. 평행법이란 한 구절이 전반절과 후반절로 한 쌍을 이루는 두 반절(半節)의 형태를 말한다. 여기에 나타나는 여러 종류의 평행법을 살펴보면 다음과 같다.

공평한 저울과 접시저울은 여호와의 것이요 // 주머니 속의 저울추도 다 그의 것이라(잠16:11, 동의적 평행법)

유순한 대답은 분노를 쉬게 하여도 // 과격한 말은 노를 격동하느니라 (잠15:1, 반의적 평행법)

패역한 자는 다툼을 일으키고 // 말쟁이는 친한 벗을 이간하느니라(잠

16:28, 종합적 평행법)

잠언에는 솔로몬의 잠언만 기록되어 있는 것은 아니다. 잠언에서 언급되는 일곱 개의 표제들(잠1:1; 10:1; 22:17; 24:23; 25:1; 30:1; 31:1)은 잠언의 저자와 그 기록 연대에 대해 매우 중요한 정보를 제공해 주고 있다. 이 표제들 중 잠언 1장 1절, 10장 1절, 25장 1절은 모두 그 저자가 솔로몬인 것으로 말하고 있다. 그러나 잠언에는 솔로몬의 작품이 아닌 것으로 말하는 익명의 지혜자의 기록들 또한 등장한다. 특히 잠언 25-29장은 "이것도 솔로몬의 잠언이요, 유다 왕 히스기야의 신하들이 편집한 것이라"(잠25:1)고 하는 새로운 서두로 시작한다. 유다 왕 히스기야는 북이스라엘을 멸망시킨 앗수르의 위협을 하나님을 믿는 신앙으로 극복하려 했던 왕이다. 아마도 히스기야는 왕궁의 서기관들을 통해 솔로몬 시대의 자료를 수집하고 정리하면서 이스라엘의 민족정신을 되찾고 그 자료들 속에 배어있는 지혜와 신앙의 힘으로 위기를 극복하고자 했을 것이다. 솔로몬의 세 번째 잠언이라고 할 수 있는 이 부분은 왕과 신하들을 위한 잠언(잠25:1-15), 미련하고 게으른 자들에 대한 잠언(잠26장), 지혜로운 삶에 대한 잠언(잠27장), 장래의 통치자들을 위한 잠언(잠28-29장) 등 신학적 지혜보다는 실용적 지혜가 주축을 이루고 있다.

잠언의 마지막 부분 잠언 30장과 31장은 각각 "야게의 아들 아굴의 잠언"과 "르무엘 왕이 말씀한 바 곧 그의 어머니가 그를 훈계한 잠언"으로 소개된다. 잠언 30장의 아굴이 누구인지에 대해서는 아직 알려진 바가 거의 없다. 아굴은 지혜와 하나님을 아는 지식을 동일시하면서 자신은 아직 그 지혜에 이르지 못하였음을 고백한다(잠30:3-4). 그러나 그는 하나님과 하나님의 말씀에 대한 분명한 신앙고백을 잠언으로 표현하고 있다.

하나님의 말씀은 다 순전하며 하나님은 그를 의지하는 자의 방패시니라
(잠30:5)

잠언 31장의 르무엘 왕 또한 누구였는지는 아라비아 부족에 속한 사람이었을 것이라는 추측만 가능할 뿐이다. 르무엘은 이방의 왕이시만 그이름의 뜻이 '하나님께 속하였다'인 것을 감안해 볼 때, 이스라엘의 신앙에 영향을 받았을 것으로 보인다. 이 잠언은 여자와 술을 조심하라는 르무엘 왕의 어머니의 훈계로 시작한다(잠31:2-7절). 특이한 것은 '현숙한 아내'에 대해 말하고 있는 10-31절이 각 구절의 첫 글자가 히브리어 알파벳 순서를 따르고 있다는 점이다. 즉 모두 22개의 글자로 이루어진 히브리어 알파벳이 각 구절마다 첫머리에 순서대로 하나씩 등장하고 있는 것이다. 잠언의 마지막을 장식하는 이 단락에서도 현숙한 여인이 되기 위한 중요 품목으로 여호와를 경외하는 것이 제시된다(잠31:30).

전도서

전도서(Koheleth)는 욥기, 잠언과 더불어 구약성서의 지혜문학을 형성하면서도 성공적인 삶과 행복이 사람의 행동에 좌우된다는 전통적인 지혜관과는 사뭇 다른 가르침을 주는 책이다. 히브리어 성경에서 전도서는 '코헬렛'(Koheleth)이라고 불린다. 이 말은 전도자, 설교가를 의미하지만, 종교를 선교하는 선교자의 의미보다는 좋은 지혜의 말씀을 전하는 설교자의 책이라는 뜻이 더 강하다. 전통적으로 전도서의 저자는 솔로몬으로 여겨져 왔으나 이 책에 솔로몬이 저자라는 직접접인 표현은 나타나

지 않는다. 그러나 "다윗의 아들 예루살렘의 왕 전도자의 말씀이라"(전1:1)와 "나 전도자는 예루살렘에서 이스라엘 왕이 되어"(전1:12)라는 구절에서 '다윗의 아들'과 '이스라엘의 왕'이라는 표현 때문에 전통적으로 세상의 부귀영화를 다 누린 솔로몬의 저작이라고 여겨져 왔다. 솔로몬은 성서에 나오는 모든 왕 중에서 가장 부유했으며 사람이 누릴 수 있는 많은 영광과 사치와 영화를 한껏 누린 왕이었다. 전도자는 그런 솔로몬의 고백을 통해 삶의 참의미를 전하고 있다.

> [24]사람이 먹고 마시며 수고하는 것보다 그의 마음을 기쁘게 하는 것은 없나니 내가 이것도 본즉 하나님의 손에서 나오는 것이로다 [25]아, 먹고 마시는 일을 누가 나보다 더 해보았으랴 [26]하나님은 그가 기뻐하시는 자에게는 지혜와 지식과 희락을 주시나 죄인에게는 노고를 주시고 그가 모아 쌓게 하사 하나님을 기뻐하는 자에게 그가 주게 하시지만 이것도 헛되어 바람을 잡는 것이로다(전2:24-26)

본디 사람의 행복이란 열심히 땀 흘려 일하고 거기서 누리는 삶의 열매로 인하여 얻는 것이다. 그러나 전도자는 해 아래 수고하는 그와 같은 모든 노력과 수고 그리고 그로 인한 열매마저 다 헛되다고 말한다. "헛되고 헛되며 헛되고 헛되니 모든 것이 헛되도다 해 아래서 수고하는 모든 수고가 사람에게 무엇이 유익한가"(전1:2), "내가 해 아래서 행하는 모든 일을 보았노라 보라 모두 다 헛되어 바람을 잡으려는 것이로다"(전1:14) 하며 회의론적 태도를 보여 준다.

해 아래 모든 것이 헛되다는 허무에 대한 선언은 전도서의 주제가 된다. 많은 사람이 일생 동안 추구하는 향락(전2:1), 권세와 권력(전4:14-16),

많은 물질(전5:10-17), 부귀영화와 장수 심지어 그 자손까지도 헛될 뿐이라고 말한다. 이와 같은 것들은 어느 한순간에 다 사라져버릴 수도 있는 것들이고 마지막에는 하나도 남지 않을 것들이기 때문이다. 물질과 부귀영화 등 눈에 보이는 것에서 한 걸음 더 나아가서 전도자는 "내가 다시 지혜를 알고자 하며 미친 것들과 미련한 것들을 알고자 하여 마음을 썼으나 이것도 바람을 잡으려는 것인 줄을 깨달았도다 지혜가 많으면 번민도 많으니 지식을 더하는 자는 근심을 더하느니라"(전1:17-18) 하며 지식과 지혜를 많이 얻는 것조차 헛되다고 말한다.

그러나 전도자는 인생과 세상을 부정적으로 보지는 않는다. 단지 하나님이 하시는 일의 시종을 사람이 알 수 없을 뿐이지만 그 모든 일에는 때가 있고 삶과 세상은 하나님이 주신 선물임을 말하고 있다. 전도자는 사람들이 "먹고 마시는 것과 수고함으로 낙을 누리는" 것들이 다 하나님의 선물인 것을 인정하고(전3:13), 하나님은 모든 것에 때를 정해 주셨으며 그 모든 것들을 아름답게 하셨음을 인정한다. 시종(始終) 즉 처음과 끝의 모든 전체적인 흐름을 사람은 알아낼 수 없고 이를 곰곰이 생각해 보는 것도 어려운 일이지만 전도자는 그 가운데에서 하나님의 자비와 은혜를 알아볼 것을 권고한다. 즉 사람은 하나님이 선물로 주신 제각각의 삶 즉 몫을 만족하고 감사하는 마음으로 기뻐하면서 누리며 살 것을 권고한다(전3:9-13). 전도자는 영원하신 하나님이 정하신 질서를 사람이 알 수 없는 이유는 유한한 사람들이 하나님을 경외하도록 하기 위함이라고 고백한다(전3:14). 이러한 전도자의 하나님 경외 사상은 예배 태도에 대한 경고로 나타난다.

²하나님 앞에서 함부로 입을 열지 말며 급한 마음으로 말을 내지 말라

하나님은 하늘에 계시고 너는 땅에 있음이니라 … ⁴네가 하나님께 서원
하였거든 갚기를 더디 하지 말라 하나님은 우매한 자들을 기뻐하시나니
서원한 것을 갚으라 … 오직 너는 하나님을 경외하라(전5:2,4)

전도자는 많은 제물을 차려놓고 시끄럽게 떠들어대는 자들을 "우매
한 자들"이라고 말한다(전5:1-3). 하나님을 경외한다는 것은 많은 제물을
쌓아놓고 예배드리는 데에서 찾을 수 있는 것이 아니라, 하나님의 말씀
을 듣고 순종하며 살아가는 것임을 말하는 것이다. 그래서 전도자는 하
나님의 "말씀을 듣는 것"이 "악을 행하면서도 깨닫지 못하는" 우매한 자
들이 드리는 제물보다 낫다고 말한다.

전도자는 마지막으로 삶을 살아가는 데 있어서 중요한 원칙 하나를
제시한다. 그것은 자신의 창조주 하나님을 기억하라는 것이다.

¹너는 청년의 때에 너의 창조주를 기억하라 곧 곤고한 날이 이르기 전
에, 나는 아무 낙이 없다고 할 해들이 가깝기 전에 ²해와 빛과 달과 별들
이 어둡기 전에, 비 뒤에 구름이 다시 일어나기 전에 그리하라 … ⁷흙은
여전히 땅으로 돌아가고 영은 그것을 주신 하나님께로 돌아가기 전에
기억하라(전12:1-2,7)

창조주를 기억하며 사는 것은 일견 허무해 보이는 이 세상에서 가장
의미 있는 인생을 살아가는 방법이라는 것이다. 전도자에게 있어서 가장
큰 시련은 죽음이었다(전2:20-21; 3:19-20; 5:15; 9:4-6 참조). 모든 것을 헛되게 만
드는 죽음을 넘어서는 유일한 방법은 창조를 기억하는 것이고, 창조주를
기억한다는 것은 곧 하나님을 찬양하고 예배하며 살아가는 삶을 산다는

것을 말한다. 전도자가 경험한 삶은 그리 길지 않다. 자신이 살아온 인생을 짧다고 경험했기 때문에 곧 해와 빛과 달과 별들이 어두워질 것이고, 힘 있는 젊은이들의 허리가 굽어질 것이고, 길거리 문들이 닫힐 것이고, 노인이 되어 잠이 없어지면 새의 소리로 인해 일어날 것이고, 숨이 차서 높은 곳에 오르기 힘들고 길에 널려있는 위험을 피하기도 쉽지 않고 결국은 죽어서 영원한 집으로 돌아가 자신을 찾아온 조문객들이 왕래할 것이라고 말한다(전12:2-5). 이렇게 짧은 인생이 끝나기 전에 가장 중요한 것은 청년의 때 곧 일찍부터 창조주 하나님을 기억하고 예배하며 사는 것이다. 그래서 전도서의 마지막은 잠언서와 마찬가지로 여호와를 경외하는 것이 모든 사람이 지켜야 할 본분이자 참지혜임을 강조한다(전12:13-14). 결국 전도자는 창조주 하나님이 지으신 세계에서 사람은 한정된 생활 공간(=해 아래) 안에서 살아갈 수밖에 없으며, 하나님께서 하시는 일을 인간의 지혜와 경험과 지식으로 다 알 수 없음을 고백한다. 하나님을 떠난 사람의 지혜와 지식으로는 그 인생이 허무할 수밖에 없고, 가장 큰 지혜는 창조주 하나님을 기억하고 경외하며 그 하나님이 주신 선물인 삶을 기쁨으로 누리면서 살아가는 것임을 말하고 있다.

궁극적으로 전도서는 세상과 사물, 사람, 삶의 의미는 하나님만이 알고 계시고 그 하나님을 경외하며 기억하고 살아가는 사람이 지혜로운 사람인 것을 말하는 점에서 잠언의 가르침과 상통하고 있다. 유대인 회당에서는 전도서를 이스라엘 3대 절기 중 하나인 초막절에 읽어왔다.

아가

아가(Song of Songs)는 사랑하는 두 남녀의 시적 고백을 통해 사랑을 고백한 노래모음 책이다. 구약성서 가운데 가장 아름다운 노래로 알려진 이 책의 아가(雅歌, 아1:1)라는 이름은 노래들 중의 노래(song of songs) 즉 가장 아름다운 노래라는 뜻을 담고 있다. 아가서는 하나님의 이름이 한 번도 등장하지 않고, 남녀 간의 성적 표현이 거침없이 드러나 있는 것 등의 이유로 인해 구약의 정경에 포함되기까지는 우여곡절이 많았다. 그러나 많은 논란에도 불구하고 아가서가 구약의 성문서에 포함될 수 있었던 것은 이 책에 등장하는 연인이 하나님과 이스라엘의 관계, 그리스도와 교회의 관계 혹은 그리스도와 신자의 관계를 표상한 것이라는 은유적(알레고리컬) 해석 때문이었다. 유대교 전통에서 아가는 '구약 안의 지성소'로 여겨졌고, 아이들이 성인식을 올릴 때까지는 읽는 것이 금기되어 있는 책이다. 구약 시대의 지성소가 함부로 들어갈 수 없는 신성한 장소였듯이, 아가서는 남녀 간의 밀월적이고 뜨거운 사랑을 통해 하나님과 이스라엘 사이의 진실한 사랑, 더 나아가서 주님이신 그리스도와 교회의 긴밀한 사랑을 이해하지 않고서는 읽어내기가 쉽지 않은 책이라는 뜻이다.

아가서는 "솔로몬의 아가"라는 표제어로 시작한다(아1:1). 이스라엘 역사에서 세 번째 등장하는 왕 솔로몬은 처음으로 예루살렘 성전을 지은 왕이고 '이재(理財)의 왕'으로 통할 만큼 지혜와 권력, 부를 가진 왕이었다. 이스라엘 지혜 전통에서 솔로몬은 지혜의 스승이자 많은 노래를 지은 시인으로도 통한다. 학자들은 아가서가 솔로몬의 저작이라는 1장 1절의 진술은 마치 연애시 정도로 보이는 아가서의 가치를 높이고 경전의 하나로 자리 잡는 데 중요한 역할을 한 것으로 보고 있다(왕상4:32 참조).

예루살렘의 다른 처녀들의 부러움과 시샘의 대상이 되는 한 여인에 대한 솔로몬의 사랑 노래는 하나님이 창조한 이성 간의 사랑이 소중하고 고귀한 축복임을 가르쳐 준다. 사랑은 서로가 서로에게 귀속되며 존중하고 둘 사이의 결속을 더욱 굳게 만드는 것이다. 사랑하는 남녀가 서로에게 속하는 것은 아가서가 전하는 중요한 중심 주제이다.

> 내 사랑하는 자는 내게 속하였고 나는 그에게 속하였도다 그가 백합화 가운데에서 양 떼를 먹이는구나(아2:16)

> 나는 내 사랑하는 자에게 속하였고 내 사랑하는 자는 내게 속하였으며 그가 백합화 가운데서 그 양 떼를 먹이는도다(아6:3)

> 나는 내 사랑하는 자에게 속하였도다 그가 나를 사모하는구나(아7:10)

특히 은유적 해석으로 말하자면 이 두 남녀 간의 사랑은 이스라엘에 대한 하나님의 진솔한 사랑이라고 할 수 있다. 하나님과 이스라엘의 사랑을 인간이 가장 뜨겁게 경험할 수 있는 남녀 간의 사랑으로 표현하고 있는 것이다. 이는 마치 창세기 2장 23절에서 아담이 하와에게 "이는 내 뼈 중의 뼈요 살 중의 살이라"고 했던 사랑 고백과 비슷하다고 할 것이다. 두 남녀의 관계와 사랑을 끊어놓을 수 있는 유일한 장애는 이제 죽음밖에 없다. 그러나 둘의 사랑은 그 죽음을 두려워하지 않을 정도로 강력하다.

> ⁶너는 나를 도장같이 마음에 품고 도장같이 팔에 두라 사랑은 죽음같이 강하고 질투는 스올같이 잔인하며 불길같이 일어나나니 그 기세가 여호

와의 불과 같으니라 [7]많은 물도 이 사랑을 끄지 못하겠고 홍수라도 삼키지 못하나니 사람이 그의 온 가산을 다 주고 사랑과 바꾸려 할지라도 오히려 멸시를 받으리라(아8:6-7)

남자의 마음과 팔에 여자의 도장이 찍힌다는 것은 다른 사람이 넘보지 못하도록 그 소유권이 특별한 사람에게 한정되어 있다는 말이다. 사람의 생명을 상징하는 곳과 가장 가까이에 있던 도장처럼 여기서 여자는 사랑하는 남자와 가까이 있고 싶은 마음을 표현한다. 여기에는 이스라엘이 하나님의 사랑이듯 하나님 또한 이스라엘의 유일한 사랑이 되어야 함이 진하게 배어있다. 구약성서는 여러 곳에서 하나님과 이스라엘의 특별한 관계를 말해 주고 있다. "세계가 다 내게 속하였나니 너희가 내 말을 잘 듣고 내 언약을 지키면 너희는 모든 민족 중에서 내 소유가 되겠고"(출 19:5), "여호와께서 자기를 위하여 야곱 곧 이스라엘을 자기의 특별한 소유로 택하셨음이로다"(시135:4) 등 구약성서는 신랑이신 하나님과 신부인 이스라엘 사이의 특별한 사랑을 강조하고 있다. 그 사랑은 많은 물 즉 바닷물과 홍수로도 끌 수 없는 하나님과 이스라엘 사이의 불붙은 사랑, 죽음과 스올을 넘어서는 가장 큰 사랑인 것이다.

아가서는 전통적으로 유월절(Passover) 기간, 즉 우리나라의 3-4월에 해당하는 니산(Nissan)월 15-21일에 읽혀졌다. 여기서 유월절 이야기와 함께 시작되는 고대 이스라엘의 출애굽 기간이 하나님과 이스라엘 사이의 긴밀한 사랑의 기간이었음을 생각해 볼 필요가 있다.

VII

여호와께 돌아오라

1. 예언과 예언자

국어사전에서 '예언'을 찾으면 예언(豫言)과 예언(預言) 두 가지가 나온다. 이 중 성경에서 말하는 예언은 두 번째에 해당한다. 예언자는 단순히 미래에 일어날 일을 알아맞히고 전하는 사람이 아니라(물론 이런 의미가 전혀 없는 것은 아니지만!), 하나님의 말씀을 대언하는 역할을 하기 때문이다. 영어의 예언자 '프라피트'(Prophet)는 희랍어 'pro(-를 대신해서)+phetes(말하는 사람)'에서 온 말이다. 신약성서에서는 예언자를 '사도'라고 하였는데 이 뜻도 '보내심을 받은 자'라는 뜻이다(고후5:20, 엡6:19-20). 신약성서의 사도, 사자, 사신은 자기의 말을 하는 것이 아니요, 보내신 자를 위해서 말하는 전달자이다(눅6:13, 요1:6).

구약의 예언자라는 말은 히브리어 나비(navi/nabi)의 번역이다. 나비라는 말은 부름받은 자, 전달자, 알리는 자, 보내신 분을 대신해 말한다는 뜻이 있다. 그래서 예언자를 대언자(代言者)라 부르기도 한다. 구약성경에서 하나님은 자신의 말씀을 대언자인 예언자에게 위탁하셨고, 예언자의 말씀이 권위가 있는 것은 그가 전하는 말이 자신의 주장이 아니라 이스라엘 백성을 향한 하나님의 말씀이었기 때문이다. 다음 구절들은 구약성서에 등장하는 예언자의 직무가 무엇인지를 잘 설명해 준다.

> 여호와께서 모세에게 이르시되 볼지어다 내가 너를 바로에게 신 같이 되게 하였은즉 네 형 아론은 네 대인자(nabi)가 되리니(출7:1)

> 또 내게 이르시되 너는 이 모든 뼈에게 대언하여 이르기를 너희 마른 뼈들아 여호와의 말씀을 들을지어다(겔37:4)

예언자로 부름받은 모세가 하나님의 말씀을 이스라엘에게 전하는 것처럼, 모세를 대신해서 바로에게 말씀을 전하는 아론 역시 모세의 대언자, 즉 예언자가 된다는 말이다. 심지어 예언자 에스겔은 이미 죽어버린 사람의 유골들을 향해 하나님의 말씀을 대언한다. 이렇게 구약에 있어서 나비는 앞의 일을 미리 알아서 말하는 사람이기보다는 대신 말을 전하는 대언자의 직분을 가진 사람이었다.

이들 예언자는 그들이 처했던 시대적 상황에 따라 하나님이 이스라엘에게 전하신 말씀을 대언했다. 그래서 그들이 전했던 말씀에는 늘 "여호와께서 이르시되…", "주께서 말씀하시기를…", "주 여호와가 말하노라" 등의 예언자 전령공식(Messenger Style)이 수반되곤 한다. 예언자 자신이 하고 싶었던 말을 하는 것이 아니라 하나님의 뜻을 전하는 것을 사명으로 삼았기 때문이다.

또한 예언자들은 비단 입술로만 하나님의 말씀을 전한 것은 아니다. 예언자들은 보통 사람들이 볼 때에는 비정상적인 행동을 하기도 한다. 예를 들어 이사야는 3년 동안 벌거벗은 몸으로 생활하면서 포로로 잡혀

가는 이스라엘의 모습을 나타냈고, 호세아는 고멜이라는 음란한 여인과의 결혼 생활을 통해 하나님에 대한 이스라엘의 부정한 신앙생활을 보여주었다. 이러한 행동들은 말로는 다 표현하지 못하는 하나님의 메시지를 '상징적인 행동'(Prophetic Symbolic Actions)으로 대변한 것들이다.

구약성서에는 비단 문서예언자들만 있는 것은 아니다. 비록 자신의 이름으로 기록된 책은 없어도 구약성서 안에서 예언자로 불리는 이들이 있다. 예를 들어 하나님은 그랄 왕 아비멜렉에게 아브라함을 선지자라고 소개한다(창20:7). 아브라함이 성경에서 가장 먼저 예언자로 지칭된 사람이라면, 모세는 전무후무한 이스라엘의 위대한 예언자였다(신34:10). 유대교에서는 아브라함과 모세뿐 아니라, 이삭, 야곱, 다윗, 욥, 에스라, 모르드개 등 그들의 역사 속에 나타나는 많은 위대한 인물들을 예언자로 불렀다.

히브리어 성서 전통에서는 우리말 성서에서 역사서로 구분하고 있는 여호수아, 사사기, 사무엘상하, 열왕기상하, 이 여섯 권의 책을 전기예언서(Former Prophets)라 부른다. 사울과 다윗에게 기름을 부어 왕을 삼은 사무엘은 전기예언서의 대표적인 예언자라고 할 수 있다. 열왕기서에 나오는 엘리야는 예언자 무리를 거느렸으니 지금의 신학교의 총장 정도 되는 위치에 있었으며, 엘리사는 엘리야의 지도를 받은 예언자 중 탁월한 제자였다. 이 외에도 다윗의 잘못을 용감하게 질책했던 나단(삼하7:12-13)과 갓, 아히야, 스마야, 미가야 등도 예언자이다. 단지 이들의 이름으로 기록된 성경이 없기 때문에 이들은, 문서예언자와 구별하여, 문서이전예언자(Pre-Writing Prophets)라고 불린다. 여기에 나타나는 주요 문서이전예언자들을 정리해 보면 다음과 같다.

활동 시대	예언자
사울-다윗	사무엘(Samuel, 삼상9장 등)
다윗	나단(Nathan, 삼하7장; 12장; 왕상1장), 갓(Gad, 삼하24장), 헤만(Heman, 대상25장)
솔로몬-여로보암	아히야(Ahijah, 왕상11-12장; 14장), 잇도(Iddo, 대하9장; 12장)
르호보암	스마야(Shemaiah, 왕상12장)
아합	미가야(Micaiah, 왕상22장), 엘리야(Elijah, 왕상17-21장) 엘리사(Elisha, 왕상19장; 왕하2-13장)
바아사	예후(Jehu, 왕상16장)
아사	오뎃(Oded, 대하15장), 하나니(Hanani, 대하16장)
여로보암/므낫세	익명의 예언자들(왕상13장; 21장; 24장)

히브리어 성서의 후기예언서를 우리말 성경에서는 대예언서(Great/Major Prophets: 이사야, 예레미야, 에스겔)와 소예언서(Minor Prophets: 호세아부터 말라기까지)로 구분하는데, 이와 같은 대소(大小)의 구분은 책의 분량에 따른 것이다. 12권의 소예언서를 한데 묶으면 대략 대예언서 한 권 분량이 된다. 대예언서와 소예언서의 제목으로 등장하는 사람들, 즉 자신의 이름으로 기록된 예언서를 지닌 예언자를 문서예언자(Writing Prophets)라고 한다.

활동 시대	예언자
주전 8세기	아모스, 호세아(이상 북왕국), 이사야, 미가(이상 남왕국)
주전 7세기	나훔, 하박국, 스바냐, 예레미야
포로기(Exilic)	오바댜, 에스겔
포로 이후(Post-exilic)	(요엘, 요나) 학개, 스가랴, 말라기

    구약성서의 예언자가 감당했던 역할이 신약성서에서는 사도에게 이어진다. 그렇다면 오늘날에 있어서 예언이란 무엇이고 예언자란 누구라 할 수 있을까? 우리가 매 주일 교회를 찾아가서 듣는 말씀 혹은 설교가 곧 예언이고, 그 말씀을 전하는 목사가 이 시대의 대표적인 예언자라고 할 것이다. 그분들의 입술을 통해 전해지는 말씀을 하나님의 말씀으로 듣고, 자신의 삶을 성찰하며 변화를 모색할 수 있다면 참으로 복된 일이다. 사람을 향한 하나님의 뜻과 마음은 신구약 시대나 지금이나 동일한 방법으로 전해진다. 예언은 곧 우리의 가슴속에 품고 살아야 할 말씀이다.

2. 주전 8세기 예언자

아모스

아모스(Amos)는 모든 문서 예언자 중에서 가장 먼저 활동을 시작한 예언자이다. 남왕국 드고아 출신이지만, 아모스가 활동하던 장소는 북왕국이다. 그가 활동하던 시대는 주전 750년경 북이스라엘의 여로보암 2세 때로 북왕국의 성전이 있는 벧엘을 중심으로 활동했다. 당시 북왕국의 왕이었던 여로보암 2세는 요아스의 아들로 41년 동안이나 치리했지만 여호와 보시기에 악한 왕이었다(왕하14:23-29). 아모스가 활동하던 이 시기는 정치, 경제, 군사적인 면에서 북이스라엘이 가장 번성하던 시기였으나, 종교, 도덕적인 면에서는 부패와 타락이 극심하던 때였다. 아모스는 당시 "사람들이 은을 받고 의인을 팔며 신발 한 켤레를 받고 가난한 자를 팔며"(암2:6), 이스라엘의 상류층이 "상아 상에 누워 비파 소리를 들으며 대접으로 포도주를 마시며 귀한 기름을 몸에 바르는"(암6:4-6) 사회적 부패와 부조리를 신랄하게 비판하고 나섰다. 아모스서에 나오는 가장 충격적인 말씀 중 하나는 하나님이 이스라엘이 지키는 각종 절기와 드리는 제사를 받지 아니하신다는 것이다.

> 21내가 너희 절기들을 미워하여 멸시하며 너희 성회들을 기뻐하지 아니하나니 22너희가 내게 번제나 소제를 드릴지라도 내가 받지 아니할 것이요 너희의 살진 희생의 화목제도 내가 돌아보지 아니하리라 23네 노랫소리를 내 앞에서 그칠지어다 네 비파 소리도 내가 듣지 아니하리라 24오직 정의를 물같이 공의를 마르지 않는 강같이 흐르게 할지어다(암5:21-24)

아모스 시대의 사람들은 하나님께 드리는 예배를 자신들의 행복을 위한 수단으로 생각하고 있었기 때문이다. 경제적으로 윤택하고 군사적으로 막강한 이스라엘의 삶 배후에는 무너진 사회 기강과 윤리적인 부패가 자리 잡고 있었다. 아모스의 눈에는 북왕국 이스라엘에서 가난한 사람들이 착취를 당하고, 어려운 사람들이 압제를 받으며(암2:6-7; 3:10; 4:1; 5:11; 8:4-6), 정의가 공평하게 행해지지 않는 것이 보였다(암5:7,11). 반면 부자들은 화려하고 사치한 생활에 젖어 있으면서, 계절별로 겨울궁, 여름궁, 상아궁 등 화려한 별장에 살았고, 남녀 간에는 무절제한 생활이 난무했으며, 하나님의 뜻과 가난한 자를 생각하지 않았다(암6:3-6). 자연히 그들의 신앙생활에는 생명력이 없었고 기계적인 의식으로 대신하는 것만 난무했을 뿐이다(암4:4-5, 5:4-5, 8:11-14). 이런 상황에서 아모스는 사회정의를 이룰 것을 외치며(암5:14, 15; 5:24), 일상생활에서 하나님을 떠난 삶은 아무리 많은 예배와 예물이 동원된다 해도 하나님을 기쁘시게 할 수 없음을 선포하고 있는 것이다. 일반적으로 아모스를 '정의의 예언자'라 부르는 것은 바로 이 때문이다.

아모스서 후반부(암7-9장)에는 다른 예언의 말씀들과 함께 다섯 가지의 환상에 대한 이야기가 등장한다. 처음 세 가지 환상은 메뚜기(암7:1-3)와 불(암7:4-6), 다림줄(암7:7-9)이고, 이어 여름 과일 한 광주리(암8장)와 제단 위에 계신 하나님(암9장)에 대한 환상이 등장한다.

아모스가 본 첫 번째 환상은 메뚜기 떼였다. 고대 근동에서 메뚜기로 인한 피해는 빈번한 일이었지만, 아모스는 이 재난을 단순한 자연현상이 아니라 하나님의 심판으로 보았다. 두 번째 환상은 큰 불이었다. 그 불은 바다를 삼키며 육지를 먹어버릴 듯한 불이었다. 세 번째 환상은 다림줄 환상이었다. 다림줄이란 목수가 담을 쌓을 때 벽이 수직을 유지하도록 하는 도구를 말한다. 아모스는 쓰러질 듯이 비뚤어져 서있는 담벽 옆에 다림줄을 들고 재고 계시는 하나님을 본다. 아모스가 본 네 번째 환상은 잘 익은 여름 과일 광주리였다. 히브리어에서 여름 과일에 해당하는 단어 '카이츠'(qayits)와 종말에 해당하는 단어 '케츠'(qets)는 어근은 다르지만 철자법과 발음이 거의 비슷하다. 그래서 아모스는 여름 과일을 보면서 이스라엘의 종말을 연상했던 것이다. 이어 아모스는 성전 안의 제단 앞에 서 있을 때 마지막 환상을 보며 하나님의 음성을 듣게 된다. 그것은 하나님이 직접 이스라엘을 심판하실 것이고 아무도 하나님의 심판을 피하지 못하리라는 것이었다. 이스라엘 사람들에게 있어서 성전은 늘 하나님께 예배드리고 하나님을 만나는 장소였지만 하나님은 바로 그 성전에서 심판을 시작하신다는 것이다. 아모스가 본 다섯 가지 환상들은 모두 이스라엘의 죄 때문에 하나님의 심판이 곧 닥칠 것을 의미했다. 하나님은 이미 오래전부터 이스라엘과 특별한 관계를 맺으시고 이스라엘을 사랑하셨으나 이스라엘이 이 특별한 관계와 사랑을 깨뜨렸기 때문에 하나님은 이스라엘의 절기와 제사들을 뿌리치시고 벌하실 수밖에 없다는 것이다. 그러나 이 무시무시한 경고의 말씀이 있음에도 불구하고 아모스서는 이스라엘을 향한 궁극적인 희망의 말씀으로 끝을 맺는다.

> [14]내가 내 백성 이스라엘의 사로잡힌 것을 돌이키리니 그들이 황무한 성읍을 건축하여 거주하며 포도원들을 가꾸고 그 포도주를 마시며 과원들을 만들고 그 열매를 먹으리라 [15]내가 그들을 그들의 땅에 심으리니 그들이 내가 준 땅에서 다시 뽑히지 아니하리라 네 하나님 여호와의 말씀이니라(암9:14-15)

부패한 이스라엘 속에서 한 줄기 희망을 소망하고 있는 이 말씀은 1948년 5월 14일, 이스라엘의 독립기념일에 초대 수상이었던 벤 규리온 (Ben Gurion)이 앞으로 펼쳐질 이스라엘 국가에 대한 희망을 품으며 읽은 말씀이기도 하다.

호세아

호세아(Hosea) 역시 북왕국 이스라엘에서 활동한 8세기의 예언자이다. 동시대의 북왕국 예언자 아모스의 고향이 남왕국 드고아였던 점을 생각해 볼 때, 호세아는 문서예언자들 중 유일하게 북왕국 출신이라고할 수 있다. 북이스라엘은 여로보암 2세가 죽은 후, 정치적 번영기가 끝나고 극도로 혼란한 시기에 접어들었다. 호세아는 이러한 이스라엘의 혼란을 단순히 정치적인 아노미 현상으로 보지 않고 이스라엘의 영적인 질병 상태에서 그 원인을 찾았다. 그는 이스라엘의 혼란과 부패 중에서도 특히 종교적인 부패, 즉 우상숭배 문제에 관심을 갖고 비판한다.

호세아는 하나님의 명령에 의한 특이한 결혼 생활로 유명하다. 하지만 그 결혼 생활은 처음부터 '행복'과는 거리가 먼 일이었다. 그 이유는 하나님께서 호세아에게 '음란한 여자'를 아내로 맞이하여 '음란한 자식들'을 낳으라고 했기 때문이다.

> [2]여호와께서 처음 호세아에게 말씀하실 때 여호와께서 호세아에게 이르시되 너는 가서 음란한 여자를 맞이하여 음란한 자식들을 낳으라 이 나라가 여호와를 떠나 크게 음란함이니라 하시니 [3]이에 그가 가서 디블라임의 딸 고멜을 맞이하였더니 고멜이 임신하여 아들을 낳으매 [4]여호와께서 호세아에게 이르시되 그의 이름을 이스르엘이라 하라 조금 후에 내가 이스르엘의 피를 예후의 집에 갚으며 이스라엘 족속의 나라를 폐할 것임이니라 [5]그 날에 내가 이스르엘 골짜기에서 이스라엘의 활을 꺾으리라 하시니라 [6]고멜이 또 임신하여 딸을 낳으매 여호와께서 호세아에게 이르시되 그의 이름을 로루하마라 하라 내가 다시는 이스라엘 족속을 긍휼히 여겨서 용서하지 않을 것임이니라 [7]그러나 내가 유다 족속을 긍휼히 여겨 그들의 하나님 여호와로 구원하겠고 활과 칼이나 전쟁이나 말과 마병으로 구원하지 아니하리라 하시니라 [8]고멜이 로루하마를 젖뗀 후에 또 임신하여 아들을 낳으매 [9]여호와께서 이르시되 그의 이름을 로암미라 하라 너희는 내 백성이 아니요 나는 너희 하나님이 되지 아니할 것임이니라(호1:2-9)

음란한 여인을 만나 결혼하라는 하나님의 명령 때문에 고멜이라는 여인과 결혼하여 세 자녀를 낳고 각각 이스르엘(호1:4), 로루하마(호1:6, '긍휼히 여기지 않겠다'), 로암미(호1:9 '내 백성이 아니다')라는 이상한 이름을 짓는다. 이러한 호세아의 불행한 결혼 생활은 하나님과 이스라엘의 관계를 상징하는 '예언자의 상징행동'에 해당한다. 즉 음란한 아내 고멜이 호세아를 버리고 도망간 것은 이스라엘이 하나님을 버리고 바알을 중심으로 한 우상숭배에 젖어있었음을 상징하는 것이었다(호1:2). 그럼에도 불구하고 호세아가 고멜을 용서하고 다시 맞아들인 것은 이스라엘을 버릴 수 없는 하나님의 사랑을 상징하는 일이었다.

호세아는 이스라엘이 이와 같이 우상숭배에 젖어있는 것은 이스라엘에게 세 가지 중요한 요소가 없기 때문이라고 말한다. '진실'과 '인애' 그리고 '하나님을 아는 지식'이 바로 그것이다(호4:1). 진실이란 하나님에 대한 변치 않는 신실함을 말하고, 인애란 하나님에 대한 이스라엘의 사랑을 말한다. 그리고 마지막으로 하나님을 아는 지식이란 하나님에 대한 절대적인 순종과 충성을 말한다. 이 세 가지 중에서 호세아가 가장 많이 강조하고 있는 것은 바로 하나님을 아는 지식이다.

> 내 백성이 지식이 없으므로 망하는도다 네가 지식을 버렸으니 나도 너를 버려 내 제사장이 되지 못하게 할 것이요 네가 네 하나님의 율법을 잊었으니 나도 네 자녀들을 잊어버리리라(호4:6)

이스라엘이 저지르는 모든 죄의 근원은 하나님을 아는 지식을 잃어버렸기 때문이라는 것이다. 여기서 '안다'라는 말은 단순한 지적 인지를 말하는 것이 아니다. 하나님이 이스라엘을 아신다는 말은 이스라엘을 당신의 백성으로 선택하시고 보호하시며 은총을 베풀어 주신다는 말이고, 이스라엘이 하나님을 안다는 말은 바알들을 비롯한 다른 우상들을 섬기지 않고 유일하신 참 하나님 한 분만 절대적으로 믿고 섬긴다는 것을 의미한다. 그래서 호세아는 이스라엘로 하여금 "우리가 여호와를 알자 힘써 여호와를 알자"고 역설한다.

> [1]오라 우리가 여호와께로 돌아가자 여호와께서 우리를 찢으셨으나 도로 낫게 하실 것이요 우리를 치셨으나 싸매어 주실 것임이라 [2]여호와께서 이틀 후에 우리를 살리시며 셋째 날에 우리를 일으키시리니 우리가 그의 앞에서 살리라 [3]그러므로 우리가 여호와를 알자 힘써 여호와를 알자 그의 나타나심은 새벽 빛같이 어김없나니 비와 같이, 땅을 적시는 늦은 비와 같이 우리에게 임하시리라 하니라(호6:1-3)

그러나 이스라엘 백성은 하나님과 하나님의 뜻을 알려 하지 않았다. 여전히 우상숭배에서 떠나지 않는 백성을 향해 호세아는 어쩔 수 없이 북이스라엘의 왕정과 우상숭배에 대한 심판을 예언하지만, 호세아의 메시지는 이스라엘에 대한 심판선언으로 끝나지 않는다.

> [8]에브라임이여 내가 어찌 너를 놓겠느냐 이스라엘이여 내가 어찌 너를 버리겠느냐 내가 어찌 너를 아드마같이 놓겠느냐 어찌 너를 스보임같이 두겠느냐 내 마음이 내 속에서 돌이키어 나의 긍휼이 온전히 불붙듯 하도다 [9]내가 나의 맹렬한 진노를 나타내지 아니하며 내가 다시는 에브라임을 멸하지 아니하리니 이는 내가 하나님이요 사람이 아님이라(호 11:8-9)

이는 마치 고멜이 음란한 행위로 말미암아 '이혼'을 당해야 하고, 이스라엘이 영적 음란인 우상숭배로 말미암아 심판을 받아야 하지만, 호세아가 고멜을 다시 찾아와 아내로 받아들이는 것처럼, 하나님 역시 이스라엘을 용서하시고 사랑하심을 말하고 있는 것이다. 결국 하나님의 사랑을 배신하는 이스라엘이 그 우상숭배로 인해 파멸할 것이긴 하지만(호13장), 호세아는 이스라엘에 대한 회개의 권고와 장차 있을 구원의 약속으로 마무리 짓는다(호14장).

이사야

남왕국에서 활동한 **이사야**(Isaiah)는 예레미야, 에스겔과 함께 이스라엘의 3대 대예언자 중 한 사람이다. 그는 웃시야, 요담, 아하스 그리고 히스기야에 이르기까지 4대의 왕에 걸친, 구약의 문서예언자들 중에서 가장 오랜 기간 동안 예언 활동을 한 주전 8세기의 예언자이다. 그는 결혼하여 가정생활을 꾸렸는데 아내 역시 예언자였고, 두 아들에게는 스알야숩(=남은 자는 돌아오리라)과 마헬살랄하스바스(=노략이 속히 임할 것이다)라는 상징적인 이름을 지어 주었다(사7-8장). 이사야는 성전에서 천상회의에 참여하는 환상 가운데 예언자로 부름을 받는다.

[1]웃시야 왕이 죽던 해에 내가 본즉 주께서 높이 들린 보좌에 앉으셨는데 그의 옷자락은 성전에 가득하였고 [2]스랍들이 모시고 섰는데 각기 여섯 날개가 있어 그 둘로는 자기의 얼굴을 가리었고 그 둘로는 자기의 발을 가리었고 그 둘로는 날며 [3]서로 불러 이르되 거룩하다 거룩하다 거룩하다 만군의 여호와여 그의 영광이 온 땅에 충만하도다 하더라 [4]이같이

화답하는 자의 소리로 말미암아 문지방의 터가 요동하며 성전에 연기가 충만한지라 5그때에 내가 말하되 화로다 나여 망하게 되었도다 나는 입술이 부정한 사람이요 나는 입술이 부정한 백성 중에 거주하면서 만군의 여호와이신 왕을 뵈었음이로다 하였더라 6그때에 그 스랍 중의 하나가 부젓가락으로 제단에서 집은 바 핀 숯을 손에 가지고 내게로 날아와서 7그것을 내 입술에 대며 이르되 보라 이것이 네 입에 닿았으니 네 악이 제하여졌고 네 죄가 사하여졌느니라 하더라 8내가 또 주의 목소리를 들으니 주께서 이르시되 내가 누구를 보내며 누가 우리를 위하여 갈꼬 하시니 그때에 내가 이르되 내가 여기 있나이다 나를 보내소서 하였더니(사 6:1-8)

그 천상회의에는 보좌에 앉으신 이(=하나님)가 있었고, 스랍들은 하나님의 거룩하심을 외쳤다. '거룩하다, 거룩하다, 거룩하다'라는 외침이 세 번 반복된 것은 하나님의 거룩하심을 강조하는 것이다. 너무도 거룩하신 하나님의 영광(=임재) 앞에서 스랍들은 자신의 얼굴과 발을 가렸다. 하나님의 영광은 천사들조차도 감히 쳐다볼 수 없었고, 발을 가렸다는 것은 벌거벗은 하체를 가렸다는 일종의 유폐미즘(euphemism)이다. 구약성서는 죄인인 인간이 거룩하신 하나님의 얼굴을 보면 반드시 죽을 수밖에 없음을 말한다(출33:20). 이사야가 "화로다 나여 망하게 되었도다 … 만군의 여호와이신 하나님을 뵈었음이로다"라고 했던 것은 바로 이 때문이다. 너무도 거룩한 이의 영광을 본 이사야는 본디 죽었어야 했지만, 스랍 중의 하나가 부젓가락으로 제단의 숯불을 가지고 와서 이사야의 입술에 대며 "네 악이 제하여졌고 네 죄가 사하여졌다"고 말한다. 분향단에 핀 숯이 있던 것으로 보아 아마 이사야는 성전에서 기도하던 중에 이와 같은 환상을 경험했던 것으로 보인다. 하나님의 부르심을 직접 들은 것은 바로 이 순간이었다.

이사야가 환상을 경험한 것은 웃시야 왕이 죽던 해의 일이었다(주전 740-735년 사이). 웃시야 왕은 즉위 때는 하나님 보시기에 정직히 행하였고, 하나님께 기도하던 왕이었다. 이에 하나님은 모든 일에 형통하게 해 주셨다(대하26:3-4). 이러한 번성에 대해서 성경은 웃시야의 지혜, 능력으로 된 것이 아니라고 밝힌다(대하26:15). 그러나 그는 마치 세상에 자기밖에 없는 듯 교만해지고(대하26:16), 제사장과 선지자의 권고도 듣지 않고 오히려 자신이 그들의 역할을 하려 한다(대하26:16-19). 결국 웃시야 왕은 문둥병에 걸려 죽고 만다(대하26:20-21). 그 이후 남왕국 유다는 두 번의 큰 전란으로 위기를 맞는다. 그 하나는 주전 735년, 북왕국 이스라엘(=에브라임)이 아람(=시리아)과 동맹을 맺고 남유다를 공격한 사건이다. 당시 아람은 가나안 주변국 중 가장 강력한 나라였고, 북이스라엘 역시 유다보다 군사적으로 훨씬 강력한 나라였다. 이 두 나라는 동맹을 맺어 신흥 앗수르 제국에 대항하려 했고, 남왕국 유다에게도 동맹에 가담할 것을 요구했으나 유다는 이를 거절했다. 이것이 빌미가 되어 유다는 동맹을 맺은 두 나라의 공격을 받게 된 것이다. 유다의 아하스는 앗수르에 도움을 요청하고, 명분을 얻은 앗수르는 아람과 북이스라엘 정벌에 나서게 된다. 이를 '시리아-에브라임 전쟁'이라 부른다. 앗수르가 북왕국 이스라엘과 아람을 정벌하기 바로 직전의 상황에서 이사야는 하나님 한 분만 굳게 믿을 것을 선포한다.

에브라임의 머리는 사마리아요 사마리아의 머리는 르말리야의 아들이니라 만일 너희가 굳게 믿지 아니하면 너희는 굳게 서지 못하리라(사7:9)

하나님이 유다와 함께하신다는 임마누엘의 예언 역시 이 전란의 과정 중에서 주어진 말씀이다.

> 그러므로 주께서 친히 징조를 너희에게 주실 것이라 보라 처녀가 잉태하여 아들을 낳을 것이요 그의 이름을 임마누엘(=하나님이 우리와 함께하신다)이라 하리라(사7:14)

신약성서의 누가복음에서는 이 본문을 예수의 탄생과 연결짓고 있으나, 사실 이는 하나님이 이스라엘과 함께하시기 때문에 북이스라엘과 아람의 연합군이 유다를 침공한다고 해도 하나님을 의지함으로 이겨낼 수 있다는 확신을 심어 주는 맥락에서 선포된 말씀이다. 이와 같은 이사야의 확신에 찬 메시지는 평강의 왕에 대한 예언(사9장)과 하나님 나라의 종말론적인 희망(사11장)에서도 나타난다.

남유다에게 닥친 또 한 번의 전란은 주전 701년 히스기야 왕 때 일어난 일로, 당시 히스기야는 고대 근동을 처음으로 통일한 대제국 앗수르에 종속되기를 거부하며 사라져버린 옛 이스라엘 왕국 영토의 일부와 블레셋 도시들에 대한 지배권을 확장하려 했고, 이러한 히스기야의 정치 개혁 단행은 당연히 앗수르의 군사적 대응을 야기시켰다. 앗수르의 왕 산헤립은 남유다 왕국 전역을 공격하고 예루살렘을 포위했다. 이때 백성의 지도자들은 애굽과 동맹을 맺어 그 위기를 벗어나려 했으나, 이사야는 이번에도 외국(=애굽)의 힘을 빌리지 말고 철저하게 하나님만을 의지하고 믿을 것을 선포한다.

> [1]도움을 구하러 애굽으로 내려가는 자들은 화 있을진저 그들은 말을 의

지하며 병거의 많음과 마병의 심히 강함을 의지하고 이스라엘의 거룩하신 이를 앙모하지 아니하며 여호와를 구하지 아니하나니 ²여호와께서두 지혜로우신즉 재앙을 내리실 것이라 그의 말씀들을 변하게 하지 아니하시고 일어나사 악행하는 자들의 집을 치시며 행악을 돕는 자들을 치시리니 ³애굽은 사람이요 신이 아니며 그들의 말들은 육체요 영이 아니라 여호와께서 그의 손을 펴시면 돕는 자도 넘어지며 도움을 받는 자도 엎드러져서 다 함께 멸망하리라(사31:1-3)

이 전쟁에 대한 성서의 진술은 모두 세 군데에 나타나 있다(왕하18:13-19:37; 사36-37; 대하32:1-23). 신명기사가는 하나님의 도우심으로 히스기야가 앗수르의 공격을 이겨냈다고 진술한다.

> ³⁵이 밤에 여호와의 사자가 나와서 앗수르 진영에서 군사 십팔만 오천을 친지라 아침에 일찍이 일어나 보니 다 송장이 되었더라 ³⁶앗수르 왕 산헤립이 떠나 돌아가서 니느웨에 거주하더니(왕하19:35-36)

이사야의 예언대로 두 번의 전쟁 모두에서 예루살렘은 구원을 받은 것이다. 역사적으로 남유다 왕국은 북이스라엘보다도 약한 나라였다. 이미 북이스라엘을 무너뜨린 이 거대한 제국 앗수르의 대대적인 공격을 받고도 살아남았다는 것은 의미가 크다. 예언자 이사야는 하나님 한 분만을 의지할 것을 외쳤기에 그에게는 '믿음의 예언자'라는 별명이 붙기도 한다.

전체가 66장에 이르는 이사야서는 그 후반부가 각각 제2 이사야(사40-55장)와 제3 이사야(사56-66장)로 나뉜다. 이렇게 구분하는 이유는 이사야서에 나타나는 시대적 배경이 서로 다르게 나타나기 때문이다. 이사야서의 앞부분(=제1이사야, 사1-39장)이 아직 유다 왕국이 멸망하기 이전의 예루살렘을 배경으로 하고 있는 반면, 제2 이사야는 587년 예루살렘의 멸망이후 바벨론 제국 시대를 그 배경으로 삼고 있으며, 다시 예루살렘을 그 배경으로 삼는 제3 이사야는 포로기 이후의 상황을 그려주고 있다. 특히 제2 이사야는 이스라엘의 복역 기간(포로 기간)이 끝나가고 새 출애굽(New Exodus, 사43장, 51장 등)이 임박했음을 말하면서, 고난받는 종의 노래(사42:1-9; 49:1-6; 50:4-9; 52:13-53:12 등), 역사의 주인이신 하나님(사40:21-31; 45:9-13 등)의 굵직한 신학적 주제들을 담고 있다.

미가

미가(Micah)는 이사야처럼 웃시야 왕이 죽은 후 격동하는 혼란기에 활동한 8세기의 예언자이다. 주전 8세기에 북왕국 이스라엘에서 아모스와 호세아가 활동하는 동안 남왕국 유다에서는 이사야와 미가가 활동했다. 예언자 이사야와 미가는 남왕국 유다에서 활동했으나, 몇 가지 점에서 차이가 난다. 우선 이사야가 남왕국의 수도 예루살렘에서 활동한 귀족적인 예언자였다면, 미가는 지방의 서민적인 예언자였다. 그는 '모레셋'이라는 유다의 작은 지방 출신이었다. 모레셋은 예루살렘 남방 40km 즈음, 블레셋 평지를 굽어보는 곳에 있는 국경 지대의 작은 촌락이었다. 국경 지대에 위치하고 있었기 때문에 북이스라엘을 멸망으로 이끈 시리아—에브라임 전쟁 때에 어려움을 겪은 지역이었고, 주전 701년 앗수르의 산헤립 왕이 남유다를 침략해왔을 때에도 수난을 당한 곳이다(미5:4). 예루살렘 출신인 이사야와는 달리 미가가 모레셋 출신이기 때문에 미가를 농촌예언자라고도 부른다. 예레미야 26장 18절을 보면, 미가의 원래 이름은 미가야였음을 알 수 있다. 미가야란 '누가 야웨와 같은가?'라는 뜻이다. 즉 비교할 수 없는 하나님의 유일하심을 뜻하는 이름이다. 예언자 이사야의 외침 중에 "그런즉 너희가 하나님을 누구와 같다 하겠으며 무슨 형상을 그에게 비기겠느냐"(사40:18)도 이와 같은 의미를 전하고 있다.

미가서에는 주전 8세기의 다른 예언자들의 말씀에서 볼 수 있는 공통된 주제가 선포된다. 그것은 유다 왕국에 하나님의 심판이 임박했다는 것이다. 같은 시대에 활동했던 예언자 이사야는 예루살렘은 하나님이 함께하시는 도시이기 때문에 절대로 무너지지 않는다고 보았으나, 미가는 예루살렘도, 심지어 성전까지도 하나님의 심판에서 예외될 수 없다고 선언했다.

> 이러므로 너희로 말미암아 시온은 갈아엎은 밭이 되고 예루살렘은 무더기가 되고 성전의 산은 수풀의 높은 곳이 되리라(미3:12)

그러나 미가서에는 예루살렘의 멸망에 대한 경고뿐만 아니라, 구약성서의 중요 사상 가운데 하나인 '남은 자'(Remnant) 사상이 확연히 나타나고 있다(미4:7; 5:3,8). 남은 자 사상이란 구약성서 전반에 걸쳐 등장하는 중요 사상으로 혼돈과 멸망의 시기에도 하나님이 구원하시는 소수의 의인들은 늘 존재한다는 사상이다(창7:23; 겔9:4-6; 사7:3; 사10:20-23; 사11:11-16; 사28:5; 암5:3-4; 습3:11-13 등). 특히 미가 5장 2-5절은 베들레헴에서 백성을 하나로 통일하고 평화를 가져올 위대한 통치자가 나올 것을 예언하고 있다. 에브라다('에브랏' 집안의 거주지라는 뜻)에서 이스라엘의 메시야가 나오리라는 것이다.

> ²베들레헴 에브라다야 너는 유다 족속 중에 작을지라도 이스라엘을 다스릴 자가 네게서 내게로 나올 것이라 그의 근본은 상고에, 영원에 있느니라 ³그러므로 여인이 해산하기까지 그들을 붙여 두시겠고 그 후에는 그의 형제 가운데에 남은 자가 이스라엘 자손에게로 돌아오리니 ⁴그가 여호와의 능력과 그의 하나님 여호와의 이름의 위엄을 의지하고 서서 목축하니 그들이 거주할 것이라 이제 그가 창대하여 땅 끝까지 미치리라 ⁵이 사람은 평강이 될 것이라…(미5:2-5)

미가가 "유다 족속 중에 작다"고 말하는 바로 이 베들레헴에서 구약성서의 위대한 왕이자 그리스도의 조상이 되는 다윗 왕이 출생했다. 신약성서에서 이 구절은 마태복음 2장 6절과 요한복음 7장 40-43절에서 인용되고, 누가복음 2장 14절에서 천사들은 예수님의 탄생으로 미가 5장 2-5절의 약속이 이루어졌음을 찬양한다.

미가서는 다른 8세기의 예언자들과 마찬가지로 하나님께서 인간에게 요구하시는 것이 무엇인지에 대해 대답하고 있다. 아모스서와 호세아서에 나타났던 것처럼 좋은 제물을 가지고 간다면 하나님을 만족시키는 제사를 드릴 수 있다는 백성들의 오래된 잘못된 예배인식을 질책한다.

> ⁶내가 무엇을 가지고 여호와 앞에 나아가며 높으신 하나님께 경배할까 내가 번제물로 일 년 된 송아지를 가지고 그 앞에 나아갈까 ⁷여호와께서 천천의 숫양이나 만만의 강물 같은 기름을 기뻐하실까 내 허물을 위하여 내 맏아들을, 내 영혼의 죄로 말미암아 내 몸의 열매를 드릴까 사람

아 주께서 선한 것이 무엇임을 네게 보이셨나니 [8]여호와께서 네게 구하시는 것이 오직 정의를 행하며 인자를 사랑하며 겸손하게 네 하나님과 함께 행하는 것이 아니냐(미6:6-8)

특히 미가 6장 8절의 말씀은 8세기에 활동하던 예언자들의 사상을 잘 종합한 말씀이라고 할 수 있다. '정의'를 행하는 일은 지도자들, 선지자들, 제사장들에 대한 심판의 선언과 공의에 대해 강조로 이는 아모스의 핵심 주제이기도 하다. 또한 인자를 '사랑'하는 일이란 호세아의 핵심 메시지이다. 그리고 겸손히 하나님과 함께 행하는 일이란 어떤 어려운 경우라도 하나님에 대한 믿음을 잃지 말아야 함을 말하는 이사야의 핵심메시지이다. 결국 미가는 주전 8세기에 자신보다 약간 앞서 활동했던 동시대 예언자들의 메시지를 가슴속에 품고 있던 예언자였다고 할 수 있다. 미가서는 이스라엘의 회복을 위한 기도로 끝을 맺는다. 이때 "주와 같은 신이 어디 있으리이까"(7:18)는 미가 자신의 이름을 연상시킨다.

3. 주전 7세기 예언자

나훔

　나훔(Nahum)은 남유다 왕국이 멸망하기 직전인 주전 7세기에 남왕국 유다에서 활동한 예언자이다. 모두 3장으로 구성되어 있다. 예언자 나훔에 대해서는 그가 '엘고스' 출신이라는 것 외에는 알려진 바가 없다. 아직까지도 엘고스가 어디를 말하는 것인지는 밝혀지지 않았다. 나훔이라는 이름은 '위로'라는 뜻을 담고 있다. 실제로 예언자 나훔이 전한 메시지는 유다 백성들에게 적잖은 위로가 되었을 것이다. 왜냐하면 동시대의 예언자 하박국과 더불어 나훔 또한 자신의 메시지를 '경고'라고 소개하고 있는데(나1:1), 나훔의 경고 예언은 앗수르의 수도 니느웨를 향하고 있기 때문이다. 앗수르는 고대 근동 세계를 처음으로 통일하고 100여 년 동안 군림한 초강대국이었다. 팔레스틴 지역의 작은 나라들은 앗수르의 위협에 그들의 지배권을 인정하며 늘 조공을 바쳐야만 했다. 한때 히스기야 왕이 조공을 중단했을 때 앗수르 제국은 유다 온 땅을 황폐화시키고 돌아간 적이 있다(왕하18:13; 19:35-36). 그러나 그러한 앗수르의 위세도 결국은 무너지고야 말았다. 주전 612년 앗수르의 수도 니느웨는 바벨론 사람들과 메대 사람들에게 함락되었는데, 이때 활동한 나훔은 앗수르 제 국의 멸망이 하나님의 심판이라고 보았다(나3:18-19).

> [18]앗수르 왕이여 네 목자가 자고 네 귀족은 누워 쉬며 네 백성은 산들에 흩어지나 그들을 모을 사람이 없도다 [19]네 상처는 고칠 수 없고 네 부상은 중하도다 네 소식을 듣는 자가 다 너를 보고 손뼉을 치나니 이는 그들이 항상 네게 행패를 당하였음이 아니더냐 하시니라(나3:18-19)

나훔서에 나타나는 하나님은 투기하시는 하나님, 보복하시는 하나님이다. 즉 불의와 강포, 죄악을 심판하시는 하나님이다(나1:2). 보복의 대상은 하나님을 거스르고 대적하는 자와 죄인들이다(나1:2-3). 나훔은 하나님께서 앗수르가 행한 것과 똑같이 앗수르에게 보복하실 것이고(나1:11-13). 교만한 압제자를 반드시 쳐부수실 것이며(나3:3-5), 그때에는 위로할 자도 없으리라(나3:6-7)고 외친다. 이러한 하나님의 진노와 보복은 하나님을 사랑하는 자를 돌보시는 의로운 사랑의 하나님의 심판인 것이다(나1:7).

하나님의 심판은 가혹한 것 같지만, 하나님의 사랑과 의가 숨김없이 드러나는 것이다. 또한 나훔은 국가의 흥망성쇠의 길은 하나님과의 바른 관계 정립에 달려있음을 말한다. 영적으로 힘을 얻고 바른 생활을 하지 않고는 국가도 개인도 계속 유지될 수 없다. 국가의 구성 요소는 국토도 있어야 하고 국민도 있어야 하지만, 무엇보다도 영적인 이념이 튼튼해야 한다. 영적인 이념과 사상을 갖지 못한 나라와 국민은 오래가지 못한다.

군사력, 경제력, 권력으로는 나라를 유지할 수 없다. 니느웨는 물질적으로는 흥하였고, 권력으로는 잔인했다. 지리적으로도 상업 도로 근처에 자리 잡은 니느웨는 자기의 이익을 위해 무역로를 차단하고 압제하였으며, 수단과 방법을 가리지 않고 자기의 이익을 추구했다(나3:1-4; 왕하18:28-35). 여기에 대해 나훔은 니느웨가 남부 애굽의 수도 노아몬(테베)같이 멸망할 것을 예언했다. 애굽의 수도 노아몬이 나일 강 가운데 위치한 것처럼, 니느웨는 티그리스 강변에 위치했다.

> ⁸네가 어찌 노아몬보다 낫겠느냐 그는 강들 사이에 있으므로 물이 둘렸으니 바다가 성루가 되었고 바다가 방어벽이 되었으며 ⁹구스와 애굽은 그의 힘이 강하여 끝이 없었고 붓과 루빔이 그를 돕는 자가 되었으나 ¹⁰그가 포로가 되어 사로잡혀 갔고 그의 어린 아이들은 길 모퉁이 모퉁이에 메어침을 당하여 부서졌으며 그의 존귀한 자들은 제비 뽑혀 나뉘었고 그의 모든 권세자들은 사슬에 결박되었나니 ¹¹너도 술에 취하여 숨으리라 너도 원수들 때문에 피난처를 찾으리라 ¹²네 모든 산성은 무화과나무의 처음 익은 열매가 흔들기만 하면 먹는 자의 입에 떨어짐과 같으리라 ¹³네 가운데 장정들은 여인 같고 네 땅의 성문들은 네 원수 앞에 넓게 열리고 빗장들은 불에 타도다(나3:8-13)

하박국

하박국(Habakkuk)은 동시대의 예언자 나훔처럼 자신의 메시지를 '경고'라고 소개하고 있다(합1:1). 하박국은 주전 605년 이집트와 바벨론 사이의 갈그미스 전투에서 바벨론의 느부갓네살이 승리한 후 급속도로 변하는 국제 정세 속에서 소위 하나님의 정의, 신정론의 문제를 제기하며 등장한다. 다른 문서예언자들의 경우, 대개는 예언자가 하나님의 말씀을 받아 그 활동을 시작하지만, 하박국의 경우는 하나님의 말씀을 기다리고 질문하고 기도하는 형태로 나타나는 것이다.

> 어찌하여 내게 죄악을 보게 하시며 패역을 눈으로 보게 하시나이까 겁탈과 강포가 내 앞에 있고 변론과 분쟁이 일어났나이다(합1:3)

하박국이 제기한 신정론의 문제는 크게 두 가지로 요약될 수 있다. 요시야 왕이 죽자 여호야김이 왕위에 올라 사회가 어지럽혀지고 있는데, 왜 하나님께서 침묵을 지키시는가? 앗수르를 물리친 바벨론 제국 또한 악한 세력인데, 왜 하나님이 그러한 악한 세력을 하나님의 도구로 사용하시는가 하는 점이었다. 이와 같은 예언자의 항의 어린 질문에 대해 하나님은 "비록 더딜지라도 기다리라 지체되지 않고 반드시 응하리라 … 의인은 그의 믿음으로 말미암아 살리라"고 응답하였다.

> [3]이 묵시는 정한 때가 있나니 그 종말이 속히 이르겠고 결코 거짓되지 아니하리라 비록 더딜지라도 기다리라 지체되지 않고 반드시 응하리라 [4]보라 그의 마음은 교만하며 그 속에서 정직하지 못하나 의인은 그의 믿음으로 말미암아 살리라(합2:3-4)

인간사가 아무리 제멋대로이고 무의미한 것처럼 보이지만 하나님이 역사를 주관하시고 자신의 뜻을 펴 가시기 때문에 하나님의 백성은 실망하지 말아야 한다는 것이다. 하박국 3장 전체를 차지하는 하박국의 기도는 찬양시의 형태로 나타나는데, 이제 곧 닥칠 이스라엘에 대한 하나님의 심판 한가운데에서도 구원자이신 하나님에 대한 믿음에는 변함이 없음을 말해 주고 있다. 특히 구약성서에서 가장 아름다운 찬양시 한 편을 통해 하나님을 이스라엘의 구원자로 찬양하고 있다.

> [17]비록 무화과나무가 무성하지 못하며 포도나무에 열매가 없으며 감람나무에 소출이 없으며 밭에 먹을 것이 없으며 우리에 양이 없으며 외양간에 소가 없을지라도 [18]나는 여호와로 말미암아 즐거워하며 나의 구원의 하나님으로 말미암아 기뻐하리로다 [19]주 여호와는 나의 힘이시라 나의 발을 사슴과 같게 하사 나를 나의 높은 곳으로 다니게 하시리로다(합 3:17-19).

스바냐

스바냐(Zephaniah)의 첫 구절에는, 다른 예언자들을 소개할 때와는 달리, 스바냐 한 사람을 소개하기 위해 긴 족보가 열거된다. 세 명의 왕을 포함해서 무려 일곱 명의 인물이 등장하고 있다.

> 아몬의 아들 유다 왕 요시야의 시대에 스바냐에게 임한 여호와의 말씀이라 스바냐는 히스기야의 현손이요 아마랴의 증손이요 그다랴의 손자요 구시의 아들이었더라(습1:1)

이 족보에 등장하는 인물 중 스바냐의 고조부인 히스기야를 주목할 필요가 있다. 히스기야가 누구인가? 남왕국 유다에서 요시야와 더불어 가장 훌륭했던 왕으로 인정받는 사람이 아닌가. 그는 앗수르 제국의 속국으로 전락해 버린 유다의 주권을 되살리고 잃어버린 신앙의 순수성을 되찾기 위해 치열한 싸움을 했던 위대한 왕이었다. 스바냐가 바로 그 히스기야 왕의 후손임을 알리기 위해 다른 예언서에서는 찾아볼 수 없는 긴 족보를 열거하고 있는 것으로 보인다. 이렇게 히스기야의 후손임을 강조하는 이유는 스바냐가 활동하던 시대에 남왕국 유다의 또 다른 위대한 왕 요시야의 종교개혁이 있었기 때문이다. 요시야의 종교개혁이 있기 직전 악한 왕이었던 므낫세와 아몬으로 인해 유다 왕국의 종교는 그 순수성을 잃어버리고 혼합종교로 전락해가고 있었다. 스바냐가 활동했던 시대는 요시야의 종교개혁이 있기 바로 직전으로 유다 왕국에서 가장 악한 왕으로 평가받는 므낫세의 우상숭배가 여전히 사라지지 아니한 때였던 것으로 보인다.

> [4]내가 유다와 예루살렘의 모든 주민들 위에 손을 펴서 남아 있는 바알을 그곳에서 멸절하며 그마림이란 이름과 및 그 제사장들을 아울러 멸절하며 [5]또 지붕에서 하늘의 뭇 별에게 경배하는 자들과 경배하며 여호와께 맹세하면서 말감을 가리켜 맹세하는 자들과 [6]여호와를 배반하고 따르지 아니한 자들과 여호와를 찾지도 아니하며 구하지도 아니한 자들을 멸절하리라(습1:4-6)

이 외침에 여러 히브리어 이름이 등장한다. '바알'(Baal)은 가나안 원주민들이 섬기던 다산종교의 대표적인 신이다. 가나안 땅에 정착한 이스라엘 사람들은 음란종교의 신이었던 바알과 그 배우자 아세라의 종교적 유혹에서 벗어나지 못했다. 히스기야의 뒤를 이은 므낫세 왕은 예루살렘 성전 안에 아세라 여신상을 세우는 범죄를 저질렀다(왕하21:7). '그마림' (Kemarim)은 우상의 이름이라기보다는 우상을 섬기던 제사장을 히브리어 그대로 음역한 것이다. '말감'(Malcham)은 요단 강 건너편에 위치한 암몬 사람들이 섬기던 신으로 '밀곰'(Milcom)이라는 이름으로 더 유명하다. 하늘의 일월성신 숭배는 특히 앗수르-바벨론 제국에서 성행했던 우상숭배로 구약은 이를 엄격히 금지하고 있다. 스바냐의 조상 히스기야는 이와 같은 종교적 문란 행위들을 척결하고자 했던 왕이었고, 요시야 또한 대대적인 종교개혁을 통해 유다 왕국의 순수한 여호와신앙을 회복하고자 했다(주전 621년).

스바냐는 '여호와의 날'(The Day of Yahweh)이 가까웠음을 선포하며 나선다. 여호와의 날이란 전통적으로 이스라엘 사람들이 막연히 기다리고 있던 기쁨과 승리의 날이었다. 이날은 하나님께서 이스라엘의 대적들을 물리쳐 주시고 이스라엘을 구원해 주시는 구원의 날이었다.

> ¹⁴여호와의 큰 날이 가깝도다 가깝고도 빠르도다 여호와의 날의 소리로다 용사가 거기서 심히 슬퍼 우는도다 ¹⁵그날은 분노의 날이요 환난과 고통의 날이요 황폐와 패망의 날이요 캄캄하고 어두운 날이요 구름과 흑암의 날이요 ¹⁶나팔을 불어 경고하며 견고한 성읍들을 치며 높은 망대를 치는 날이로다(습1:14-16)

그런데, 스바냐가 생각하는 여호와의 날은 다른 사람들이 기대하던 날과는 완전히 다른 날이었다. 비단 스바냐뿐 아니라 여러 문서 예언자들은 이날을 하나님께서 이스라엘을 심판하시는 징벌과 심판의 날이 될 것으로 사용했다(사2:12; 13:6, 9; 겔13:5; 30:3; 욜1:15; 2:1, 11; 3:14; 암5:18, 20; 슥14:1 등). 모두 여덟 번에 걸쳐 여호와의 날을 말하는(습1:7, 8, 10, 14, 18; 2:2, 3; 3:8) 스바냐에게 이날은 여호와께서 이스라엘에게 분노하시는 날이었다(습1:15, 18; 2:2, 3). 웃음이 끊어지고 울음 소리와 무너지는 소리가 들리는 날이고, 광명이 사라지고 암흑이 덮이는 날이다. 더 나아가 이날은 블레셋, 모압과 암몬, 구스, 앗수르 등 이방 민족들까지도 그들이 저지른 범죄에 대해 하나님의 심판을 받게 될 것이고(습2:4-15), 땅 위에 있는 모든 사람과 짐승, 공중의 새와 바다의 고기까지도 모두 진멸을 당하는 날이다(습1:2-3). 기쁨과 승리의 날로 고대해야 할 이날이 왜 하나님께서 분노하시는 날이 되었을까? 그것은 예루살렘(의 백성)이 "하나님의 명령을 듣지 아니하고 교훈을 받지 아니하며 여호와를 의뢰하지 아니하고 자기 하나님에게 가까이 나아가지 아니하였기"때문이다(습3:2).

남왕국 유다와 예루살렘을 향한 하나님의 철저한 심판, 임박한 여호와의 날을 선포한 스바냐이지만, 그의 선포는 하나님의 백성을 향한 구원과 희망의 메시지로 끝을 맺는다. 하나님의 백성이 심판을 받는 것이 최종적인 목적은 아니기 때문이다. 심판은 처음부터 하나님이 바라셨던 것이 아니다. 스바냐는 하나님의 백성을 향한 여호와의 궁극적인 구원의 약속으로 새롭게 시작될 역사에 비전을 제시한다.

너의 하나님 여호와가 너의 가운데에 계시니 그는 구원을 베푸실 전능자이시라 그가 너로 말미암아 기쁨을 이기지 못하시며 너를 잠잠히 사랑하시며 너로 말미암아 즐거이 부르며 기뻐하시리라 하리라(습3:17)

예레미야

   예레미야(Jeremiah)는 경건한 제사장 가문 '아나돗' 출신으로 요시야
왕 13년(주전 627)부터 이후 여호아하스, 여호야김, 여호야긴 그리고 마지
막 왕 시드기야에 이르기까지 남왕국 유다에서 활동한 7세기의 예언자이
다. 북왕국 이스라엘을 멸망시킨 앗수르가 마침내 무너졌지만, 신흥 바
벨론 제국이 일어나 남왕국 유다마저 무너뜨리고 그 백성을 포로로 끌고
갔다(주전587년). 예레미야는 이 과정을 경험했고, 왕국이 멸망한 이후에는
이집트로 망명하는 사람들에 의해 강제로 끌려가 그곳에서 삶을 마감한
다. 예레미야의 활동을 돕고 그의 말씀을 받아 기록한 비서 겸 제자 바룩
(Baruch, 렘45:1)이 끝까지 예레미야와 그 삶을 같이한다. 흔히들 '눈물의 예
언자', '고독한 예언자', '고난받는 예언자'라고 부르는 것은 예레미야가
다른 예언자들과는 달리 하나님의 말씀을 전하면서 느꼈던 개인적인 참
담한 느낌을 잘 표현하고 있고, 스스로 원하지 않았던 예언자로 살아간
그의 삶 자체가 슬픔과 아픔으로 가득 차 있기 때문이다. '비탄', '슬픈 이
야기'를 뜻하는 영어의 '제레마이어드'(jeremiad)라는 말도 예레미야의 이름
에서 온 것이다.

> [10]내가 이르되 슬프도소이다 주 여호와여 주께서 진실로 이 백성과 예루
> 살렘을 크게 속이셨나이다 이르시기를 너희에게 평강이 있으리라 하시
> 더니 칼이 생명에 이르렀나이다 … [19]슬프고 아프다 내 마음속이 아프고
> 내 마음이 답답하여 잠잠할 수 없으니 이는 나의 심령이 나팔 소리와 전
> 쟁의 경보를 들음이로다(렘4:10,19)

¹⁷주님 손에 잡힌 몸으로 이렇게 치밀어 올라 혼자 앉아 있습니다. 이 괴로움은 왜 끝이 없습니까? 마음의 상처는 나을 것 같지 않습니다. ¹⁸주님께서는 물이 마르다가도 흐르고, 흐르다가도 마르는 도무지 믿을 수 없는 시내와 같으신 분입니다(렘15:17-18, 공동번역)

⁷야훼여, 저는 참 어리석게도 주님의 꼬임에 넘어가고야 말았습니다. 주님의 억지에 말려들고 말았습니다. 그래서 날마다 웃음거리가 되고 모든 사람에게 놀림감이 되었습니다. ⁸저는 입을 열고 고함쳤습니다. 입을 열어 설교했습니다. 서로 때려잡는 세상이 되었다고 외치며 주의 말씀을 전달했습니다. 그 덕에 날마다 욕을 먹고 조롱을 받는 몸이 되었습니다. ⁹다시는 주의 이름을 입 밖에 내지 말자. 주의 이름으로 하던 말을 이제는 그만하자고 하여도 뼛속에 갇혀있는 주의 말씀이 심장 속에서 불처럼 타올라 견디다 못해 저는 두 손을 들고 맙니다(렘20:7-9, 공동번역)

예레미야는 처음으로 참예언자와 거짓 예언자를 구별했던 예언자였다. 예레미야의 활동에는 여러 거짓 예언자들과의 대결이 나타난다. 당시 남왕국의 국록을 먹으면서 거짓 예언을 했던 예언자들은 '만사가 잘 되고 아무 문제가 없을 것이다'라는 식의 샬롬(shalom)의 예언을 했다(렘 4:10; 6:14; 8:11; 14:13; 23:17; 28:8-9)

¹⁰그들은 가장 작은 자로부터 큰 자까지 다 욕심내며 선지자로부터 제사장까지 다 거짓을 행함이라 ¹¹그들이 딸 내 백성의 상처를 가볍게 여기면서 말하기를 평강하다 평강하다 하나 평강이 없도다(렘8:10-11)

⁸나와 너 이전의 선지자들이 예로부터 많은 땅들과 큰 나라들에 대하여 전쟁과 재앙과 전염병을 예언하였느니라 ⁹평화를 예언하는 선지자(=거짓 예언자)는 그 예언자의 말이 응한 후에야 그가 진실로 여호와께서 보내신 선지자로 인정받게 되리라(렘28:8-9)

많은 거짓 예언자들이 평화, 평강을 외치던 때에 예레미야는 항상 불길한 예언, 평화부재(No-peace)의 예언을 했다. 그것이 하나님이 그에게 맡기신 말씀이었다. 진실은 모두 사라지고 진실을 말하는 입술은 어디에서도 찾아볼 수 없는 현실, 제도와 의식과 거짓으로 가득 찬 '도적의 굴혈' 같은 종교현실에서 끝까지 절망하지 않고, 패망으로 치닫는 조국을 향해 회개하고 하나님 앞에 돌아올 것을 외쳤다(렘7장).

다른 거짓 예언자들이 평화를 운운하고 있던 때에 평화의 부재를 예언하고, 앞으로 닥치게 될 국가적인 대재난 역시 유다 왕국의 죄에 대한 하나님의 징벌이라고 말하는 예레미야는 바벨론의 왕 느부갓네살을 '하나님의 종'으로 부르기까지 한다.

⁶이제 내가 이 모든 땅을 내 종 바벨론의 왕 느부갓네살의 손에 주고 또 들짐승들을 그에게 주어서 섬기게 하였나니 ⁷모든 나라가 그와 그의 아들과 손자를 그 땅의 기한이 이르기까지 섬기리라 또한 많은 나라들과 큰 왕들이 그 자신을 섬기리라 ⁸여호와의 말씀이니라 바벨론의 왕 느부갓네살을 섬기지 아니하며 그 목으로 바벨론의 왕의 멍에를 메지 아니하는 백성과 나라는 내가 그들이 멸망하기까지 칼과 기근과 전염병으로 그 민족을 벌하리라(렘27:6-8)

이와 같은 예레미야의 메시지는 평화를 예언하는 하나냐(렘28장)와 스마야(렘29장)를 비롯한 거짓 예언자들과 유다 왕국의 보수 세력의 강력한 반발을 불러일으켰고, 급기야 예레미야는 반역 죄인으로 몰려 매질을 당하고 감옥(=요나단의 집)에 갇히고(렘37:14-15) 구덩이에 던져지기도 한다(렘38:1-13). 예레미야 자신도 유다 왕국이 바벨론에게 멸망하지 않기를 간절히 바랐지만, 결국 그의 예언은 역사적 현실이 되었고, 예루살렘이 함락된 후에 석방된 예레미야는 바벨론에서 잘 대우받을 수 있었지만 유다 땅에 남아 있기를 원한다. 그러나 유다의 총독으로 임명된 그다랴가 이스마엘을 중심으로 한 일당들에 의해 암살당하는 사건이 일어나자, 요하난을 비롯한 군 지휘관들이 유다 땅에 머물라는 여호와의 목소리를 순종하지 않고 유다의 남은 자들을 이끌고 달아나게 된다. 예레미야는 그들에게 유다 땅에 머물라는 말씀을 전했으나 억지로 애굽으로 끌려가서 그곳에서 예언 활동을 하다가 삶을 마감한다(렘44장 이하).

예레미야는 유다 왕국을 향해 항상 불길한 심판의 예언만 했던 것은 아니다. 바벨론에게 끌려간 자들에게는 '70년'이 지나면 그들이 가나안으로 돌아올 것과 하나님이 다시 유다 백성들을 만나주실 것을 예언하기도 했고(렘27:10-14), '위로의 책'이라 불리는 30-33장에서는 이스라엘과 유다에 대한 구원의 말씀을 전하기도 한다. 특히 31장에는 새 계약사상(New Covenant)이 등장하는데, 하나님에 대한 이스라엘의 배신행위가 너무 커서 옛 계약 자체가 무효화되었기 때문에 새 계약을 맺을 구원의 시기가 올 것으로 기대하고 있다.

> [31]여호와의 말씀이니라 보라 날이 이르리니 내가 이스라엘 집과 유다 집에 새 언약을 맺으리라 [32]이 언약은 내가 그들의 조상들의 손을 잡고 애

굽 땅에서 인도하여 내던 날에 맺은 것과 같지 아니할 것은 내가 그들의 남편이 되었어도 그들이 내 언약을 깨뜨렸음이라 여호와의 말씀이니라 ³³그러나 그날 후에 내가 이스라엘 집과 맺을 언약은 이러하니 곧 내가 나의 법을 그들의 속에 두며 그들의 마음에 기록하여 나는 그들의 하나님이 되고 그들은 내 백성이 될 것이라 여호와의 말씀이니라 ³⁴그들이 다시는 각기 이웃과 형제를 가르쳐 이르기를 너는 여호와를 알라 하지 아니하리니 이는 작은 자로부터 큰 자까지 다 나를 알기 때문이라 내가 그들의 악행을 사하고 다시는 그 죄를 기억하지 아니하리라 여호와의 말씀이니라(렘31:31-34)

옛 계약이나 새 계약 모두 하나님과의 기본적인 관계에는 변함이 없다. 다만 돌판 위에 새겨진 옛 계약은 문자적인 법을 준수하는 것이었으나, 마음속에 새겨진 새 계약은 그 마음이 움직여 하나님의 법을 지키는 것이다. 그리고 새 계약은 하나님이 원하시는 것이 무엇인가를 모든 사람이 알게 하며, 또 하나님이 과거지사를 이미 용서하셨기 때문에 과거의 문제, 죄가 다시는 논의되지 않을 것이라는 희망의 메시지를 선포하고 있다(렘32:34). 후에 신약성서(=새계약, Nwe Covenant=New Testament)라는 이름은 바로 이 예레미야의 말씀에서 빌어온 것이다.

예레미야 애가(Lamentations of Jeremiah)는 대예언서는 물론 예언서가 아니다. 원래 성문서 중 하나로 자리 잡고 있던 책이었으나, 전통적으로 예레미야가 그 저자로 생각되어 왔기 때문에(대하35:25 등) 우리말 성서에서는 예언서 예레미야 다음으로 위치 이동이 있었고, 책의 이름도 애가서에서 예레미야애가로 바뀌었다. 이 책은 전통적으로 유대인의 절기 때에 읽히는 다섯 두루마리(Megillot) 중 하나로, 유대교 종교력에 따라 아브월(7-8월) 9일에 성전 파괴를 기억하면서 읽혀지는 책이다.

주전 587년에 일어난 바벨론 왕 느부갓네살의 예루살렘 파괴는 애가서에 있는 시 다섯 편의 역사적 배경이 되며, 주전 586-533년 사이에 경제적 · 정신적으로 폐허가 된 고향 땅에서 살았던 팔레스타인 유대인들의 관점에서 대재난 사건을 운문, 특히 알파벳 순서를 따른 아크로스틱으로 기록하고 있다(애1-4장. 특히 3장은 세 번 연속으로 시의 각 절에 같은 자음으로 시작하는 삼중 알파벳 구조를 지니고 있으며, 5장은 아크로스틱은 아니지만, 다른 장들과 균형을 유지하기 위해 22절로 되어 있다). 애가서에 나오는 시들은 예루살렘 도시의 멸망 사건을 순서대로 나열한 것이 아니다. 여러 화자들을 통해 예루살렘의 포위와 그 직후의 공포를 생생하게 묘사하고, 자신의 도시와 성전을 파괴하도록 내버려두신 하나님께 호소하고 있다.

> 슬프다 이 성이여 전에는 사람들이 많더니 이제는 어찌 그리 적막하게 앉았는고 전에는 열국 중에 크던 자가 이제는 과부같이 되었고 전에는 열방 중에 공주였던 자가 이제는 강제 노동을 하는 자가 되었도다(애1:1)

애가서가 묘사하는 예루살렘의 상황은 처참하기 그지없다. 전쟁 중 칼로 죽임을 당한 이들은 차라리 행운아들이었을 정도로, 사람들은 굶어 죽어갔고, 급기야 살아남기 위해 어미들은 자기 자식의 살을 삶아 먹을 정도였다(애2:20; 4:9-10). 이러한 상황에서 애가서는 아이러니하게도 하나님이 계시던 예루살렘 성전을 멸망시키고 불태운 이는 바벨론이 아니라 바로 하나님 자신이라고 말한다(애1:13; 2:3; 4:11 등). 이스라엘의 하나님이 자기 백성의 대적이 된 이유는 그들이 지은 죄 때문임을 분명히 하는 것이

다. 그리고 비록 한때 이스라엘의 대적과 원수가 되신 하나님이시지만,
그것은 하나님의 본심이 아니었다는 것(애3:33)과 하나님의 징벌을 조롱과
약탈과 파괴의 기회로 삼은 이방에 대해 하나님의 심판이, 이스라엘에게
있었던 것처럼, 반드시 행해지고야 말 것을 확신하고 있다.

4. 포로기 예언자

에스겔

스스로를 "부시의 아들 제사장 나 에스겔"이라고 소개하는 **에스겔** (Ezekiel)은 주전 597년 바벨론 제국의 느부갓네살 왕이 남유다를 침공하여 즉위한 지 석 달밖에 되지 않은 여호야긴 왕과 남유다의 상류층들을 바벨론으로 끌고 갔을 때 함께 끌려갔던 예루살렘의 제사장이었다(1차 바벨론포로, 왕하24:1-17). 다른 예언자들과는 달리 이방 땅 그것도 바벨론의 그발 강가에서 예언자로 소명을 받은 후 그곳에서 22년 동안 활동한 포로기의 예언자이다.

에스겔의 소명받는 장면은 다른 예언자들보다 훨씬 많은 분량을 차지하고 있다. '여호와의 권능'(=히브리어로는 여호와의 손)이 자신에게 임한 가운데 그는 하나님의 영광(=임재)이 나타나는 환상을 보고 그 환상 속에서 들려오는 하나님의 음성을 듣는다.

그 사방 광채의 모양은 비 오는 날 구름에 있는 무지개 같으니 이는 여호와의 영광의 형상의 모양이라 내가 보고 엎드려 말씀하시는 이의 음성을 들으니라(겔1:28)

에스겔의 예언구조는 대예언서 중에서 가장 간단하다고 할 수 있다. 앞부분(겔1-24장)은, 예언자로 소명을 받는 부분(겔1-3장)을 제외하고는, 책망과 심판 선언 그리고 회개 촉구로 일관되어 있다. 이때는 아직 예루살렘이 무너지기 이전이었으므로 그의 메시지는 철저하게 유다 백성의 종교적 범죄를 책망하였고, 유다 땅에 남아있는 백성이 하나님의 백성으로 다시 돌아서야 한다는 회개의 촉구로 가득 차 있었던 것이다.

> ³⁰주 여호와의 말씀이니라 이스라엘 족속아 내가 너희 각 사람이 행한 대로 심판할지라 너희는 돌이켜 회개하고 모든 죄에서 떠날지어다 그리한즉 그것이 너희에게 죄악의 걸림돌이 되지 아니하리라 ³¹너희는 너희가 범한 모든 죄악을 버리고 마음과 영을 새롭게 할지어다 이스라엘 족속아 너희가 어찌하여 죽고자 하느냐 ³²주 여호와의 말씀이니라 죽을 자가 죽는 것도 내가 기뻐하지 아니하노니 너희는 스스로 돌이키고 살지니라(겔18:30-32)

여기서 '돌이켜 회개하고'라는 말은 '돌이키다'라는 뜻의 히브리어 슈브(shub/repent)가 두 번 연속적으로 사용된 표현이다(=돌이키고 또 돌이키면). 유다 백성이 죄에서 떠나 돌이켜 하나님을 찾으면 하나님도 심판하시려는 계획에서 돌이켜 자기 백성을 구원하시리라는 확신 때문이었다. 그러던 중 예루살렘에서부터 도망하여 온 자로부터 예루살렘 성이 무너졌다는 소식을 듣게 된다.

> ^{21}우리가 사로잡힌 지 열둘째 해 열째 달 다섯째 날에 예루살렘에서부터 도망하여 온 자가 내게 나아와 말하기를 그 성이 함락되었다 하였는데 ^{22}그 도망한 자가 내게 나아오기 전날 저녁에 여호와의 손이 내게 임하여 내 입을 여시더니 다음 아침 그 사람이 내게 나아올 그 때에 내 입이 열리기로 내가 다시는 잠잠하지 아니하였노라(겔33:21-22)

이때부터 에스겔은 그의 활동을 마칠 때까지 이스라엘의 회복과 희망에 대한 메시지를 전한다(겔33-48장). 유다 왕국의 멸망이 역사적인 현실로 다가왔을 때, 에스겔은 희망의 말씀을 전함으로써, 나라를 잃고 바벨론에 포로로 잡혀와서 모든 실의에 빠진 백성들에게 새 출발 할 수 있는 힘과 용기를 주었던 것이다. 에스겔의 희망의 메시지 중에서 가장 유명한 말씀은 마른 뼈 골짜기의 환상이다.

> ^{1}여호와께서 권능으로 내게 임재하시고 그의 영으로 나를 데리고 가서 골짜기 가운데 두셨는데 거기 뼈가 가득하더라 ^{2}나를 그 뼈 사방으로 지나가게 하시기로 본즉 그 골짜기 지면에 뼈가 심히 많고 아주 말랐더라 ^{3}그가 내게 이르시되 인자야 이 뼈들이 능히 살 수 있겠느냐 하시기로 내가 대답하되 주 여호와여 주께서 아시나이다 ^{4}또 내게 이르시되 너는 이 모든 뼈에게 대언하여 이르기를 너희 마른 뼈들아 여호와의 말씀을 들을지어다 ^{5}주 여호와께서 이 뼈들에게 이같이 말씀하시기를 내가 생기를 너희에게 들어가게 하리니 너희가 살아나리라 … ^{11}또 내게 이르시되 인자야 이 뼈들은 이스라엘 온 족속이라 그들이 이르기를 우리의 뼈

들이 말랐고 우리의 소망이 없어졌으니 우리는 다 멸절되었다 하느니라 … ¹⁴내가 또 내 영을 너희 속에 두어 너희가 살아나게 하고 내가 또 너희를 너희 고국 땅에 두리니 나 여호와가 이 일을 말하고 이룬 줄을 너희가 알리라 여호와의 말씀이니라(겔37:1-14)

마른 뼈는 포로로 잡혀 온 유대공동체의 절망적인 상태를 의미한다. 에스겔을 마른 뼈 골짜기로 이끌어 가신 하나님은 "이 뼈들이 능히 살겠느냐?"고 물으신다(겔37:3). 에스겔은 "주 여호와여 주께서 아시나이다"라고 답변한다. 말라 버린 뼈처럼 아무런 희망을 찾을 수 없는 상황에서, 하나님이 이스라엘을 향한 구원의 계획을 갖고 계심을 확신했던 것이다. 마른 뼈들과 눈에 보이지도 않는 생기에게 하나님의 말씀을 대언하자 에스겔은 죽었던 뼈들이 살아나서 큰 군대를 이루는 모습을 보게 된다(겔37:10). 에스겔에게 들려온 말씀 안에서 이미 해석되고 있는 것처럼, 이는 이스라엘의 회복을 의미한다. 모든 소망이 끊긴 이스라엘의 절망적인 상황을 하나님께서 다시 회복시켜 주신다는 것이다.

에스겔이 전한 희망의 메시지는 여기서 더 나아가 불타버렸던 성전이 다시 재건되는 모습으로 나타난다(겔40-48장). 에스겔은 환상 가운데 첫 번째 성전보다 더 아름다운 성전의 청사진을 보고, 새 예루살렘과 회복된 이스라엘의 아름다운 모습을 구체적으로 확인한다.

오바댜

포로기에 활동한 **오바댜**(Obadiah)가 외친 말씀의 주제는 이웃 민족인 에돔이 심판받을 것과 이스라엘이 앞으로 구원받을 것을 다루고 있다. 문서예언서를 포함하여 구약성서의 모든 책 중에서 가장 짧은 책인 오바댜서는 단 한 장으로 구성되어 있다.

주전 587년 남유다 왕국이 바벨론 군대에 의해 무너질 때에 에돔(=에서의 후손)은 바벨론 군대 편에 서서 유다 왕국에 적대적인 행동을 하기도 했고, 그 공을 인정받아 옛 유다 왕국의 일부를 배당받기도 했다. "때리는 시어머니보다 말리는 시누이가 더 밉다"고 했던가? 구약성서는 이스라엘과 가장 가까워야 할 에돔이 언제나 이스라엘의 가장 큰 대적 중 하나였음을 말하고 있다. 오바댜와 동시대의 예언자인 에스겔과 시편에도 예루살렘이 멸망할 때 에돔이 보인 태도로 인해 유다 사람들의 마음에 입은 깊은 상처가 잘 나타나 있다(겔25:14; 35:15; 시137:7). 예언자 오바댜는 에돔이 하지 말았어야 할 일들을 열거하면서, 하나님이 만국을 벌하실 날(=여호와의 날)에 에돔이 그 심판을 면하지 못하리라는 한 맺힌 절규를 토해내고 있다.

> [10]네가 (=에돔) 네 형제 야곱에게 행한 포학으로 말미암아 부끄러움을 당하고 영원히 멸절되리라 … [18]야곱 족속은 불이 될 것이요 요셉 족속은 불꽃이 될 것이요 에서 족속은 지푸라기가 될 것이라 그들이 그들 위에 붙어서 그들을 불사를 것인즉 에서 족속에 남은 자가 없으리니 여호와께서 말씀하셨음이라(옵1:10-18)

5. 포로후기 예언자

요엘

　　요엘(Joel)의 메시지는 포로기 이후 어느 시대에 있었을 메뚜기로 인한 심한 재해에 대한 소개로 유명하다. 요엘은 메뚜기 떼로 인한 재난을 하나님의 심판으로 보았고, 여호와의 날이 임박했음을 선포하며, 하나님의 섭리와 뜻이 있음을 보아 하나님 앞에 겸손한 마음으로 회개하고 나갈 것을 촉구하였다.

> [2]…너희의 날에나 너희 조상들의 날에 이런 일이 있었느냐 [3]너희는 이 일을 너희 자녀에게 말하고 너희 자녀는 자기 자녀에게 말하고 그 자녀는 후세에 말할 것이니라 [4]팥중이가 남긴 것을 메뚜기가 먹고 메뚜기가 남긴 것을 느치가 먹고 느치가 남긴 것을 황충이 먹었도다(욜1:2-4)

　　고대 근동 지역에서 메뚜기 떼의 습격은, 출애굽기의 열 재앙 중 하나가 바로 메뚜기 떼로 인한 것이었듯이, 가장 절망스러운 재해 가운데 하나였다. 요엘은 당시에 있었던 이 재난을 이스라엘에 대한 이민족의 침입으로 비유하며, 하나님의 심판으로 해석한다(욜1:6-7).

> [6]다른 한 민족이 내 땅에 올라왔음이로다 그들은 강하고 수가 많으며 그 이빨은 사자의 이빨 같고 그 어금니는 암사자의 어금니 같도다 [7]그들이 내 포도나무를 멸하며 내 무화과나무를 긁어 말갛게 벗겨서 버리니 그 모든 가지가 하얗게 되었도다(욜1:6-7)

이 재난을 피해 유다 백성이 회복되기 위해서 요엘은 일반 백성들 뿐 아니라 제사장들을 포함한 모든 종교 지도자들이 국가적인 통곡의 날을 가져야 할 것을 외치며, 금식을 선포하고 굵은 베옷을 입으라고 한다.

> [13]제사장들아 너희는 굵은 베로 동이고 슬피 울지어다 제단에 수종 드는 자들아 너희는 울지어다 내 하나님께 수종 드는 자들아 너희는 와서 굵은 베옷을 입고 밤이 새도록 누울지어다 이는 소제와 전제를 너희 하나님의 성전에 드리지 못함이로다 [14]너희는 금식일을 정하고 성회를 소집하여 장로들과 이 땅의 모든 주민들을 너희 하나님 여호와의 성전으로 모으고 여호와께 부르짖을지어다(욜1:13-14)

이스라엘 백성들이 보편적으로 생각해 온 '여호와의 날'은 여호와 하나님이 그들에게 나타나셔서 승리와 기쁨을 주시는 날이었지만, 요엘은 메뚜기 떼의 습격에서 이 여호와의 날에 대한 새로운 의미를 찾는다. 그날은 오히려 하나님의 백성에 대한 엄중한 심판의 날로 다가오리라는 것이다. 요엘이 금식을 선포하고 통곡해야 한다고 외친 것은 바로 이 때문이었다. 진심으로 통회하며 하나님께로 돌아오면 노하기를 더디 하시고 인애가 크신 하나님이 뜻을 돌이키셔서 복을 주실 것이며, 자기 백성들을 불쌍히 여기시고, 이스라엘이 열국 중에서 욕을 당할 일이 없을 것이며 북편 군대를 멀리 쫓아내실 것을 확신했다.

> [18]그때에 여호와께서 자기의 땅을 극진히 사랑하시어 그의 백성을 불쌍히 여기실 것이라 [19]여호와께서 그들에게 응답하여 이르시기를 내가 너희에게 곡식과 새 포도주와 기름을 주리니 너희가 이로 말미암아 흡족하리라 내가 다시는 너희가 나라들 가운데에서 욕을 당하지 않게 할 것이며 [20]내가 북쪽 군대를 너희에게서 멀리 떠나게 하여 메마르고 적막한 땅으로 쫓아내리니 그 앞의 부대는 동해로, 그 뒤의 부대는 서해로 들어갈 것이라 상한 냄새가 일어나고 악취가 오르리니 이는 큰일을 행하였음이니라 하시리라(욜2:18-20).

또한 요엘서는 어느 예언서보다도 묵시적인 요소를 많이 내포하고 있다. 요엘서에 나타나는 자연세계는 하나님 여호와와 더불어 사는 이상적인 세계의 모습이며, 하나님의 영이 풍성히 임하는 세계이다(욜2:28-29, 행2:17-18 참조).

> [28]그 후에 내가 내 영을 만민에게 부어 주리니 너희 자녀들이 장래 일을 말할 것이며 너희 늙은이는 꿈을 꾸며 너희 젊은이는 이상을 볼 것이며 [29]그때에 내가 또 내 영을 남종과 여종에게 부어 줄 것이며(욜2:28-29)

요엘이 말하는 이상적인 시기는 원수가 대파되는 우주적 전쟁을 통해 이루어지며, 요엘은 이 전쟁에서 이스라엘의 원수들이 모두 패망하게 될 것으로 보았다(욜3:11-15). 이와 같은 요엘의 묵시문학적 요소는 신약성서의 여러 곳에서 생생하게 재연되고 있다(마25:31-46; 막13:24-25; 계3:9-15; 12:7-12).

이렇게 하나님의 영이 부어지는 이상적인 때는 '여호와의 크고 두려운 날'이기도 하다. 하나님이 심판하시는 이 무서운 날에 살아남을 이가 아무도 없을 것이지만 이때에도 요엘은 "누구든지 여호와의 이름을 부르는 자는 구원을 얻으리니 이는 나 여호와의 말대로 시온 산과 예루살렘에서 피할 자가 있을 것임이요 남은 자 중에 나 여호와의 부름을 받을 자가 있을 것이니라"라고 선포한다(욜2:32).

요나

요나(Jonah)는, 비록 이 책에 예언자라는 말이 등장하지는 않지만, "여호와의 말씀이 … 임하니라"라는 전령공식 때문에 예언서에 포함된 책이다.

> ¹여호와의 말씀이 아밋대의 아들 요나에게 임하니라 ²너는 일어나 저 큰 성읍 니느웨로 가서 그것을 향하여 외치라 그 악독이 내 앞에 상달되었음이니라(욘1:1-2)

요나서는 그 시대적 배경을 두고 많은 논의가 거듭되고 있는 책이다. '아밋대의 아들 요나'는 여로보암 2세가 치리하던 시대에 활동했던 예언자이다("이스라엘의 하나님 여호와께서 그의 종 가드헤벨 아밋대의 아들 선지자 요나를 통하여 하신 말씀과 같이 여로보암이 이스라엘 영토를 회복하되 하맛 어귀에서부터 아라바 바다까지 하였으니" 왕하14:25). 그러나 대부분의 학자들은 이 책을 이스라엘이라는 한계를 벗어나 전 세계적인 하나님의 사랑을 담고 있는 전형적인 포로기 이후의 예언서로 구분하고 있다. 하나님은 요나에게 앗수르의 수도 니느웨로 가서 말씀을 전하라고 하셨지만, 요나는 하나님의 명령을 거역하고 스페인 남쪽 항구인 다시스로 가는 배를 탄다. 당시 다시스는 세계의 끝으로 알려진 곳이었다. 니느웨로 가기를 거부하는 요나의 마음은 세계의 끝을 향하고 있었다. 세상의 끝으로 가면 하나님을 피할 수 있으리라고 생각했다. 입으로는 "나는 히브리 사람이요 바다와 육지를 지으신 하늘의 하나님 여호와를 경외하는 자로다"(욘1:9)라고 고백하지만, 정작 세상의 끝으로 가면 하나님의 통치 영역에서 벗어날 수 있다는 어리석음에 사로잡혀 있다. 고대 시대의 대부분의 다른 신들에게는 정해진 통치 영역이 있지만, 천지를 지으신 하나님께는 그 제한이 없다는 사실을 망각하고 있다.

하나님을 피해 도망하던 요나가 탄 배는 폭풍을 만나 거의 깨질 지경에 이르렀고, 사공들과 함께 사투를 벌이던 선장은 잠자고 있던 요나를 깨워 "네 하나님께 구하라 혹시 하나님이 우리를 생각하사 망하지 아니하게 하시리라"(욘1:6)라고 질책한다. 예상치 못한 풍랑이 요나 때문인 것을 안 선원들은 요나를 죽이지 않고도 폭풍에서 벗어나고자 "힘써 노를 저어 배를 육지에 돌리고자" 했지만 점점 더 흉용하게 몰아치는 바다를 이길 수는 없었다(욘1:13). 급기야 그들은 여호와께 부르짖었고 기도하면서 마지못해 요나를 바다에 던지고야 만다. 큰 물고기가 요나를 삼켰고, 밤낮 3일을 물고기 배 속에 있으면서 요나는 자신이 고백하던 하나님이 어떤 분이신지를 비로소 다시 경험하게 된다. 그렇게 그가 3일의 죽음을 경험한 후에, 하나님은 물고기에게 말씀하셨고, 물고기는 다시 요나를 육지에 내려놓았다.

요나는 니느웨로 가라는 처음 명령을 다시 들었고, 그는 성읍에 들어가 하루 동안 다니며 "40일이 지나면 니느웨가 무너지리라"고 외쳤다. 놀랍게도 니느웨의 온 성읍 사람들은 굵은 베옷을 입고 회개했다. 왕으로부터 모든 백성들, 심지어 짐승들에게까지 이르는 대대적인 회개를 하면서 하나님이 뜻을 돌이켜 자신들이 멸망하지 않기를 기도했다. 마침내 그들의 회개와 기도는 하나님을 감동시켰다. 하나님은 니느웨 사람들이 악한 길에서 돌이켜 떠난 것을 보셨다. 그래서 뜻을 돌이키시고 그들에게 내리리라고 말씀하신 재앙을 거두셨다. 처음부터 하나님의 관심은 니느웨의 멸망에 있지 않았다. 그렇지 않다면 요나를 보낼 필요도 없었을 것이다. 하나님은 악행을 일삼던 니느웨 사람들마저도 악한 길에서 돌이켜 구원받기를 원하셨던 것이다.

니느웨 사람들에 대한 하나님의 심판이 철회되자, 요나는 분을 감추지 못한다. 그의 불평에는 요나가 왜 다시스로 도망했으며, 니느웨에서는 하나님의 말씀을 기꺼운 마음으로 전하지 못하고 짜증을 내며 예언할 수밖에 없었는지가 고스란히 드러난다.

> ²… 여호와여 내가 고국에 있을 때에 이러하겠다고 말씀하지 아니하였나이까 … 주께서는 은혜로우시며 자비로우시며 노하기를 더디 하시며 인애가 크시사 뜻을 돌이켜 재앙을 내리지 아니하시는 하나님이신 줄을 내가 알았음이니이다 ³여호와여 원하건대 이제 내 생명을 거두어 가소서 사는 것보다 죽는 것이 내게 나음이니이다(욘4:2-3)

니느웨가 구원받는 것을 불평하던 요나는 박넝쿨로 인해 조금 편해지자 '크게 기뻐'하다가 이내 넝쿨이 말라버리자 다시 한 번 죽고 싶다고 한다. 요나의 불평에 하나님은 당신의 관심이 모든 사람에게 있고 하나님은 모든 민족의 하나님이심을 가르쳐 주시면서 요나서는 막을 내린다.

> 이 큰 성읍 니느웨에는 좌우를 분변하지 못하는 자가 십이만여 명이요 가축도 많이 있나니 내가 어찌 아끼지 아니하겠느냐(욘4:11)

이 하나님의 말씀에 요나가 어떻게 반응했는지 우리는 알 수 없다. 다만 우리가 알 수 있는 것은 하나님의 사랑과 구원은 우리가 원하는 사람에게만 독점될 수 없다는 사실과 하나님은 모든 사람이 회개하고 구원을 얻을 수 있도록 할 수 있는 모든 것을 예비하셨다는 것이다. 요나가 포기하려 했던 니느웨 사람들은 하나님이 잠시 '잃어버린 자들'이었을 뿐이다.

이러한 요나서의 메시지는 포로기 이후 하나님의 사랑과 은총, 구원은 이스라엘에게만 독점될 수 없다는 사실과 이스라엘 사람들의 증오의 대상이었던 앗수르 사람까지도 회개하였을 때 하나님께서 용서하시고 징벌을 취소하신다는 회개의 중요성을 일러준다.

학개

주전 538년, 페르샤 왕 고레스는 바벨론에 끌려온 사람들이 예루살렘으로 돌아가서 무너진 성전을 재건하고 그들의 하나님 여호와를 섬기는 것을 허락하는 칙령을 발표했다. 이 칙령에 따라 유다 사람들은 네 번에 걸친 귀향을 할 수 있었다. 첫 번째 귀향은 주전 536년, 유다 행정 구역의 총독이었던 세스바살이 이끌었다. 이 귀향민들은 가나안 땅에 돌아오자마자 성전 재건의 기초를 마련했으나(스3:8-10 참조) 경제적인 어려움 등으로 인해 성전 재건은 발목이 잡혔다. 두 번째 귀향민들을 이끈 지도자는 스룹바벨과 예수아(=여호수아)였다. 그들 역시 무너진 예루살렘 성전을 재건하려 했다. 그러나 이번에도 귀향민들은 흉작으로 인한 생계 문제를 먼저 해결하고자 했고, 성전 재건보다는 자기 집 마련을 위해 노력하고 있었다. 이때 포로기 이후 가장 먼저 활동한 예언자 **학개**(Haggai)가 등장한다. 그는 "너희는 산에 올라가서 나무를 가져다가 성전을 건축하라. 그리하면 내가(=하나님) 그로 인하여 기뻐하고 또 영광을 얻으리라"(학1:8)라고 외친다. 성전 재건 사역이 중단된 지 16년 만의 일이었다. 하나님의 집이 황폐한 상황에서 각각 자기의 집을 위해 분주히 노력하는 유다 사람들의 모습을 질타하는 예언자의 외침을 들어보라.

> [9]너희가 많은 것을 바랐으나 도리어 적었고 **너희가 그것을 집으로 가져갔으나 내가 불어 버렸느니라** 나 만군의 여호와가 말하노라 이것이 무슨 까닭이냐 **내 집은 황폐하였으되 너희는 각각 자기의 집을 짓기 위하여 빨랐음이라** [10]그러므로 너희로 말미암아 하늘은 이슬을 그쳤고 땅은 산물을 그쳤으며 [11]내가 이 땅과 산과 곡물과 새 포도주와 기름과 땅의 모든 소산과 사람과 가축과 손으로 수고하는 모든 일에 한재를 들게 하였느니라(학1:9-11)

학개의 외침을 다시 자세히 들어 보자. 그는 유다 사람들의 상황이 어려워서 성전을 재건하지 못하는 것이 아니라, 하나님의 성전이 지어지지 않았기 때문에 유다 사람들이 어려움을 당한다고 말한다. 백성들이 자기들의 집만 짓고 하나님의 성전을 짓지 않는 것을 죄로 간주하고, 하나님은 거기에 대한 벌로 자연적인 재해와 경제적인 어려움을 주었다고 선포한다. 이 말을 성도들의 형편을 헤아리지 못하는 목회자의 욕심으로 오해하지 말았으면 한다. 귀향민들의 어려운 상황을 몰라서 하는 말이 아니다. 하나님은 당신의 백성이 아무리 어려운 가운데 있다 하더라도 하나님을 삶의 우선순위에 두기를 바라신다는 것이다. 포로기 이후의 난관을 성전 중심, 하나님 중심, 신앙 중심으로 극복하지 않으면 안 된다고 본 것이다.

백성과 지도자들은 학개의 말을 듣고 따르기 시작했고, 하나님 또한 그들과 "함께하노라"고 약속하셨다(학1:13). 무너진 성전의 재건은 그렇게 시작되었다. 학개의 지원에 힘을 얻은 스룹바벨과 대제사장 여호수아는 성전 재건 작업에 바로 착수하게 된다(학1:14-15). 그런데 성전이 재건되는 모습을 지켜보던 백성들 중에는 나이가 많은 사람들이 있었다. 그들은 옛 솔로몬 성전을 본 적이 있는 사람들이었다. 그들이 기억하고 있는 옛 성전과 비교해 볼 때, 지금 다시 짓고 있는 성전은 '보잘것없는' 것에 지나지 않았다.

> 너희 가운데에 남아있는 자 중에서 이 성전의 이전 영광을 본 자가 누구냐 이제 이것이 너희에게 어떻게 보이느냐 이것이 너희 눈에 보잘것없지 아니하냐(학2:3)

보잘것없다는 말은 문자적으로 '마치 없는 것처럼'이라는 의미이다.

그만큼 솔로몬 성전의 위용은 대단했었다. 일찍이 솔로몬 시대에 지어진 성전은 풍요로움 속에서 지어진 성전이었다. 금이 넘쳐서 은을 귀하게 여기지 않을 정도였으니, 역사상 솔로몬 시대만큼 이스라엘이 경제적으로 풍요로웠던 적은 없었다. 왕궁에서 사용하는 모든 그릇은 금으로 만들었고, 은은 귀하게 여기지도 않았을 정도였다(왕상10:21). 하지만 귀향민들의 상황은 달랐다. 당시 포로에서 돌아온 귀향민들이 경제적으로 넉넉한 가운데 성전을 재건한 것이 아니다. 그들은 자기 집을 짓기를 중단하면서 스스로 성전 재건에 착수한 것이다. 당연히 새로 짓고 있는 성전은 처음 성전에 비해 초라할 수 밖에 없었다. 그러나 중요한 것은 성전의 크기나 화려함이 아니라 하나님이 함께하시는 성전이 될 수 있는가라는 점이었다. 빈궁한 가운데 하나님의 성전을 재건하는 사람들의 마음을 하나님께서 기억하시고 위로하신다. 하나님은 귀향민들이 어려운 가운데서 재건한 성전을 통해 많은 영광을 받으시리라고 말씀하신다.

> 이 성전의 나중 영광이 이전 영광보다 크리라 만군의 여호와의 말이니라 내가 이곳에 평강을 주리라 만군의 여호와의 말이니라(학2:9)

성전을 재건하는 데 있어서 경제적인 빈곤보다도 더 큰 어려움이 하나 있었다. 그것은 바벨론 포로로 잡혀갔다가 돌아온 자들과 가나안 땅에 남아있던 사람들 사이의 갈등이었다(스4:1-4 참조). 바벨론으로 끌려가지 않은 본토인들 중에는 이방인들과의 혼인으로 피가 섞인 이들이 있었고, 귀향민들은 이들 혼혈인들을 배척하여 성전 재건에 참여하지 못하도록 했다. 예루살렘 성전 재건에서 밀려난 이들 혼혈인들은 협력하려던 처음 태도를 바꾸어 반대자들이 되었고, 결국 성전 재건에 커다란 방해자들이 되어버렸다. 이로 인해 성전을 재건하려던 노력은 중단될 수밖에 없었다. 학개는 이 문제에 대해 분명한 답변을 제기한다. 학개는 사마리아 사람들과의 문제에 대한 해답을 율법에서 찾는다(학2:12-13). 제사장들만이 먹을 수 있는 거룩한 고기를 옷자락에 싼다면 그 옷자락은 거룩하게 구별되지만, 다시 그 옷자락에 접촉한 다른 음식물들은 거룩하게 구별되지 않는다. 즉 간접적인 접촉으로는 거룩함이 전달되지 않는다는 것이다. 반면, 부정한 시체를 만진 자와 접촉된 음식물은 부정한 음식으로 간주된다(레5:2; 민19:11,22. 참조 민18:8-19). 이 말은 다분히 비유적이다. 성전 재건에 착수하고 있는 유다 사람들이 사마리아 사람들을 거룩하게 만들 수는 없지만, 이미 부정하게 된 사마리아 사람들은 유다 사람들을 부정하게 만들 수 있다는 말이다. 그것이 사마리아 사람들을 성전 재건 작업에서 제외시킬 수밖에 없는 결정적인 이유였고, 그렇게 벌어져 버린 유대인과 사마리아인의 틈은 다시는 메워지지 않았다.

아쉽게도 학개서에는 실제로 성전이 건축된 이후의 모습에 대해서는 언급이 없다. 새롭게 재건된 성전 봉헌(주전 515년)의 감격적인 장면은 동시대에 활동한 유다 총독 에스라와 느헤미야의 이야기에서 확인할 수 있다(스6:16-18).

스가랴

학개와 같은 시대에 활동을 개시한 **스가랴**(Zechariah)는 열조들이 하나님의 경고와 교훈의 말씀을 듣고도 행치 않음으로 인해 하나님께서 그들의 행위대로 갚으셨으니, 포로기 이후의 백성도 그 행위를 하나님 앞에 회개해야 함을 강조하고, 성전 재건을 촉구했다(슥1:16-17, 4:6-9, 5:11, 6:12-13). 특히 스가랴는 포로기 이후 유대인들이 중요한 종교생활로 여긴 금식에 대해 금식 규례를 지키는 것보다 더 중요한 것은 하나님의 의, 윤리적 요구에 순종하는 것임을 전파했다. 금식을 하면서도 신앙이 결여된 형식적인 종교생활은 기만이고, 진실, 인애, 긍휼을 베푸는 생활을 할 때 하나님은 성실과 정의로 그들의 하나님이 되어 주실 것임을 전파했다.

> [18]만군의 여호와의 말씀이 내게 임하여 이르시되 [19]만군의 여호와가 이같이 말하노라 넷째 달의 금식과 다섯째 달의 금식과 일곱째 달의 금식과 열째 달의 금식이 변하여 유다 족속에게 기쁨과 즐거움과 희락의 절기들이 되리니 오직 너희는 진리와 화평을 사랑할지니라(슥8:18-19)

스가랴서의 뒷부분(슥9장-14장)은, 이사야서가 셋으로 구분되는 것처럼, 다른 사람에 의한 기록이 첨부된 것으로 보이며, 이사야 24-27장, 에스겔 38-39장, 요엘 2-3장 등과 함께 묵시문학의 초기 형태를 띠는 것으로 구분되고 있다.

말라기

학개와 스가랴가 성전의 재건을 부르짖은 예언자였던 반면, 구약성경의 마지막 책을 장식하는 예언자 말라기(Malachi)는 재건된 성전에서 올바른 예배를 드릴 것을 외친다. 경제적인 어려움과 사마리아 사람들의 방해 속에서도 하나님의 집인 성전은 재건되었다. 어떤 이들은 재건된 성전을 보면 눈물을 흘렸고, 감격하며 성전 봉헌식도 거행되었다(주전 515년). 그러나 학개와 스가랴 시대에 있었던 감격과 열정은 오래 가지 못했다. 무너졌던 하나님의 집이 다시 지어지고 사라진 옛 제의 예식들이 다시 자리를 잡기 시작했지만, 새로운 성전에서 드려지는 예배는 하나님이 기뻐하시는 것이 아니었다. 예언자 말라기는 우선적으로 제사장들의 개념 없는 예배를 질타한다. 그들은 아버지이신 하나님께 쓰레기 같은 제물로 제사를 드리고 있었다.

> ⁷너희가 더러운 떡을 나의 제단에 드리고도 말하기를 우리가 어떻게 주를 더럽게 하였나이까 하는도다 이는 너희가 여호와의 식탁은 경멸히 여길 것이라 말하기 때문이라 ⁸만군의 여호와가 이르노라 너희가 눈먼 희생제물을 바치는 것이 어찌 악하지 아니하며 저는 것, 병든 것을 드리는 것이 어찌 악하지 아니하냐 이제 그것을 너희 총독에게 드려 보라 그가 너를 기뻐하겠으며 너를 받아 주겠느냐(말1:7-8)

제사장들은 눈먼 희생제물, 저는 것, 병든 것 심지어 훔친 것(말1:13)을 봉헌물로 바쳤다. 말라기는 그런 물건들을 총독에게 선물로 가져다 주어 보라고 한다. 인간인 총독도 받을 수 없는 것들을 하물며 제사장이 하나님께 바치고 있었다니! 하나님이 원하시는 것은 '많은' 제물도 아니고, '값비싼' 제물도 아니다. 하나님이 참으로 원하셨던 것은 아들인 유다 백성이 아버지이신 하나님을 사랑하고 공경하는 마음으로 바치는 제물이었고, 종이 주인을 두려워하며 바치는 제물이었다. 그것은 거룩하신 하나님의 이름을 위하여 분향하며 바치는 "깨끗한 제물"(말1:11)이었다.

말라기는 하나님과 이스라엘의 관계를 아버지와 아들 관계로 비유한다. 이스라엘 백성은 한 하나님을 둔 형제들이다. 하나님은 마치 아버지가 아들을 대하는 것처럼 사랑을 베푸셨으나, 이스라엘 백성은 서로에게 진실하기를 원하시는 아버지의 뜻을 거역했다.

> [10]우리는 한 아버지를 가지지 아니하였느냐 한 하나님께서 지으신 바가 아니냐 … 어찌하여 우리 각 사람이 자기 형제에게 거짓을 행하여 우리 조상들의 언약을 욕되게 하느냐[11]… 여호와께서 사랑하시는 그 성결을 욕되게 하여 이방 신의 딸과 결혼하였으니 [12]… 여호와께서 야곱의 장막 가운데에서 끊어버리시로다(말2:10-12)

한 하나님을 아버지로 둔 이스라엘이 이방 여인들과 결혼하는 것이 금지되었다. 다문화 시대를 살아가고 있는 오늘날의 시각으로 볼 때는 이해하기 힘든 말일 수 있으나, 구약성경에서 이방인과의 결혼을 금지시킨 일차적인 목적은 언약공동체의 신앙의 순수성을 지키기 위함이었다. 이스라엘은 처음부터 한 하나님을 섬기는 신앙공동체라는 정체성을 가지고 있기 때문이다(신7:3-4; 출34:15-16). 그럼에도 불구하고 말라기 시대 유다 백성은 이방 여인과 결혼하기 위해 '어려서 맞이한 아내', 곧 이미 혼인한 아내와 이혼하기를 서슴지 않았던 것이다(말2:14-15).

말라기서를 읽어가노라면 매우 흥미로운 표현 하나가 등장한다. 그것은 하나님이 당신의 사자를 보내 주신다는 약속의 말씀이다.

> 만군의 여호와가 이르노라 보라 내가 내 사자를 보내리니 그가 내 앞에서 길을 준비할 것이요 또 너희가 구하는 바 주가 갑자기 그의 성전에 임하시리니 곧 너희가 사모하는 바 언약의 사자가 임하실 것이라(말3:1)

이 구절이 흥미로운 것은 말라기라는 예언자의 이름의 뜻이 바로 '내 사자(my messanger)'이기 때문이다. 이 때문에 말라기라는 이름이 고유명사로 쓰인 것이 아니라는 주장도 있고, 말라기라는 이름이 '말라기야'(야웨의 사자)라는 고유명사의 축약형일 것이라는 주장도 있다. 또 '내 사자'가 바로 뒤이어 나오는 '언약의 사자'와 같은 사람을 말하는 것인지도 분명하지 않다. 말라기 4장 5절에서 "내가(=하나님이) 선지자 엘리야를 너희에게 보내리니"라는 말씀이 나오는 것 때문에 '내 사자'를 엘리야로 볼 수 있는가 하면, 탈굼은 말라기가 말하는 '내 사자'를 포로 후기의 위대한 지도자였던 에스라로 보고 있다. 그런가 하면 신약성경 마태복음 11장 10절은 세례요한으로 보고 있다. 이 사자의 정체성을 두고는 앞으로도 많은 해석과 논란이 있을 수 있겠지만, 아마도 말라기는 예언자 자신이 하나님으로부터 보냄받은 사람인 것을 은연중에 강조하고 있음에는 틀림이 없다. 그에게는 하나님의 부름받은 사자로서 붙들고 있는 소명이 있었다. 그것은 하나님의 백성 유다가 다시 한 하나님을 온전히 섬기는 순전한 예배공동체로 다시 거듭나는 것이었다. 이스라엘을 질책하는 예언자의 목소리를 우리는 우리 시대를 향한 하나님의 진노로 들어야 한다. 예배를 거부하시고 부자 관계마저 끊어버리고자 하시는(말2:12) 하나님의 진노로부터 벗어나 종교적으로, 사회적으로 다시 하나님의 백성답게 올곧게 서기를 소망하는 그 마음을 읽어야 한다.

예언서 전체의 마지막이자, 구약성경 전체의 마지막이라고 할 수 있는 말라기 4장 4-6절은 구약을 대표하는 두 인물 모세와 엘리야가 언급되고 있다.

⁴너희는 내가 호렙에서 온 이스라엘을 위하여 내 종 모세에게 명령한 법

곧 율례와 법도를 기억하라 ⁵보라 여호와의 크고 두려운 날이 이르기 전에 내가 선지자 **엘리야**를 너희에게 보내리니 ⁶그가 아버지의 마음을 자녀에게로 돌이키게 하고 자녀들의 마음을 그들의 아버지에게로 돌이키게 하리라 돌이키지 아니하면 두렵건대 내가 와서 저주로 그 땅을 칠까 하노라(말4:4-6)

모세는 구약성경의 핵심이라고 할 수 있는 오경(=율법)의 주인공이고, 죽지 않고 승천한 엘리야는 구약성경의 모든 예언자를 대표하는 인물이다. 특히 갈멜 산에서 엘리야의 선포 앞에서 백성들이 머뭇거렸던 이야기(왕상18장, 특히 21절)는 모든 예언의 말씀 앞에서 주저하지 말아야 할 백성의 당위성을 충분히 제공해 주고 있다. 신약성서의 앞부분에서 세례요한을 가리켜 엘리야라고 부르는 것(마11:10, 14; 17:10-13; 눅1:17)은 엘리야에 대한 말라기의 언급과 맞물려 은연중 두 시대를 서로 이어주고 있다. 말라기가 말하는 예언자의 사명은 아버지이신 하나님의 마음을 자녀인 이스라엘에게 돌이키게 하고, 또한 자녀의 마음을 아버지에게로 돌이키게 하는 것이다. 만약 그 사명이 실패로 돌아간다면, 여호와의 날이 이를 때에 그 땅은 다시 하나님의 저주에 놓이게 되고야 말 것이다. 모든 하나님의 백성에게 결단을 요구하는 이 말씀이 모든 예언서와 구약성경의 마지막 말씀이라는 것을 기억하자. 이 말씀이 비단 예언자 말라기가 살던 시대에만 던져진 것이 아니라 하나님의 말씀을 절대적인 기준으로 삼고 사는 이 시대의 모든 크리스천에게 주신 책임이기에 말이다.

6. 다니엘

　　다니엘(Daniel) 또한 예레미야 애가처럼 예언서는 아니다. 히브리 정경에서 이 다니엘서는 성문서 중의 하나로 자리 잡고 있지만, 그 내용과 분량이 대예언서들과 비슷하기 때문에 우리말 성서에서는 에스겔 다음에 위치하고 있다. 주전 200-100년은 묵시문학의 전성기라고 할 수 있을 만큼 방대한 양의 묵시문학들이 기록되었는데, 그중 다니엘서는 마카비 혁명(Maccabean Revolt)이 일어나기 직전, 이스라엘 사람들이 극심한 종교적 탄압을 받고 있던 때(주전 160년대)에 기록된 구약성서의 대표적인 묵시문학이다. 이스라엘의 전통적 종교생활이 금기시되던 헬라 제국의 안티오쿠스 4세(Antiochus Epiphanes, 주전 175-163) 치하에서 유대인들 중 죽음을 무릅쓰고 자신의 신앙과 종교생활을 지키려 하는 이야기가 주인공 다니엘을 통하여 전개된다.

　　주인공 다니엘이 3인칭으로 등장하는 전반부는 종교적 전통을 지키기 힘든 상황 가운데서도 신앙의 순수성과 충성을 지키는 모습을 그려 준다. 다니엘서의 시작은 주인공 다니엘(=벨드사살)과 그의 세 친구인 하나냐(=사드락), 미사엘(=메삭), 아사랴(=아벳느고)가 바벨론의 왕궁에서 왕의 음식과 포도주로 스스로를 더럽히지 않으려 하는 이야기로 전개된다.

> ¹⁵열흘 후에 그들의 얼굴이 더욱 아름답고 살이 더욱 윤택하여 왕의 음식을 먹는 다른 소년들보다 더 좋아 보인지라 ¹⁶그리하여 감독하는 자가 그들에게 지정된 음식과 마실 포도주를 제하고 채식을 주니라(단1:15-16)

이들이 왕궁의 음식을 거부한 것은 채식주의자였기 때문이 아니라, 이방인의 음식과 고기 등으로 인해 율법에 규정된 유대인의 식사법을 범하지 않으려는 전통적인 신앙생활의 실천을 보여 주고 있는 것이다.

전통적인 신앙을 지키려는 이들의 노력은 금으로 만든 신상에 절하기를 거부하고, 불타는 풀무 속에 버려지는 이야기에서도 나타난다. 느부갓네살은 금으로 된 신상을 세우게 하고 모든 사람들에게 그것에게 절하도록 하였다. 이때 사드락, 메삭, 아벳느고는 신상에 절하기를 거부한 일로 고발되었고, 왕은 그들을 불태워 죽이리라고 위협했지만, 그들은 하나님을 부르면서 그렇게 하기를 거절한다.

> ¹⁷왕이여 우리가 섬기는 하나님이 계시다면 우리를 맹렬히 타는 풀무불 가운데에서 능히 건져내시겠고 왕의 손에서도 건져내시리이다 ¹⁸그렇게 하지 아니하실지라도 왕이여 우리가 왕의 신들을 섬기지도 아니하고 왕이 세우신 금 신상에게 절하지도 아니할 줄을 아옵소서(단3:17-18)

결국 이들은 평소보다 일곱 배나 더 강한 풀무불에 던져졌다. 이를 수행하는 왕의 신하들이 그 불에 타 죽을 정도였지만, 이들은 무사하였다. 이와 같은 기적적인 이야기는 전반부의 마지막인 6장에서 다시 한 번 나타난다. 풀무불에서 세 친구가 구원받은 이야기가 바벨론의 느부갓네살 시대를 배경으로 하는 반면, 여기서는 제국이 바뀌어 페르샤의 다리오 왕 때의 이야기로 전개된다. 다니엘은 세 명의 지방 총독 중의 하나였는데, 그의 경쟁자들이 다니엘을 죽이고자 왕으로 하여금 한동안 그 어떤 사람도 왕 이외의 사람이나 신에게 절해서는 안 된다는 조서를 내리게 한다. 그러나 다니엘은 유대인의 종교적 관습에 따라 하루에 세 번씩 예루살렘을 향하여 기도했고, 그로 인해 사자굴 속에 던져졌다. 내심 다니엘을 아꼈던 왕은 다음 날 아침 다니엘이 살아있음을 발견하였다. 다니엘을 참소한 사람들이 대신 그들의 처자들과 함께 사자굴에 던져졌고, 이방인의 왕 다리오는 조서를 통해 이스라엘의 하나님을 참신으로 고백하게 된다.

> ²⁶내가 이제 조서를 내리노라 내 나라 관할 아래에 있는 사람들은 다 다니엘의 하나님 앞에서 떨며 두려워할지니 그는 살아 계시는 하나님이시요 영원히 변하지 않으실 이시며 그의 나라는 멸망하지 아니할 것이요 그의 권세는 무궁할 것이며 ²⁷그는 구원도 하시며 건져내기도 하시며 하늘에서든지 땅에서든지 이적과 기사를 행하시는 이로서 다니엘을 구원하여 사자의 입에서 벗어나게 하셨음이라 하였더라(단6:26-27)

이와 같은 기적적인 이야기들은 묵시문학의 시대적 상황이 핍박과 고난의 시대였음과 그러한 상황 속에서도 변절하지 말아야 할 충성스런 신앙을 강조하고 있다.

다니엘이 1인칭으로 등장하는 후반부(단7-12장)에서는 세상 나라들과 하나님 나라에 대해 다니엘이 보았던 여러 환상과 상징들을 보여 준다. 여기서는 종말의 날까지 이르는 역사의 시간표를 묘사하고 있는데, 예를 들어 역사적으로 고대 근동을 제패했던 바벨론, 메데, 페르샤, 헬라 제국이 각각 독수리의 날개가 달린 사자와 곰, 표범, 열 개의 뿔이 달린 끔찍한 짐승 등으로 나타나고(단7장), '한 때, 두 때, 반 때', '1290일', '1335일'(단7:25-28; 12장) 등의 날수가 임박한 종말을 상징하고 있다.

이와 같이 구약성서에서 마지막으로 등장한 묵시문학은 몇 가지 점에서 이전의 예언문학과는 차이를 빚는다. 그 차이점은 우선 역사에 대한 이해에서 찾을 수 있다. 예언자들은 하나님의 뜻이 이 지상의 역사적 현실과 상황을 통해서 실현될 것이라는 확신을 가지고 있었다. 역사는 그러한 하나님의 뜻이 펼쳐지는 무대이다. 그러나 예루살렘의 멸망으로 시작된 포로기 및 포로기 이후의 계속되는 수난의 역사 속에서 역사의 의미는 더욱 모호해지고 역사에 대한 신뢰는 감소되었다. 이처럼 인간의 이성과 신앙의 논리로서 납득할 수 없는 삶의 자리 즉 비극적인 역사적 현실, 악한 세력이 선을 억누르고 있는 듯한 부조리한 상황, 역사에 대한 모든 희망이 단절된 듯한 절망적 상태에서 하나님의 의를 공포하는 방법으로 대두된 묵시문학은 역사에 대해 근본적으로 비관적인 태도를 가지고 있었다. 이와 같은 비관적인 태도는 역사란 하나님께서 이미 정해 놓은 단계적인 역사 과정의 시간표에 따라 종말을 향해 움직여 나갈 뿐이며, 역사 진행의 궤도 수정이란 있을 수 없는 일로 생각하게 했다. 모든 묵시전통은 한결같이 임박한 종말을 말하고 있고, 묵시문학가들은 자신들이 늘 역사의 마지막 단계 즉 임박한 종말의 시대에 살고 있다는 의식을 가지고 있었다.

또한 묵시문학은 시간에 대해서도 엄격한 이원론(temporal dualism)을 적용하고 있다. 예언자들에게 있어서 모든 역사는 하나님의 섭리 아래 있다. 그러므로 현재의 상황이 아무리 어둡더라도 그것은 하나님의 구속의 역사의 한 모습인 것이다. 그러나 묵시문학이 지닌 역사에 대한 비관주의적 태도는 악한 세력이 선을 억누르고 있는 듯한 부조리한 상황이 더욱 심각해질수록 역사에 대한 적대적인 태도로 깊어졌고, 현재의 역사는 악의 세력이 지배하는 암흑의 시대이고, 앞으로 올 시대는 하나님께서 통치하는 빛의 시대라는 시각을 갖게 되었다. 예언문학이나 묵시문학은 둘 다 미래에 대해 희망을 말한다는 공통점을 가지고 있기는 하지만, 예언자들에게 있어서 종말이란 구원의 역사의 완성되는 때를 말하는 반면, 묵시문학의 종말론은 악한 세력이 장악하고 있던 역사가 끝나고 우주적인 새 창조(cosmic new creation)가 이루어짐으로써 이상적인 미래가 실현되는 것을 의미한다.

VIII
여록

1. 타낙과 구약성서

기독교의 경전을 말할 때 '성경'(聖經) 혹은 '성서'(聖書)라고 말한다. 우리나라를 사이에 두고 중국에서는 주로 성경이라 부르고, 일본에서는 성서라 부른다. 가만히 보면 우리말 성경 표지에는 『성경전서(聖經全書)』라고 적혀있다. 우리가 성경이라고 부르는 것은 이 성경전서의 처음 두 글자를 딴 이름이고, 성서라고 부르는 것은 첫 글자와 뒷 글자를 따서 부를 때의 이름이다. 성경으로 부르든, 성서라고 부르든, 잊지 말아야 할 것은 이 책은 하나님이 우리에게 주신 가장 귀한 말씀을 담고 있는 은혜의 선물이라는 점이다.

이 성경 혹은 성서 안에는 구약(Old Testament)과 신약(New Testament)이 들어 있다. 즉 하나의 바이블 안에 두 개의 언약이라는 구조를 지니고 있다 (Two Testaments in One Bible). 이 둘은 서로 대칭되는 말이다. 신약이 없이는 구약이 있을 수 없고, 마찬가지로 구약이 없다면, 신약이라는 이름도 있을 수 없다. 히브리어로 기록된 구약 안에는 39권의 책이 있고, 헬라어로 기록된 신약 안에는 27권의 책이 있다. 구약이 신약보다 먼저 생겼다는 것은 누구나 다 아는 사실이다. 그러나 아이러니하게도 이름에 있어서는 구약이라는 이름보다 신약이라는 이름이 간발의 차이로 먼저 생겨났다고 볼 수 있다. 신약성경을 형성하는 책들이 등장했을 때, 구약성경의 예레미야 31장 31절에 나오는 "새언약"(new covenant)이라는 말씀에서 신약(新約)이라는 명칭이 유래되었고, 이에 따라 기존에 있던 39권의 책을 구약(舊約)이라 부르게 되었기 때문이다. 그렇다면, 신약성경이 존재하지 않던 때에는 구약성경을 뭐라고 불렀을까?

히브리어 성경, 타낙(Tanak)

우리가 읽는 구약성서는 원래 히브리 사람들에 의해 기록되고 그들에 의해 읽혀지던 책이다. 히브리어 성경 겉표지에는 『율법서와 예언서와 성문서』라는 다소 긴 제목이 달려있다. 전통적으로 유대인들은 자신들의 경전을 셋으로 구분하고 있기 때문이다. 그리고 그 긴 이름을 줄여서 간단하게 타낙(Tanak)이라고도 부른다. 타낙의 T, N, K는 각각 율법서(Torah=Laws)와 예언서(Nebiim=Prophets), 성문서(Kethubim=Hagiographa, Writings)의 첫 번째 글자를 뜻한다.

율법서 Torah	① 창세기 ② 출애굽기 ③ 레위기 ④ 민수기 ⑤ 신명기
예언서 Nebiim	〈전기예언서〉 ① 여호수아 ② 사사기 ③ 사무엘 ④ 열왕기 〈후기예언서〉 ⑤ 이사야 ⑥ 예레미야 ⑦ 에스겔 ⑧ 소예언서
성문서 Kethubim	〈시와 지혜〉 ① 시편 ② 잠언 ③ 욥기 〈메길로트〉 ④ 전도서 ⑤ 아가 ⑥ 룻기 ⑦ 애가 ⑧ 에스더 〈역 사 서〉 ⑨ 에스라-느헤미야 ⑩ 역대기 ⑪ 다니엘

타낙의 책들이 한꺼번에 정경으로 인정받은 것은 아니다. 가장 먼저 경전으로서의 권위를 인정받은 것은 창세기에서 신명기까지의 다섯 권의 책인 율법서이다. 지금도 율법서는 타낙 중에서도 가장 중요한 부분으로 간주하고 있다. 이 율법서는 에스라 시대(주전 400년경)에 정경으로 그 권위를 인정받았다. 다음으로 정경으로 인정받은 것은 예언서이다(주전 2세기경). 예언서는 전기예언서와 후기예언서로 나뉘는데, 자신의 이름으로 기록된 책이 있는 예언자들은 모두 후기예언서의 예언자에 속한다. 그 외의 나머지 책들의 모음인 성문서는 주후 90년 얌니야(Jamnia=Jabneh) 회의에서 최종적으로 정경으로 인정을 받았다. 성문서는 각각 시서와 다섯 두루마리, 묵시록과 역사서로 구성되는데, 이중 다섯 두루마리는 유대인의 절기 때에 읽히는 책들이다(아가-유월절, 룻기-칠칠절, 애가-예루살렘멸망일, 전도서-장막절, 에스더-부림절). 신약 시대에도 사람들에게 통용되던 정경은 바로 타낙이었다. 지금까지도 유대인들은 타낙을 그들의 경전으로 사용하고 있으며, 각 부분들은 정경으로서의 권위를 인정받은 순서대로 중요성을 지니고 있다고 생각한다. 신약성서 안에서는 이 타낙을 말할 때에 종종 율법서와 예언서라는 표현이 나타나곤 하며, 예수의 말씀 가운데에도 타낙의 삼(三)구분법이 나타난다.

> [29]아브라함이 이르되 그들에게 모세와 선지자들이 있으니 그들에게 들을지니라 [30]이르되 그렇지 아니하니이다 아버지 아브라함이여 만일 죽은 자에게서 그들에게 가는 자가 있으면 회개하리이다 [31]이르되 모세(=율법서)와 선지자들(=예언서)에게 듣지 아니하면 비록 죽은 자 가운데서 살아나는 자가 있을지라도 권함을 받지 아니하리라 하였다 하시니라(눅 16:29-31)

그들이 날짜를 정하고 그가 유숙하는 집에 많이 오니 바울이 아침부터 저녁까지 강론하여 하나님의 나라를 증언하고 모세의 율법(=율법서)과 선지자의 말(=예언서)을 가지고 예수에 대하여 권하더라(행28:23)

⁴⁴또 이르시되 내가 너희와 함께 있을 때에 너희에게 말한 바 곧 모세의 율법(=율법서)과 선지자의 글(=예언서)과 시편(=성문서의 대표)에 나를 가리켜 기록된 모든 것이 이루어져야 하리라 한 말이 이것이라 하시고 ⁴⁵이에 그들의 마음을 열어 성경(=타낙)을 깨닫게 하시고…(눅24:44-48)

구약성서(Old Testament)

이에 비해 기독교는 타낙이라는 이름 대신 구약성서라는 이름을 사용한다. 구약과 신약이라는 말은 서로를 전제로 하는 말이다. 유대인과 유대교에서 타낙만을 정경으로 인정하는 것과는 달리 우리는 구약과 신약이 모두 하나님의 말씀임을 믿는다.

주전 3세기 중엽 희랍 문명의 중심지 중 하나였던 알렉산드리아에서 히브리어로 된 타낙을 희랍어로 번역하는 작업이 있었고, 이 번역된 희랍어 구약성경을 70인역(LXX)이라고 부른다. 70인역으로 번역되면서 타낙의 24권을 39권으로 세분화하여 크게 넷으로 분류되었고(오경-역사서-시가서-예언서), 일부 책들은 배열이 달라졌다.

창세기에서 신명기에 이르는 오경은 타낙에서처럼 맨 앞에 위치하고 있다.

여호수아에서 에스더까지의 12권을 역사서라고 하는데, 타낙의 전

오경 Pentateuch	① 창세기 ② 출애굽기 ③ 레위기 ④ 민수기 ⑤ 신명기
역사서 Historical Books	〈신명기역사서〉 ① 여호수아 ② 사사기 (③ 룻기) ④ 사무엘상 ⑤ 사무엘하 ⑥ 열왕기상 ⑦ 열왕기하 〈역대기역사서〉 ⑧ 역대상 ⑨ 역대하 ⑩ 에스라 ⑪ 느헤미야 (⑫ 에스더)
시가서 Poetic Books	① 욥기 ② 시편 ③ 잠언 ④ 전도서 ⑤ 아가
예언서 Prophets	〈대예언서〉 ① 이사야 ② 예레미야 (③ 예레미야애가) ④ 에스겔 (⑤ 다니엘) 〈소예언서〉 ⑥ 호세아 ⑦ 요엘 ⑧ 아모스 ⑨ 오바댜 ⑩ 요나 ⑪ 미가 ⑫ 나훔 ⑬ 하박국 ⑭ 스바냐 ⑮ 학개 ⑯ 스가랴 ⑰ 말라기

기예언서 여섯 권과 성문서의 역대상·하와 에스라, 느헤미야가 여기에 해당한다. 룻기와 에스더서는 그 시대가 각각 사사 시대와 페르샤 시대를 배경으로 하고 있어서 사사기 다음과 느헤미야 다음에 배열되었다. 여기에는 주로 왕정을 중심으로 한 이스라엘의 역사, 즉 하나님이 선물로 주신 가나안 땅의 정복과 사사 시대, 사울-다윗-솔로몬으로 이어지는 왕정의 시작과 통일 왕국 시대, 왕국의 분열과 멸망, 그리고 바벨론 포로 시대와 귀환 시대 등 이스라엘의 중요한 역사 이야기가 기록되어 있다.

우리말 성서에서 욥기에서 아가서까지의 다섯 권은 시가문학이라 하는데, 이는 이 책들이 주로 운문으로 기록되어 있기 때문이다. 이 책들은 모두 히브리 정경에서는 성문서에 포함되는 것들이다. 흥미로운 것은 책들의 순서인데, 원래 히브리 정경 순서를 벗어나 태어난 사람의 순서대로 배치되어 있다. 욥은 전통적으로 아브라함 시대만큼이나 아주 오래 전의 사람으로 생각되어 왔기 때문에 가장 앞부분에 위치하고 있고, 대부분이 다윗의 작품으로 구성된 시편은 마찬가지로 대부분이 솔로몬의 작품인 것으로 인정되는 잠언과 전도서, 아가서보다 먼저 등장한다. 즉 아버지의 작품이 아들의 작품보다 먼저 등장하는 구조를 지니고 있는 것이다.

이 중 전도서와 아가서는 룻기, 애가, 에스더와 함께 전통적으로 유대인의 절기 때에 읽힌 다섯 두루마리(Five Scrolls 혹은 Megillot)에 해당한다. 아가서는 이스라엘이 애굽을 떠나던 날을 기념하는 유월절(Passover)에, 룻기는 오늘날의 추수감사절에 해당하는 칠칠절(Feast of Weeks)에, 애가는 예루살렘 성전 멸망일을 기억하며 금식하는 아브(Ab)월 9일에, 전도서는 장막절(=수장절, Feast of Booths)에 그리고 마지막으로 에스더서는 부림절(Purim)에 각각 읽혀진 책들이다. 이 책들은 모두 히브리 정경 전통에서 볼 때, 묵시문학인 다니엘서와 함께 세 번째 부분인 성문서에 해당한다.

이사야에서 말라기까지의 나머지 17권을 예언서라고 부르는데, 책의 분량이 많은 이사야, 예레미야, 에스겔을 대(大)예언서라고 부르고, 분량이 적은 호세아에서 말라기까지의 책을 소(小)예언서라고 부른다. 소예언서 12권을 전부 합하면 대예언서 한 권 분량과 비슷하다. 예레미야 애가는 예언서는 아니나 전통적으로 예레미야가 저자라고 생각하기에 예레미야서 다음에 위치하고 이름도 애가서에서 예레미야 애가로 바뀌었다. 다니엘 역시 예언자는 아니나 분량과 내용적인 면에서 편의상 대예언서 다음에 배열되었다.

70인역의 순서에 따라 재배열된 이와 같은 사(四)구분법은 시간적으로 볼 때, 오경과 역사서는 이스라엘 사람들의 과거에 있었던 사건을, 시가서는 현재의 의미를, 예언서는 미래의 소망을 담는다는 의미를 지니고 있다. 지금 우리의 시각으로 볼 때는 모두 지나온 과거의 이야기와 말씀들이지만, 신약성서와 함께, 21세기의 최첨단 시대에도 여전히 살아있는 말씀으로 우리에게 들려지는 이유는, 이 책이 세상의 다른 책들과는 달리, 시공간을 초월한 하나님의 '말씀'을 담고 있기 때문이다.

타낙 혹은 구약성서라는 이름으로 불리는 이 모든 책들의 근저에는 주요한 근본 정신이 있다. 그것은 이스라엘의 야웨신앙이다. 왕, 제사장, 선지자, 군인 등 다양한 부류의 사람들이 하나님 야웨를 향한 그들의 신앙을 시, 찬송, 제사, 이야기, 역사 서술 등의 다양한 방식을 통해 드러낸 것이다.

신약성서(New Testament)

복음서	마태복음, 마가복음, 누가복음, 요한복음(제4복음서)
역사서	사도행전
바울서신	〈바울서신〉 데살로니가전서, 고린도전서, 고린도후서, 빌립보서, 빌레몬서, 갈라디아서, 로마서 〈제2바울서신〉 데살로니가후서, 골로새서, 에베소서, 디모데전서, 디모데후서, 디도서
공동서신	베드로전서, 베드로후서, 야고보서, 유다서, 요한1서, 요한2서, 요한3서, 히브리서
묵시록	요한계시록

신약성서 중 제일 먼저 기록된 책들은 바울서신이다. 바울서신은 주

로 바울이 전도 활동하던 교회에 생겨난 여러 가지 신앙적 · 윤리적 문제들에 대하여 신앙적 권고들을 한 편지들이다. 즉 특정한 상황 속의 교인들을 위하여 쓴 것이다. 복음서는 신약성서 중에서 가장 늦게 기록된 책들이지만 예수님의 생애와 말씀에 대한 기록을 담고 있기에 앞에 위치하고 있다.

신약성서는 시대가 다른 여러 책들로 구성되어 있으나 전체적으로 통일성을 유지하고 있다. 통일성이란 여러 책들로 기록된 신약성서의 중심과 귀착점은 '예수 그리스도'라는 점이다. 즉 예수 그리스도에게서 통일성을 갖게 된다. 그러면서도 신약성서는 여러 저자들에 의해, 각각 다른 장소에서, 각각 다른 시대에 다른 목적으로 쓰인 책이기 때문에 다양성을 지니고 있다.

2. 구약성서의 지리적 배경

    구약성서는 우리와 다른 시대, 다른 장소에서 태동된 작품이다. 시기적으로도 멀리 떨어져 있을 뿐 아니라 지리적으로도 거의 지구 반대편에서 일어난 일들을 담고 있다. 그래서 구약성서에 나오는 지명들을 읽으면서 생소한 느낌이 드는 것은 전혀 이상한 일이 아니다. 그러나 생소하다고 해서 멀리할 수는 없다. 우리가 성서를 보다 올바로 이해하기 위해서는 성서의 지리적 배경에 대한 이해는 반드시 거쳐야 하는 과정이다.

    구약성서와 신약성서의 분량을 비교해 보면 구약은 신약의 세 배 정도에 달한다. 분량이 많은 만큼 구약성서가 다루고 있는 내용도 다양하다. 그러나 구약성서를 태동시킨 지리적 세계는 그리 넓지 않다. 구약성서의 지리적 범주는 이 비옥한 초승달 지역으로 국한된다. 우리가 가지고 있는 성경책 뒤에는 흔히 성서지도가 첨부되어 있다. 그 지도를 펴놓고 이 비옥한 초승달 지역에 나오는 바다와 강, 문명, 도시 등을 살펴보자.

비옥한 초승달지역(Fertile Crescent)

인류 역사는 4대 문명을 간직하고 있다. 이집트 문명과 메소포타미아 문명 그리고 인더스 문명과 황하 문명이 그것이다. 이 문명들의 공통점은 모두 강을 끼고 비옥한 지역에서 발생했다는 것이다. 그중 두 문명이 지리적으로 구약성서와 관련이 있다. 이집트 문명과 메소포타미아 문명이다. 이 두 문명 사이에 성지 가나안이 위치한다. 이집트와 메소포타미아, 그리고 그 사이에 존재하는 가나안 땅을 빗금으로 연결해보면 그 모습이 흡사 초승달 모양을 연상하게 한다. 프랑스인들이 아침마다 먹는 빵의 모양이 초승달을 닮았다고 하여 쿠루아상(croissant)이라는 빵 이름이 생긴 것처럼, 이 비옥한 구약성서의 지리적 배경이 초승달을 닮았다 하여 '비옥한 초승달 지역'(Fertile Crescent)이라고 불린다.

메소포타미아(Mesopotamia)

걸프 만 위쪽으로 두 개의 강, 유프라테스와 티그리스가 흐른다. 이 두 강은 코브라의 혀처럼 갈라져 보이는데, 사실은 각각 다른 곳에서 발원하여 페르시아 만 앞에서 합쳐져서 바다로 흘러들어간다. 이 두 강 사이에 있는 땅이 바로 메소포타미아이다. 성서는 이 지역을 메소포타미아보다는 시날 평지라는 이름으로 더 자주 소개한다. 전역사 이야기의 마무리를 형성하는 창세기 11장은 바벨탑 사건을 소개하면서 이곳이 가나안 땅에서 볼 때 동쪽에 있었음을 말한다.

¹온 땅의 언어가 하나요 말이 하나였더라 ²이에 그들이 동방으로 옮기다가 시날 평지를 만나 거기 거류하며(창11:1-2)

헬라어로 메소(meso)는 둘 사이에(between)라는 뜻을 지니고 있고, 포타미아(potamia)란 강들(rivers)이라는 뜻이다. 그래서 메소포타미아란 '두 강(유프라테스와 티그리스) 사이에 있는 땅'을 말한다. 이 메소포타미아 하단부에 갈대아 우르가 있었다. 아브라함의 고향 갈대아 우르가 속해있던 이 지역은 고대 바벨론 지역(지금의 이라크)으로 일찍부터 문명이 발달했고, 바벨탑이 여기 어딘가에 세워진 것으로 생각된다. 티그리스-유프라테스 강의 상류에서는 고대 오리엔트 지역을 최초로 통일하며 북이스라엘을 멸망시킨 강대국 앗수르가 위치했다. 또한 구약성경에 나오는 마지막 초강대국이자, 오리엔트 지역을 두 번째로 통일하며, 바벨론을 멸망시킨 페르샤 제국(지금의 이란)은 페르시아 만의 동쪽에 위치하고 있었다.

애굽(Egypt)과 나일 강(Nile River)

지중해 아래쪽에는 아프리카 대륙이 자리 잡고 있다. 이 아프리카 북동쪽에 애굽(=이집트)이 있다. 구약에서 애굽의 전 영토는 "믹돌에서부터 수에네까지"(from Migdol to Syene, 겔30:6)라는 말로 표현된다. 애굽과 이스라엘 사람들과의 관계는 긴밀하게 연관되어 있다. 가나안에 도착한 아브라함이 애굽에 내려갔던 이야기에서부터 시작되어, 노예로 팔려갔던 요셉이 애굽의 장관(minister of agriculture)이 된 이후 애굽 제사장의 딸과 결혼했으며, 요셉의 아버지와 형제들이 애굽에 들어와 살았다. 후에 이들의 후손을 이끌어낸 모세라는 이름 역시 애굽식 이름이다. 솔로몬 왕의 본처도 애굽의 공주였고, 그의 중요 교역 대상 중의 하나가 바로 애굽이었다.

> 흉년이 들기 전에 요셉에게 두 아들이 나되 곧 온의 제사장 보디베라의 딸 아스낫이 그에게서 낳은지라(창41:50)

> 솔로몬이 애굽의 왕 바로와 더불어 혼인 관계를 맺어 그의 딸을 맞이하고 다윗 성에 데려다가 두고 자기의 왕궁과 여호와의 성전과 예루살렘 주위의 성의 공사가 끝나기를 기다리니라(왕상3:1)

> 28솔로몬의 말들은 애굽에서 들여왔으니 왕의 상인들이 값 주고 산 것이며 29애굽에서 들여온 병거는 한 대에 은 육백 세겔이요 말은 한 필에 백오십 세겔이라 이와 같이 헷 사람의 모든 왕과 아람 왕들에게 그것들을 되팔기도 하였더라(왕상10:28-29)

애굽의 젖줄기는 나일 강이다. 총길이가 약 6,000km에 이르는 나일 강은 한 줄기로 흐르다가 지중해를 약 300km 앞둔 카이로(구약 시대의 온 [On])에서 여러 줄기로 나뉘어 쇠스랑 같은 모양으로 삼각주를 이루며 지중해로 흘러 들어간다. 이 부채꼴 모양의 지역을 델타 지역이라 부른다. 그 쇠스랑 테두리 모양이 헬라어의 네 번째 글자인 델타(Δ)를 닮았다 하여 붙여진 이름이다. 이 델타 지역 한가운데에 이스라엘 사람들이 노예 생활을 하던 국고성 비돔과 라암셋이 있었다.

감독들을 그들 위에 세우고 그들에게 무거운 짐을 지워 괴롭게 하여 그

들에게 바로를 위하여 국고성 **비돔**과 **라암셋**을 건축하게 하니라(출1:11)

시내 반도(Sinai Peninsula)와 홍해(Red Sea)

애굽 오른쪽에는 돼지 족발 모양의 바다가 시내 반도를 둘러싸고 있다. 이 시내 반도의 크기는 약 61,000km²로, 현재 이스라엘 면적의 두 배 이상이다. 시내 반도의 이름은 반도 아래 지역에 위치한 돌산의 이름을 따서 명명되었다. 시내 산(Mt. Sinai)이다. 성서에서 시내 산은 전승에 따라 호렙 산이라고도 불린다. 이 시내 산을 현대 아라비아어로는 예벨무사(Jebel Musa=제벨무사), 즉 '모세의 산'이라고 한다. 출애굽한 이스라엘 공동체는 모세를 중심으로 홍해를 건너 이 산에 정착해서 그들이 믿고 있던 하나님 야웨와 거룩한 계약을 맺었다. 거기서 하나님 야웨(Yahweh)는 이스라엘의 하나님이 되고 이스라엘은 하나님의 백성이 된다는 계약을 맺으면서 십계명을 위시한 율법을 부여받았다. 바로 그 시내 산에서 모세가 율법을 부여받았기에 예벨무사라고도 부르는 것이다.

신학자들 사이에서는 이스라엘 백성이 건넌 홍해(Red Sea)가 실제로 어디에 있는 바다인가 하는 문제가 아직도 그 귀착점에 이르지 않고 있다. 하지만 전통적으로 홍해는 시내 반도 왼쪽에 위치한 바다로 여겨지고 있다. 성서는 애굽에서 가나안으로 가는 빠르고 편한 길이 있었지만(블레셋 사람의 땅의 길, the way of the land of Palestine), 하나님이 이스라엘을 그 좋은 길로 인도하지 않으시고 어렵고 힘든 길이지만 광야의 홍해 길(the way of the Red Sea of the wilderness)로 인도하셨다고 전하고 있다.

¹⁷바로가 백성을 보낸 후에 **블레셋 사람의 땅의** 길은 가까울지라도 하나님이 그들을 그 길로 인도하지 아니하셨으니 이는 하나님이 말씀하시기를 이 백성이 전쟁을 하게 되면 마음을 돌이켜 애굽으로 돌아갈까 하셨음이라 ¹⁸그러므로 하나님이 **홍해의 광야** 길로 돌려 백성을 인도하시매 이스라엘 자손이 애굽 땅에서 대열을 지어 나올 때에(출13:17-18)

1970년대에 이스라엘 여성 고고학자 도단(T. Dothan)은 블레셋 사람의 땅이 길이 위치하는 가자(Gaza) 지역을 발굴하면서 대규모 이집트 국경 수비대가 자리 잡고 있었음을 밝혀낸 바 있다. 하나님은 출애굽한 이스라엘 백성으로 하여금 굳이 홍해를 건너게 하시며 광야를 가로지르게 하셨다. 아무리 많은 수적 우세를 차지하고 있더라도 훈련받지 않은 오합지졸에 불과한 이스라엘 백성이 정예 군대를 만나면 후회하여 환(還)애굽할 수도 있었기 때문이다.

지중해(Mediterranean Sea)

성지 가나안 왼쪽에는 지중해가 위치하고 있다. 고대 이스라엘 사람들이 볼 수 있던 가장 큰 바다였기 때문에 '대해'(大海, The Great Sea)라 불리기도 하고(민34:6, 7; 수1:4; 9:1; 15:12, 47; 23:4; 겔47:15, 19, 20; 48:28), 성지의 왼쪽에 위치하고 있기 때문에 서해(西海, West Sea)라고 불리기도 한다(신11:24; 34:2; 욜2:20; 슥14:8).

⁶서쪽 경계는 **대해**가 경계가 되나니 이는 너희의 서쪽 경계니라 ⁷북쪽

경계는 이러하니 **대해**에서부터 호르 산까지 그어라(민34:6-7)

보라 내가 요단에서부터 해 지는 쪽 **대해**까지의 남아 있는 나라들과 이미 멸한 모든 나라를 내가 너희를 위하여 제비 뽑아 너희의 지파에게 기업이 되게 하였느니라(수23:4)

너희의 발바닥으로 밟는 곳은 다 너희의 소유가 되리니 너희의 경계는 곧 광야에서부터 레바논까지와 유브라데 강에서부터 **서해**까지라(신11:24)

이 지역의 기후를 지중해성 기후라고 말한다. 지중해성 기후의 특징은 덥고 건조한 여름은 거의 비가 오지 않는 건기이고(5월-10월), 반면 우기(10월-6월)는 겨울인데 12월에서 다음 해 1월에 1년 강우량의 약 3분의 2가 집중된다. 성경은 우기의 시작과 끝에 내리는 비를 이른 비와 늦은 비로 표현하고 있다(신11:14; 시84:6; 렘5:24; 욜2:23; 약5:7). 메마른 광야에서 형성된 가나안 동쪽에서 뜨겁고 건조한 바람이 불어오는 데 비해(동풍=Hamsin, 창41:6, 23, 27; 출10:13; 14:21; 욥15:2; 27:21; 38:24; 시48:7; 78:26; 사27:8; 렘18:17; 겔17:10; 19:12; 27:26; 호12:1; 13:15; 욘4:8), 지중해 쪽에서 불어오는 바람은 따뜻하고 촉촉한 습기를 담고 있기 때문에 성서 본문은 여기서 불어오는 바람을 하나님의 은혜로 표현하기도 한다.

여호와께서 너희의 땅에 **이른 비, 늦은 비**를 적당한 때에 내리시리니 너희가 곡식과 포도주와 기름을 얻을 것이요(신11:14)

볼지어다 그것이 심어졌으나 번성하겠느냐 동풍에 부딪힐 때에 아주 마르지 아니하겠느냐 그 자라던 두둑에서 마르리라 하셨다 하라(겔17:10)

가나안(canaan)과 네게브(Negeb)

비옥한 초승달 지역에서 그 중심을 차지하고 있는 곳은 성지 가나안이다. 지중해와 '갈릴리-요단 강-사해' 사이에 위치한 이 땅을 성서는 '가나안' 땅으로 명명하고 약 20회 정도 "젖과 꿀이 흐르는 땅"으로 소개하고 있다(출3:8, 17; 13:5; 33:3; 레20:24; 민13:27; 14:8; 신6:3; 11:9; 26:9, 15; 27:3; 31:20; 수5:6; 렘 11:5; 32:22; 겔20:6, 15. 참고로 민16:13의 "젖과 꿀이 흐르는 땅"은 가나안 땅이 아닌 애굽을 말한다).

> 내가 내려가서 그들을 애굽인의 손에서 건져내고 그들을 그 땅에서 인도하여 아름답고 광대한 땅, **젖과 꿀이 흐르는 땅** 곧 가나안 족속, 헷 족속, 아모리 족속, 브리스 족속, 히위 족속, 여부스 족속의 지방에 데려가려 하노라(출3:8)

> 여호와께서 우리를 기뻐하시면 우리를 그 땅으로 인도하여 들이시고 그 땅을 우리에게 주시리라 이는 과연 **젖과 꿀이 흐르는 땅**이니라(민14:8)

여호수아 시대에는 이스라엘(언약의 민족의 땅)로, 그리고 로마 황제 하드리안(Hadrian)에 의해 '팔레스타인'으로 그 이름이 변해온 땅이다(130 C.E.). 현재는 이스라엘이 차지하고 있는 땅으로, 이스라엘의 전체 면적은 약 28,000km^2 정도이다. 우리나라 한반도의 전체 면적(219,650km^2)의 약 8

분의 1밖에 되지 않는 작은 땅이다.

팔레스틴 남쪽의 사막 지역을 네게브(Negeb)라고 하는데, 히브리어 네게브는 사막 지역을 가리키는 고유명사로 번역되기도 하고(창13:1), '남방'으로 번역되기도 한다(창12:9).

> ⁸그가(=아브람) 그곳에서 여호와께 제단을 쌓고 여호와의 이름을 부르더니 ⁹점점 **남방**으로 옮겨갔더라(창12:8-9)

> ¹아브람이 애굽에서 그와 그의 아내와 모든 소유와 롯과 함께 **네게브로** 올라가니 ²아브람에게 가축과 은과 금이 풍부하였더라(창13:1-2)

이는 네게브 사막이 팔레스틴 남쪽에 위치하고 있기 때문이다. 네게브 지역은 전체 이스라엘 면적의 거의 절반을 차지할 정도로 넓은 지역이지만 인구가 희박한 지역이다. 그 이유는 강우량이 적기 때문이다. 연간 강우량이 대략 50mm에 지나지 않는다. 섭씨 40도 이상의 고온이 유지되는 이 땅은 아주 오래전부터 쓸모없이 버려진 땅으로 여겨져 왔다. 구약성서에서 전체 가나안 땅을 가리킬 때에 흔히 "단에서 브엘세바까지"라는 말을 사용하는 것도 브엘세바 이남의 네게브 지역은 사람이 살기에 적합하지 않은 것으로 여겨졌기 때문이다(삿20:1; 삼상3:10, 20; 17:11; 24:2, 15; 왕상4:25; 대상21:2; 대하30:5; 암8:14).

> 이에 모든 이스라엘 자손이 **단에서부터 브엘세바까지**와 길르앗 땅에서 나와서 그 회중이 일제히 미스바에서 여호와 앞에 모였으니(삿20:1)

단에서부터 브엘세바까지의 온 이스라엘이 사무엘은 여호와의 선지자로 세우심을 입은 줄을 알았더라(삼상3:20)

솔로몬이 사는 동안에 유다와 이스라엘이 단에서부터 브엘세바에 이르기까지 각기 포도나무 아래와 무화과나무 아래에서 평안히 살았더라(왕상4:25)

크기가 작을 뿐만 아니라, 이스라엘 땅의 대부분은 황무지와 광야, 산악 지대로 구성되어 있다. 지질학적으로 볼 때 이 땅의 절반 이상은 사막으로 분류된다. 구약성서가 표현하는 "젖과 꿀이 흐르는 땅"과는 전혀 어울리지 않는 땅이다. 그러나 한 가지 우리가 잊지 말아야 할 것은 젖과 꿀이 흐르는 땅이라는 성서의 표현은 자연적, 지질학적인 의미라기보다는 하나님의 백성 이스라엘에게 맡겨진 사명으로서의 의미가 더 깊다는 점이다. 작은 땅에 모여 사는 작은 백성이지만, 하나님의 백성으로서의 강한 영향력을 끼치며 살아가고, 그 땅을 젖과 꿀이 흐르는 땅으로 변화시켜 가야 할 책임을 말하고 있는 것이다. 어쩌면 우리가 살아가는 이 땅, 한반도 역시 하나님은 젖과 꿀이 흐르는 땅으로 주신 것이 아닐까.

사해(Dead Sea)

둘레 약 200km, 면적 약 950km^{2}의 사해는 현재 수위가 해면보다 약 420m 낮은데, 이는 세계에서 가장 낮은 지표면에 해당한다. 요단 강을 통해 흘러들어온 물이 나가지를 않고 다만 증발할 뿐이다. 여기에 사해(死海)라는 이름이 붙은 것은 염도 때문이다. 보통 다른 바닷물의 일곱 배에 해당하는 약 25%의 염도를 지니고 있어 물고기가 살 수 없기 때문이다. 염도가 높을 뿐 아니라 많은 중금속 광물질이 녹아있어 생물이 살지 못한다. 그러나 성경은 이 바다를 죽음의 바다라는 의미의 사해보다는 생명의 바다라는 의미를 살리는 염해(鹽害, 창14:3; 민34:3, 12; 신3:17; 수3:16; 12:3; 15:2, 5; 18:19) 내지는 아라바의 바다(신3:17; 수12:3), 동해(東海, 욜2:20, 겔47:18) 등으로 부르고 있다.

> 또는 아라바와 요단과 그 지역이요 긴네렛에서 **아라바 바다** 곧 **염해와** 비스가 산기슭에 이르기까지의 동쪽 지역이니라(신3:17)

> 또 동방 아라바 긴네롯 바다까지이며 또 동방 **아라바의 바다** 곧 **염해의** 벧여시못으로 통한 길까지와 남쪽으로 비스가 산기슭까지이며(수12:3)

> 내가 북쪽 군대를 너희에게서 멀리 떠나게 하여 메마르고 적막한 땅으로 쫓아내리니 그 앞의 부대는 **동해로**, 그 뒤의 부대는 서해로 들어갈 것이라 상한 냄새가 일어나고 악취가 오르리니 이는 큰일을 행하였음이니라 하시리라(욜2:20)

사실 사해는 각종 광물자원이 매장된 어마어마한 이스라엘의 보고(寶庫)이다. 이스라엘 사람들은 "하나님이 우리에게 석유를 주시진 않았지만 사해를 주셨다"라고 말할 정도로 사해는 매년 엄청난 외화를 벌어들이는 역할을 하고 있다.

갈릴리 바다(Sea of Galilee)

이 지역을 바다라고 부르는 것은 많은 물을 '바다'라고 부르는 히브리어의 한계 때문이다. 이 수역은 좁은 곳은 11km, 넓은 곳이 22km인 사람의 심장 모양의 담호수이다. 수심이 60m로 비교적 깊은 이 호수는 갈릴리 지방에 위치하고 있기 때문에 보편적으로 갈릴리 바다(혹은 호수)라고 불리지만, 구약 시대에는 그 모양이 하프를 닮았다 하여 긴네렛(수11:2, 19:35)으로 불리기도 하고 신약성서에서는 게넷사렛 호수(눅5:1)라고도 불린다. 예수의 공생애 사역의 출발점이었던 이곳은 한때 분봉왕 헤롯이 로마 황제 디베리우스에게 아부하기 위해 세운 도시인 디베랴의 이름을 따서 잠시 디베랴 바다라고 불리기도 했다(요6:1).

> 및 북쪽 산지와 긴네롯 남쪽 아라바와 평지와 서쪽 돌의 높은 곳에 있는 왕들과(수11:2)

> [1]무리가 몰려와서 하나님의 말씀을 들을새 예수는 게네사렛 호숫가에 서서 [2]호숫가에 배 두 척이 있는 것을 보시니 어부들은 배에서 나와서 그물을 씻는지라(눅5:1-2)

> [1]그 후에 예수께서 디베랴의 갈릴리 바다 건너편으로 가시매 [2]큰 무리가 따르니 이는 병자들에게 행하시는 표적을 보았음이러라(요6:1-2)

요단 강(Jordan River)

팔레스틴에도 1년 내내 눈이 녹지 않는 만년설이 존재한다. 헐몬 산(Mt. Hermon)이다. 헐몬 산은 가나안 북쪽에 자리 잡고 있다. 이 헐몬 산의 눈이 녹아 지하로 흐르며 갈릴리 바다에 들어온다. 눈에는 보이지 않는 이 지하 물줄기를 지하 요단 강이라 부른다. 갈릴리 바다에 들어온 물은 다시 요단 계곡을 따라 100km 흘러 사해로 들어간다. 이 물줄기를 요단 강이라 부른다. 이 요단 강의 서편이 바로 약속의 땅이다.

> 헐몬의 이슬이 시온의 산들에 내림 같도다 거기서 여호와께서 복을 명령하셨나니 곧 영생이로다(시133:3)

> ¹내 종 모세가 죽었으니 이제 너는 이 모든 백성과 더불어 일어나 이 요단을 건너 내가 그들 곧 이스라엘 자손에게 주는 그 땅으로 가라 … ¹¹진 중에 두루 다니며 그 백성에게 명령하여 이르기를 양식을 준비하라 사흘 안에 너희가 이 요단을 건너 너희의 하나님 여호와께서 너희에게 주사 차지하게 하시는 땅을 차지하기 위하여 들어갈 것임이니라 하라(수1:2, 11)

3. 구약성서의 이웃 나라들

구약성서 안에는 다양한 민족과 나라들의 이야기가 섞여있다. 약속의 땅 가나안에는 가나안, 헷, 아모리, 브리스, 히위, 기르가스, 여부스 등 가나안 땅 안에 있던 일곱 족속이 있었다(창15:19-21; 출3:8, 17; 13:5; 23:23, 28; 33:2; 34:11; 신7:1; 20:17; 수3:10 등).

> 또 말하되 살아 계신 하나님이 너희 가운데에 계시사 가나안 족속과 헷 족속과 히위 족속과 브리스 족속과 기르가스 족속과 아모리 족속과 여부스 족속을 너희 앞에서 반드시 쫓아내실 줄을 이것으로서 너희가 알리라(수3:10)

그리고 가나안의 일곱 족속 외에 가나안 땅 서쪽의 지중해 해안 지역에는 블레셋과 베니게가 있었고, 요단 강 동편에는 에돔, 모압, 암몬, 아람이라는 민족들이 자리 잡고 있었다. 이 외에도 남쪽 네게브 사막 건너에는 애굽이라는 제국이 있었고 메소포타미아 지역에서는 앗수르와 신흥 바벨론 그리고 바사 제국이 차례로 일어나 고대 근동에서 패권을 차지하고 있었다. 이들 대제국들에 대해서는 이 책의 여러 군데에서 직·간접적으로 언급하였으므로 여기서는 가나안 땅 주변의 이웃 나라들에 대해서만 간략히 언급하고자 한다.

블레셋(Philistine)

블레셋 사람들이 에게 해(Aegean Sea) 지역에서 그레데와 구브로를 거쳐 중동으로 이주해 온 사람들로(렘47:4; 암9:7. 갑돌=그레데), 주전 2000년대 헷(=히타이트)을 무너뜨린 해양 민족이다. 이들은 이스라엘 민족이 가나안에 진입하던 때와 거의 비슷한 시기에 가나안 땅 서쪽 해안 지역에 자리를 잡았다. 다섯 개의 주요 도시들(펜타폴리스=가사, 가드, 아스돗, 아스글론, 에그론)이 동맹을 맺은 민족으로, 가나안 땅에 처음으로 철기 문명 시대를 열었다.

> [19]그 때에 이스라엘 온 땅에 철공이 없었으니 이는 블레셋 사람들이 말하기를 히브리 사람이 칼이나 창을 만들까 두렵다 하였음이라 [20]온 이스라엘 사람들이 각기 보습이나 삽이나 도끼나 괭이를 벼리려면 블레셋 사람들에게로 내려갔었는데(삼상13:19-20)

철로 만든 무기로 무장한 블레셋인들은 오랫동안, 특히 사사 시대와 이스라엘 왕정 초기에 이스라엘과 크고 작은 전쟁을 벌여왔으며(삿13-16장; 삼상4-17장; 31장 등), 이스라엘의 초대 왕 사울은 이들과의 싸움이 있었던 길보아 산에서 전사한다. 다윗은 블레셋 장군 골리앗과 싸움에서 이기면서 역사의 무대에 본격적으로 등장했고, 아이러니하게도 사울을 피해 1년 4개월 동안 이들 블레셋 사람들의 지방에 살았다(삼상27:7). 블레셋의 대표적인 신은 다곤(Dagon)으로, 아스돗과 가사에 다곤 신전이 있었다.

> 블레셋 사람의 방백들이 이르되 우리의 신이 우리 원수 삼손을 우리 손에 넘겨 주었다 하고 다 모여 그들의 신 다곤에게 큰 제사를 드리고 즐거워하고(삿16:23)

> [1]블레셋 사람들이 하나님의 궤를 빼앗아 가지고 에벤에셀에서부터 아스돗에 이르니라 [2]블레셋 사람들이 하나님의 궤를 가지고 다곤의 신전에 들어가서 다곤 곁에 두었더니 [3]아스돗 사람들이 이튿날 일찍이 일어나 본즉 다곤이 여호와의 궤 앞에서 엎드러져 그 얼굴이 땅에 닿았는지라 그들이 다곤을 일으켜 다시 그 자리에 세웠더니 [4]그 이튿날 아침에 그들이 일찍이 일어나 본즉 다곤이 여호와의 궤 앞에서 또다시 엎드러져 얼굴이 땅에 닿았고 그 머리와 두 손목은 끊어져 문지방에 있고 다곤의 몸뚱이만 남았더라 [5]그러므로 다곤의 제사장들이나 다곤의 신전에 들어가는 자는 오늘까지 아스돗에 있는 다곤의 문지방을 밟지 아니하더라(삼상 5:1-5)

베니게(Phoenicia)

신약성서 사도행전에서 베니게(=페니키아)라고 등장하는(행11:19; 15:3; 21:2) 이 이름은 구약성서에서 주로 두로와 시돈이라는 도시 이름으로 불리고 있다. 베니게는 지금의 알파벳의 시작이라고 할 수 있는 표음문자를 처음으로 만든 민족이다. 또한 베니게에서 가장 오래된 항구 도시인 비블로스(Biblos)에서 '바이블'(Bible, 성경)과 '책'(book)이라는 말이 생겨났다. 두로보다 시돈이 먼저 생겼기 때문에 구약성서에서는 베니게 사람을 시돈 사람으로 불렀다(창10:15; 신3:9; 삿18:7; 왕상5:6; 11:33; 16:31 등).

> 당신은 명령을 내려 나를 위하여 레바논에서 백향목을 베어내게 하소서 내 종과 당신의 종이 함께 할 것이요 또 내가 당신의 모든 말씀대로 당신의 종의 삯을 당신에게 드리리이다 당신도 알거니와 우리 중에는 시돈 사람처럼 벌목을 잘하는 자가 없나이다(왕상5:6)

시돈 남쪽으로 40km 정도 떨어진 두로는 바벨론 제국의 느부갓네살이 13년 동안 포위 공격을 하고도 정복하지 못할 정도로 베니게에서 가장 강력한 성읍이었다(겔29:18-20). 솔로몬은 건축 사업을 위해 두로 왕 히람에게서 많은 목재를 수입했고, 엘리야와 대결을 벌였던 왕비 이세벨은 바로 시돈의 공주였다.

> 갈릴리 땅의 성읍 스무 곳을 히람에게 주었으니 이는 두로 왕 히람이 솔로몬에게 그 온갖 소원대로 백향목과 잣나무와 금을 제공하였음이라(왕상9:11)

> 느밧의 아들 여로보암의 죄를 따라 행하는 것을 오히려 가볍게 여기며 시돈 사람의 왕 엣바알의 딸 이세벨을 아내로 삼고 가서 바알을 섬겨 예배하고(왕상16:31)

베니게의 주요 도시 두로와 시돈은 그 지리적인 근접으로 인해 같이 등장하는 경우가 많고, 이스라엘의 많은 예언자들은 여호와신앙에 위협을 가하는 우상숭배로 인해 가까이하지 말 것을 외쳤다. 베니게의 대표적인 신은 다산의 여신 아스다롯(Ashtoreth)이다(삿2:13; 10:6; 삼상7:3; 12:10; 왕하 23:13 등).

> ¹³곧 그들이 여호와를 버리고 바알과 아스다롯을 섬겼으므로 ¹⁴여호와께서 이스라엘에게 진노하사 노략하는 자의 손에 넘겨주사 그들이 노략을 당하게 하시며 또 주위에 있는 모든 대적의 손에 팔아넘기시매 그들이 다시는 대적을 당하지 못하였으며 ¹⁵그들이 어디로 가든지 여호와의 손이 그들에게 재앙을 내리시니 곧 여호와께서 말씀하신 것과 같고 여호와께서 그들에게 맹세하신 것과 같아서 그들의 괴로움이 심하였더라(삿 2:13-15)

에돔(Edom)

혈통적으로 볼 때 에돔은 이스라엘과 가장 가까운 민족이라고 할 수 있다. 에돔의 조상 에서가 바로 이스라엘(=야곱)의 형이기 때문이다.

> 야곱에게 이르되 내가 피곤하니 그 붉은 것을 내가 먹게 하라 한지라 그러므로 에서의 별명은 에돔이더라(창25:30)

> 에서 곧 에돔의 족보는 이러하니라(창36:1)

에돔 사람들은 가나안 땅의 가장 남쪽 지역이라고 할 수 있는 세일 (사해 남쪽, 요단 저지대 동쪽) 땅 산지에 살았다(창36:8-9). 구약성서에서 이스라엘과 에돔은 늘 적대적인 관계로 나타난다. 출애굽한 이스라엘 민족이 가나안으로 진입하려 했을 때 모세가 에돔 왕에게 이스라엘이 에돔의 형제 민족인 것을 운운하며("당신의 형제 이스라엘", 민20:14) 에돔 땅을 지나가게 해달라고 했으나, 에돔 왕은 그들의 진입을 허락하지 않았다.

> [18]에돔 왕이 대답하되 너는 우리 가운데로 지나가지 못하리라 내가 칼을 들고 나아가 너를 대적할까 하노라 [19]이스라엘 자손이 이르되 우리가 큰 길로만 지나가겠고 우리나 우리 짐승이 당신의 물을 마시면 그 값을 낼 것이라 우리가 도보로 지나갈 뿐인즉 아무 일도 없으리이다 하나 [20]그는 이르되 너는 지나가지 못하리라 하고 에돔 왕이 많은 백성을 거느리고 나와서 강한 손으로 막으니 [21]에돔 왕이 이같이 이스라엘이 그의 영토로 지나감을 용납하지 아니하므로 이스라엘이 그들에게서 돌이키니라(민 20:18-21)

구약성서에는 에돔이 섬겼던 신 이름은 등장하지 않는다. 왕정 시대에 다윗 왕이 에돔을 정복하여 1만 8천 명을 죽인 이후(삼하8:13-14) 에돔과의 사이는 더욱 나빠졌고, 후에 남왕국이 멸망할 때에 가장 기뻐했던 민족이기도 하다.

> 여호와여 예루살렘이 멸망하던 날을 기억하시고 에돔 자손을 치소서 그들의 말이 헐어 버리라 헐어 버리라 그 기초까지 헐어 버리라 하였나이다(시137:7)

모압(Moab)

모압은 아브라함의 조카 롯의 첫딸이 낳은 아들의 이름이다. 결국 모압은 이스라엘과 친척이 되는 민족이지만(창19:36-37), 두 민족 사이에는 늘 긴장이 감돌았다(민22-24장; 삿3:12-20).

> [30]롯이 소알에 거주하기를 두려워하여 두 딸과 함께 소알에서 나와 산에 올라가 거주하되 그 두 딸과 함께 굴에 거주하였더니 [31]큰딸이 작은딸에게 이르되 우리 아버지는 늙으셨고 온 세상의 도리를 따라 우리의 배필 될 사람이 이 땅에는 없으니 [32]우리가 우리 아버지에게 술을 마시게 하고 동침하여 우리 아버지로 말미암아 후손을 이어가자 하고 [33]그 밤에 그들이 아버지에게 술을 마시게 하고 큰딸이 들어가서 그 아버지와 동침하니라 그러나 그 아버지는 그 딸이 눕고 일어나는 것을 깨닫지 못하였더라 [34]이튿날 큰딸이 작은딸에게 이르되 어젯밤에는 내가 우리 아버지와 동침하였으니 오늘 밤에도 우리가 아버지에게 술을 마시게 하고 네가 들어가 동침하고 우리가 아버지로 말미암아 후손을 이어가자 하고 [35]그 밤에도 그들이 아버지에게 술을 마시게 하고 작은딸이 일어나 아버지와 동침하니라 그러나 아버지는 그 딸이 눕고 일어나는 것을 깨닫지 못하였더라 [36]롯의 두 딸이 아버지로 말미암아 임신하고 [37]큰딸은 아들을 낳아 이름을 모압이라 하였으니 오늘날 모압의 조상이요 [38]작은딸도 아들을 낳아 이름을 벤암미라 하였으니 오늘날 암몬 자손의 조상이었더라(창19:30-38)

출애굽한 이스라엘이 가나안 땅에 들어가기 직전 모세가 마지막으로 백성들을 향해 말씀을 전한 곳이 바로 모압 평지였고(신1:5), 모세는 그 곳에 있는 느보 산에 올라 요단 강 너머 펼쳐진 가나안 땅을 본 후 최후를 맞이한다(신34장). 다윗의 조상인 룻이 모압 여인이었고, 다윗도 한동안 모압 왕과 친분을 나누기도 하지만(삼상22:3-4), 무력으로 그들을 굴복시키고 키가 큰 모압 사람들을 골라 죽이기도 한다.

> 다윗이 또 모압을 쳐서 그들로 땅에 엎드리게 하고 줄로 재어 그 두 줄 길이의 사람은 죽이고 한 줄 길이의 사람은 살리니 모압 사람들이 다윗의 종들이 되어 조공을 드리니라(삼하8:2)

모압의 대표적인 신은 그모스(Chemosh)로, 솔로몬 왕의 정략적인 국제 결혼으로 인해 예루살렘 안에 그모스를 위한 신전이 들어섰고, 요시야 왕이 종교개혁을 일으키면서 이 신전을 파괴했다.

> 모압의 가증한 그모스를 위하여 예루살렘 앞 산에 산당을 지었고 또 암몬 자손의 가증한 몰록을 위하여 그와 같이 하였으며(왕상11:7)

> 또 예루살렘 앞 멸망의 산 오른쪽에 세운 산당들을 왕이 더럽게 하였으니 이는 옛적에 이스라엘 왕 솔로몬이 시돈 사람의 가증한 아스다롯과 모압 사람의 가증한 그모스와 암몬 자손의 가증한 밀곰을 위하여 세웠던 것이며(왕하23:13)

암몬(Ammon)

암몬 민족은 롯의 둘째 딸이 낳은 아들의 후손이다. 이 두 민족의 혈통이 특히 가까운 것처럼, 구약성서에서 암몬은 모압과 함께 등장하는 경우가 많다. 암몬 민족은 이스라엘이 가나안에 진입해 들어온 직후 얍복 강 상류에 정착하여 자리를 잡았고, 이스라엘과는 계속적인 영토 분쟁 전쟁에 휘말렸다(삿10-11장; 삼상11장).

> 그 해가 돌아와 왕들이 출전할 때가 되매 다윗이 요압과 그에게 있는 그의 부하들과 온 이스라엘 군대를 보내니 그들이 암몬 자손을 멸하고 랍바를 에워쌌고 다윗은 예루살렘에 그대로 있더라(삼하11:1)

햇 사람 우리야가 전사한 전쟁이 바로 이 암몬과의 싸움이었다(삼하 12:9). 암몬의 대표적인 신은 밀곰(Milcom)으로, 모압의 그모스 신전처럼, 그 신전은 솔로몬 시대에 세워졌다가 요시야 시대에 헐렸다.

> 또 예루살렘 앞 멸망의 산 오른쪽에 세운 산당들을 왕이 더럽게 하였으니 이는 옛적에 이스라엘 왕 솔로몬이 시돈 사람의 가증한 아스다롯과 모압 사람의 가증한 그모스와 암몬 자손의 가증한 밀곰을 위하여 세웠던 것이며(왕하23:13)

아람(Aram)

구약성서에서 아람은 종종 그 수도였던 다메섹으로도 불리며, 신약성서에서는 주로 수리아로 불리는 지역이다. 통일 왕국 시대에 다윗과의 전쟁에서 패전을 거듭하던 것으로 자주 등장하지만, 분열 왕국 시대에는 북이스라엘과 잦은 교전이 있었다. 이 당시 아람은 북이스라엘보다 강력한 군사력을 유지했던 것으로 보인다. 아람의 국력은 예언자 엘리사 이야기에서 아람의 장군 나아만이 나병의 치료를 위해 온다는 전갈을 받고 이스라엘의 왕은 아람과의 전쟁을 두려워할 정도였다.

> ⁵아람 왕이 이르되 갈지어다 이제 내가 이스라엘 왕에게 글을 보내리라 하더라 나아만이 곧 떠날새 은 십 달란트와 금 육천 개와 의복 열 벌을 가지고 가서 ⁶이스라엘 왕에게 그 글을 전하니 일렀으되 내가 내 신하 나아만을 당신에게 보내오니 이 글이 당신에게 이르거든 당신은 그의 나병을 고쳐 주소서 하였더라 ⁷이스라엘 왕이 그 글을 읽고 자기 옷을 찢으며 이르되 내가 사람을 죽이고 살리는 하나님이냐 그가 어찌하여 사람을 내게로 보내 그의 나병을 고치라 하느냐 너희는 깊이 생각하고 저 왕이 틈을 타서 나와 더불어 시비하려 함인줄 알라 하니라(왕하5:5-7)

아람은 주전 732년 앗수르의 디글랏 빌레셀 3세에 의해 멸망했지만(시리아-에브라임 전쟁), 아람어는 앗수르, 바벨론, 바사 제국에 이르기까지 널리 사용되었고, 구약성서의 일부도 아람어로 기록되어 있다(스4:8-6:18; 7:11-26; 단2:4-7:28). 신약 시대에 일반적으로 사용되던 언어 역시 아람어였다. 아람의 대표적인 신은 림몬(Rimmon)으로, 이 이름은 나병을 치료받은 나아만이 아람으로 돌아가서 어쩔 수 없이 림몬의 신당에 몸을 굽혀야 한다고 엘리사에게 용서를 구하는 장면에서 등장한다.

[17]나아만이 이르되 그러면 청하건대 노새 두 마리에 실을 흙을 당신의 종에게 주소서 이제부터는 종이 번제물과 다른 희생제사를 여호와 외다른 신에게는 드리지 아니하고 다만 여호와께 드리겠나이다 [18]오직 한 가지 일이 있사오니 여호와께서 당신의 종을 용서하시기를 원하나이다 곧 내 주인께서 림몬의 신당에 들어가 거기서 경배하며 그가 내 손을 의지하시매 내가 림몬의 신당에서 몸을 굽히오니 내가 림몬의 신당에서 몸을 굽힐 때에 여호와께서 이 일에 대하여 당신의 종을 용서하시기를 원하나이다 하니 (왕하5:17-18)

참고문헌과 더 읽을 책들

Albertz, R., 강성열 역, 『이스라엘 종교사 I 』(서울: 크리스찬 다이제스트), 2003.

_____, 강성열 역, 『이스라엘 종교사 II 』(서울: 크리스찬 다이제스트), 2004.

Anderson, B. W., 강성열 · 노항규 역, 『구약성서이해』(서울: 크리스찬 다이제스트), 1994.

Bailey, L. R., *The Pentateuch*(Nashville: Abingdon), 1981.

Barton, J., *Reading the Old Testament: Method in Biblical Study*(London: Darton Longman & Todd), 1984.

_____, *A History of Israel*(Philadelphia: The Westminster Press), 1981.

Brueggemann, W. & H. W. Wolff, eds., *The Vitality of Old Testament Traditions*(Atlanta: John Knox Press), 1982.

Childs, B. S., 김갑동 역, 『구약정경개론』(서울: 대한기독교출판사), 1987.

Gooder, P., *Pentateuch: A Story of Beginnings*(New York: T & T Clark), 2000.

Gowan, D. E., 차준희 역, 『구약 예언서신학』(서울: 대한기독교서회), 2004.

Clines, D. J. A., *The Theme of the Pentateuch*(Sheffield: JSOT), 1978.

Fretheim, T. E., *Deuteronomic History*(Nashville: Abingdon), 1983.

Friedman, R. E., 이사야 역, 『누가 성서를 기록했는가』(서울: 한들출판사), 2008.

Hasel. G., 허군호 역, 『현대구약신학의 동향』(서울: 대한기독교출판사), 1984.

Jagersma. H., *A History of Israel in the Old Testament Period*(Philadelphia: Fortress), 1979.

Mann, T. W., *The Book of the Torah*(Atlanta: John Knox Press), 1988.

Rendtorff, R., *The Old Testament: An Introduction*(Philadelphia: Fortress), 1986.

Schmidt, W. H., *Old Testament Introduction*(NY: Crossroad), 1984.

김덕중 · 안근조 · 이사야 편, 『구약성서의 경건, 구약성경의 영성』(서울: kmc), 2014.

김영진, 『구약성서의 세계』(서울: 하늘서원), 2009.

_____, 『구약성서 읽기』(서울: 이레서원), 2006.

김학철, 『성서, 그토록 오래된 새 이야기』(서울: Bluesword), 2008.

문시영 · 이사야, 『현대인과 성서』(천안: 남서울대학교출판부), 2014.

_____, 『기독교의 이해』(천안: 남서울대학교출판부), 2015.

민영진, 『전도서/아가』(서울: 대한기독교서회), 2009.

박종수, 『구약성서 역사이야기』(서울: 글터), 1996.

박준서, 『구약세계의 이해』(서울: 한들출판사), 2001.

_____, 『성지순례』(서울: 조선일보사), 1992.

성서교재위원회, 『함께 읽는 구약성서』(천안: 한국신학연구소), 1991.

성서와 함께, 『보시니 참 좋았다: 성서가족을 위한 창세기 해설서』(서울: 성서와 함께), 1988.

_____, 『어서 가거라: 성서가족을 위한 출애굽기 해설서』(서울: 성서와 함께), 1991.

안근조, 『지혜말씀으로 읽는 욥기』(서울: 한들출판사), 2007.

오택현, 『새롭게 읽는 구약성서』(서울: 크리스찬 헤럴드), 2005.

왕대일, 『묵시문학연구』(서울: 대한기독교서회), 1994.

_____, 『신앙공동체를 위한 구약성서 이해』(서울: 성서연구사), 1993.

월요신학서당 편, 『새롭게 열리는 구약성서의 세계』(서울: 한국신학연구소), 1990.

이사야, "신명기역사서의 리더들", 『기독교세계』 942-954호(서울: kmc), 2009-2010.

_____, "요시야의 신명기적 개혁 운동에 나타나는 모세적 색채", 『문화와 신학』 6집(2010), 182-209.

_____, 『간추려 읽는 구약성서』(서울: 북코리아), 2009.

_____ · 서형석, 『성서와 리더들』(서울: 북코리아), 2010.

장석정, 『출애굽기의 광야생활』(서울: 대한기독교서회), 2001.

장일선, 『다윗 왕가의 역사이야기』(서울: 대한기독교서회), 1997.

종교교재편찬위원회 편, 『성서와 기독교』(서울: 연세대학교출판부), 1985.

구약성서와의 만남

책 속의 책

북코리아

1

전역사(Pre-History)에는 어떤 이야기가 등장하는가?
이 이야기들을 '사람의 범죄–하나님의 징벌–하나님의 은혜'라는 구조로
서술하라.

_____

_____

_____

_____

_____

_____

_____

_____

_____

_____

_____

_____

_____

_____

_____

_____

2

족장사(Patriarchal History)에 등장하는 주인공들은 누구누구인가?
그중 한 사람을 선택해서 그의 삶과 신앙을 서술하라.

_____

_____

_____

_____

_____

_____

_____

_____

_____

_____

_____

_____

_____

_____

_____

_____

_____

3

구약성서에서 황금송아지와 관련된 대표적인 사건 둘에 대해 정리하라.
이 사건이 왜 큰 범죄가 되는지 자기 생각을 정리하라.

4

십계명(Ten Commandments) 중 어느 하나를 골라 그 의미를 서술하고 우리 시대에 그 계명이 꼭 필요한 이유를 정리하라.

_____

_____

_____

_____

_____

_____

_____

_____

_____

_____

_____

_____

_____

_____

_____

_____

_____

_____

5

왜 모세가 가장 훌륭한 리더로 꼽히는지를 그의 생애와 관련된 사건들과 함께 서술하라.

_____

_____

_____

_____

_____

_____

_____

_____

_____

_____

_____

_____

_____

_____

_____

_____

6

신명기역사서(Deuteronomistic History)에는 어떤 책들이 있는가?
왜 신명기역사서라는 이름을 사용하는지 그리고 그 내용들은 무엇인지
간략하게 서술하라.

_____

_____

_____

_____

_____

_____

_____

_____

_____

_____

_____

_____

_____

_____

_____

_____

7

구약성서에서 종교개혁의 두 주인공 히스기야와 요시야에 대해
정리하라.

8

예언(預言)이란 무엇인가? 문서이전예언자들(pre-writing prophets)과
문서예언자들(writing prophets)은 누구인가? 예언자의 상징적 행동이란
무엇인가?

9

문서예언자들의 예언들 중 가장 중요하다고 생각되는 구절을 하나씩
적어보라.

_____

_____

_____

_____

_____

_____

_____

_____

_____

_____

_____

_____

_____

_____

_____

_____

_____

10

전역사에서 말라기까지 이르는 구약성경의 역사를 간단히 정리해 보라.

_____

_____

_____

_____

_____

_____

_____

_____

_____

_____

_____

_____

_____

_____

_____

_____

_____

_____

_____

memo

memo